保育所2歳児クラスにおける集団での対話のあり方の変化

淀 川 裕 美 著

風 間 書 房

目　次

はじめに …………………………………………………………………… 1

第Ⅰ部　本研究の問題と目的 …………………………………………… 3
第1章　2-3歳児の集団での対話の特徴を捉えるための諸視点 …… 5
　　第1節　保育集団における2-3歳児同士の対話を研究する意義 …… 5
　　第2節　対話への参入を捉える視点 ……………………………… 12
　　第3節　対話の維持発展を捉える視点 …………………………… 20
　　第4節　対話が生じる場の固有性を捉える視点 ………………… 32
　　第5節　対話へ参加する個人の変化を捉える視点 ……………… 36
　　第6節　本研究の課題と構成 ……………………………………… 37

第2章　方法 ……………………………………………………………… 47
　　第1節　観察の方法 ………………………………………………… 47
　　第2節　分析の方法 ………………………………………………… 54

第Ⅱ部　集団での対話の成り立ち ……………………………………… 59
第3章　事例数・対話への参入者数・応答連鎖数・クラス内の
　　　　発話の宛先の量と方向 ………………………………………… 61
　　第1節　本章の目的 ………………………………………………… 61
　　第2節　方法 ………………………………………………………… 62
　　第3節　事例数の変化 ……………………………………………… 64
　　第4節　対話への参入者数と応答連鎖数の変化 ………………… 65
　　第5節　一人ひとりの発話の宛先（量・方向）の変化 ………… 68

第 6 節　本章のまとめ …………………………………………… 71

第 4 章　身体の位置・媒介物の有無・話題の特徴 …………… 75
　　　第 1 節　本章の目的 ……………………………………………… 75
　　　第 2 節　方法 ……………………………………………………… 76
　　　第 3 節　身体の位置の変化 ……………………………………… 77
　　　第 4 節　媒介物の有無・話題の特徴の変化 …………………… 79
　　　第 5 節　本章のまとめ …………………………………………… 84

第Ⅲ部　集団での対話への参入と対話の維持発展 ………………… 91
第 5 章　表層構造としての模倣/非模倣 ………………………… 93
　　　第 1 節　本章の目的 ……………………………………………… 93
　　　第 2 節　方法 ……………………………………………………… 95
　　　第 3 節　食事場面と散歩場面における模倣/非模倣の使用の量的変化
　　　　　　　 ………………………………………………………………96
　　　第 4 節　食事場面の具体的な事例にみる模倣/非模倣の使用の変化 … 98
　　　第 5 節　散歩場面の具体的な事例にみる模倣/非模倣の使用の変化
　　　　　　　 ……………………………………………………………109
　　　第 6 節　本章のまとめ ……………………………………………120

第 6 章　"確認する"事例における宛先の広がり・話題の共有・
　　　　話題への評価の共有 ……………………………………………125
　　　第 1 節　本章の目的 ………………………………………………125
　　　第 2 節　方法 ………………………………………………………127
　　　第 3 節　食事場面の具体的な事例にみる"確認する"事例の対話の
　　　　　　　あり方の変化 ……………………………………………128

第4節　散歩場面の具体的な事例にみる"確認する"事例の対話の
　　　　　　あり方の変化 ………………………………………………139
　　　第5節　本章のまとめ ……………………………………………149

第7章　"伝える"事例における応答連鎖の維持・宛先の広がり・
　　　　話題の展開 ………………………………………………………155
　　　第1節　本章の目的 ………………………………………………155
　　　第2節　方法 ………………………………………………………157
　　　第3節　食事場面と散歩場面における"伝える"事例の対話のあり
　　　　　　方の量的変化 ………………………………………………159
　　　第4節　食事場面の具体的な事例にみる"伝える"事例の対話のあ
　　　　　　り方の変化 …………………………………………………165
　　　第5節　散歩場面の具体的な事例にみる"伝える"事例の対話のあ
　　　　　　り方の変化 …………………………………………………178
　　　第6節　本章のまとめ ……………………………………………189

第Ⅳ部　個人の集団での対話への参加 ……………………………………197
第8章　異なる2名の対話への参加の仕方 ……………………………199
　　　第1節　本章の目的 ………………………………………………199
　　　第2節　方法 ………………………………………………………200
　　　第3節　食事場面の2名の対話への参加の仕方の変化 ………204
　　　第4節　散歩場面の2名の対話への参加の仕方の変化 ………219
　　　第5節　本章のまとめ ……………………………………………233

第Ⅴ部　総合考察 ……………………………………………………………239
第9章　総合考察 …………………………………………………………241
　　　第1節　各章の総括 ………………………………………………242

第2節　本研究の理論的意義と限界 …………………………………255
第3節　本研究の方法論的意義 ………………………………………259
第4節　今後の課題 ……………………………………………………261

注 …………………………………………………………………………265
引用文献 …………………………………………………………………269
謝辞 ………………………………………………………………………279

図表目次

Figure 1	フォーマットの「深層構造」と「表層構造」の関係の例	16
Figure 2	本研究の分析視点の関係図	38
Figure 3	本論文における研究構成	45
Figure 4	食事場面の見取り図	50
Figure 5	食事・散歩両場面におけるクラス内の時期別の発話の宛先の方向・量	69
Figure 6	食事場面（上）と散歩場面（下）で観察された「深層構造」が"確認する"事例および"伝える"事例における「表層構造」の時期別の変化	121
Figure 7	事例12（左）と事例13（右）における宛先の方向	130
Figure 8	事例14（左）と事例15（右）における宛先の方向	133
Figure 9	事例16（左）と事例17（右）における宛先の方向	134
Figure 10	事例18における宛先の方向	137
Figure 11	事例19（左）と事例20（右）における宛先の方向	142
Figure 12	事例21における宛先の方向	144
Figure 13	事例22（左）と事例23（右）における宛先の方向	147
Figure 14	事例24（左），事例25（右上），事例26（右下）の宛先の方向	169
Figure 15	事例27（左）と事例28（右）における宛先の方向	172
Figure 16	事例28（左）と事例30（右）における宛先の方向	177
Figure 17	事例31（左）と事例32（右）における宛先の方向	180
Figure 18	事例33における宛先の方向	184
Figure 19	事例34（左）と事例35（右）における宛先の方向	188
Figure 20	本研究で観察された食事場面（上）および散歩場面（下）における分析視点ごとの保育集団での2-3歳児同士の対話のあり方の変化	257
Table 1	各分析視点と章との対応図	38
Table 2	場面別・時期別の平均観察分数（SD）	55
Table 3	食事および散歩場面で観察された「深層構造」の定義（内容）と情報伝達の方向，相互交渉パターン例	56
Table 4	食事場面で取り上げた事例一覧	57
Table 5	散歩場面で取り上げた事例一覧	58

Table 6	食事および散歩場面で観察された深層構造ごとの時期別の事例数	64
Table 7	食事場面における深層構造ごとの時期別の平均参入者数（SD）と平均応答連鎖数（SD）	66
Table 8	散歩場面における深層構造ごとの時期別の平均参入者数（SD）と平均応答連鎖数（SD）	66
Table 9	身体の位置のカテゴリー名，定義および位置関係図	78
Table 10	散歩場面における事例の身体の位置関係ごとの深層構造別・時期別の事例数	78
Table 11	食事場面における媒介物の有無・話題ごとの時期別の事例数	80
Table 12	散歩場面における媒介物の有無・話題ごとの時期別の事例数	82
Table 13	表層構造としての模倣および非模倣の定義	95
Table 14	食事場面の深層構造別・時期別の模倣/非模倣の応答数（比率；%）	96
Table 15	散歩場面の深層構造別・時期別の模倣/非模倣の応答数（比率；%）	97
Table 16	食事場面（上）と散歩場面（下）の"確認する"事例に見られた宛先の方向，話題の共有，話題への評価の共有の仕方の変化	150
Table 17	「他児の応答を引き出しやすい応答」の機能別カテゴリー名・定義・例	158
Table 18	食事場面における「他児の応答を引き出しやすい応答」の使用数（比率；%）	159
Table 19	散歩場面における「他児の応答を引き出しやすい応答」の使用数（比率；%）	161
Table 20	食事場面における終助詞「よ」「ね」「の」・間投助詞「ね」「さ」の使用数（比率；%）	163
Table 21	散歩場面における終助詞「よ」「ね」「の」・間投助詞「ね」「さ」の使用数（比率；%）	163
Table 22	食事場面（上）と散歩場面（下）の"伝える"事例に見られた宛先の方向，「他児の応答を引き出しやすい応答」の使用，終助詞の使用，話題の展開の有無の変化	190
Table 23	第8章分析対象児の場面別・時期別の参加事例数・応答数・対話開始数・語彙理解数	202
Table 24	「話題を共有・展開する応答」のカテゴリー名・定義・具体例	203
Table 25	すすむとひろしの「話題を共有・展開する応答」のカテゴリー別，時期別の使用数（比率）	206

Table 26　すすむとひろしの「他児の応答を引き出しやすい応答」の時期別の使用数（比率）………………………………………………………………… 206
Table 27　ひろしとたつやの「話題を共有・展開する応答」のカテゴリー別，時期別の使用数（比率）………………………………………………… 220
Table 28　ひろしとたつやの「他児の応答を引き出しやすい応答」の時期別の使用数（比率）………………………………………………………………… 221

はじめに

　2歳から3歳頃にかけての子どもたちの遊びや生活の様子を見ていると，言葉が十分には発達していなくても，互いに自分の知っている言葉や表情，身ぶりを使って，さまざまに対話している。筆者は学部生の頃から数年間，保育ボランティアを行っていたが，3歳児クラスで一年間過ごした後に，2歳児クラスに入らせて頂いた時に，子ども同士のやりとりが不思議で面白く，すっかり虜になった。それは，子ども同士が言葉を交わしている場面で，筆者から見ればちぐはぐに見えるやりとりでも，子どもたちはそれなりに満足して，あるいはよく分からないままでも，それらしく対話している様子が日々見られたからである。そして，保育ボランティアを続けていくうちに，筆者は自分の感じたちぐはぐ感が一体何なのか，明らかにしたいと考えるようになった。例えば，2歳児クラスの秋頃の砂場遊び場面で，以下のようなやりとりが観察された。

　　砂場で遊んでいると，突然「やめてよぅ！」の声がした。顔を上げると，しんごがものすごい剣幕でけんたを睨みつけている。砂場に座った状態のけんたが口をとがらせて「やってない」と言い返し，しんごを見上げる。しんごは「やった！」，けんたは「やってない！」の応酬だ。私が「どうしたー」と言いながら近付いて二人を交互に見ていると，あみが背後からのしのしと砂山を越えて，向かい合っているしんごとけんたの横にやってきた。そして座っているけんたの顔をのぞきこみ，「やってなぁいよねー」と言ってニコッと笑った。すると，けんたはキッとあみを見つめ返し，「やったよ！」と言い返した。あみは一瞬呆気にとられ，もう一度「やってなぁいよねー」とけんたに確認したが，けんたはさらに大きな声で「やった！！！」と言った。それまでけんたを責めていたしんごは口をぽかんとあけたまま，あみとけんたを交互に見，擁護に来たあみはけんたを見つめ返したままで，当のけんたも口をとがらせたままあみを見ていた。

〔淀川（2009）より抜粋，いずれも仮名〕

この場面で，けんたはしんごに対して「やってない！」と主張していたにもかかわらず，第三者のあみが「やってなぁいよね〜」とけんたを擁護しに来たのに対して，けんたはあみの発話に反論し「やったよ！」と言い返している。おそらく，それまでの対話相手のしんごから第三者のあみに発話の宛先を切り替える際，しんごに反論するという発話意図を引きずったまま，あみに応答してしまったのであろう。そして，けんたの発話に驚いたのか，けんたを責めていたしんごは「口をぽかんとあけ」，あみも「けんたを見つめ返し」，互いによくわからないまま対話が終わったと考えられる。これが大人同士であれば，あるいはもう少し年齢の大きな幼児同士であれば，このような事態は起こらなかったであろうし，仮に起きたとしても，理解のずれをなくすために，さらなる応答（質問や否定等）が続いたであろう。ここに2-3歳児同士の対話ならでは面白さがあるのではないかと考えた。そして，その面白さの背景にあるのは何なのかを明らかにしたいと考えるに至った。

　上記のような幼児同士の何気ない対話は，集団生活を送る上で重要な育ちの場となる。他児との何気ないおしゃべりを楽しむことは，言葉の用い方を学ぶだけでなく，他児とつながる楽しさを知り，また自分とは異なる他児を知る機会になるだろう。特に集団保育の場では，子ども同士の二者間，三者間，さらには集団での遊びや生活を通し，より大きな社会へと参入していく土台が培われる。そうした集団保育の場における対話に焦点をあて，本研究では，保育者が対話を主導していない2-3歳児同士の対話のあり方の変化を明らかにすることで，保育集団における2-3歳児の育ちについて描き出したいと考えた。なお，「今後の課題」にも記したが，2-3歳児同士の対話を支える保育者の役割については，今後研究を進めていきたいと考えている。

第Ⅰ部　本研究の問題と目的

第1章　2-3歳児の集団での対話の特徴を捉えるための諸視点

　本章では，第1節で保育集団における2-3歳児[1]同士の対話[2]に関する先行研究の方法論をめぐる問題と課題を整理する。その上で，第2節で対話への参入を捉えるための視点として，乳幼児の言語習得を支えるシステムとしての「フォーマット」概念（ブルーナー，1988）を参照し，特に2-3歳児の相互交渉に特徴的であるとされてきた模倣の使用について概観する。第3節では，対話の維持発展を捉えるための視点として，他者との相互作用における言語の使用や発話行為に着目した語用論による知見に加えて，集団での対話を捉えるために必要と考えられる視点について，バフチン（1988，1989，2002）の言語論（発話論）を参照し述べる。その後，第4節で対話が生じる場の固有性を捉える視点について，第5節で対話へ参加する個人の特徴を捉える視点について述べ，最後に，第6節で本研究の課題および構成をまとめる。

第1節　保育集団における2-3歳児同士の対話を研究する意義

　本節では，本研究で対象とする2-3歳期の言葉の発達の特徴，また2-3歳児同士の対話の特徴について，先行研究による知見を整理し，それらの方法論をめぐる問題と課題について論じる。

1．2-3歳期の言葉の発達と幼児同士の対話の成立

　子どもは，2歳半から3歳頃には，言葉を使用する存在とみなすことができるが，いまだ言葉の発達途上にある（Lightfoot *et al.*, 2013）。子どもとこと

ば[3]の発達について研究し，論考した岡本（2005）によれば，ことばの発達過程は4つの時期に分けられる。はじめは，乳幼児期の，ことばの獲得にとって不可欠な必要条件となる対人交渉機能や象徴機能の基礎ができ上がってくる「ことばの胎生期」である。次に，乳児期終わりから幼児期のはじめ（2歳過ぎ）までの，自らの力と周囲の人たちの共同作業によりことばを生み出していく「ことばの誕生期」である。さらに，幼児期以降（2歳半ば頃から）の，子どもが身につけたことばを積極的に使い始め，ことばが生活の生きた手段となる「ことばの生活化期」がくる。そして，小学校の中頃からの，ことばをそれが結びついていた具体的状況から離れて，不特定多数の人に向けた表現手段として使うことが可能になる「ことばの自律期」である。この分類に照らし合わせると，2-3歳期は「ことばの誕生期」から「ことばの生活化期」への移行期にあたると言える。すなわち，大人との対話の中で言葉の用い方を身につけ，生み出す経験を積み重ね，やがて身に付けた言葉を生活の中で様々に使うようになる時期である。

　このような言葉の発達と並行して，2歳後半から3歳頃に，大人による「足場かけ」に依らない幼児同士の言葉を用いた応答関係が成立する（江口，1974；山本，2003；Hay，2006等）。日頃からよく遊んでいる親しい幼児ペア66組の各家庭での遊びの様子を，半年間で2回観察し分析したHay（2006）によれば，月齢が24ヶ月児のうち約8割が他児に向けて言葉を発していたが，応答が返ってきたのは4割弱であった。一方，30ヶ月児になると，約9割が他児に向けて言葉を発し，応答が返ってきたのは約7割であった。すなわち，2歳半頃になると，多くの幼児において応答関係が成り立つことが示唆されている。また，幼児同士の対話における応答の特徴について検討したものに，以下の研究がある。保育所の同じクラスの幼児ペアに，保育室で「しばらくお話して待っていてね」と教示し室外から観察した山本（2003）によれば，2歳後半から3歳頃の幼児は，同輩間での応答能力を有しており，アイコンタクトや歌遊び等のことばのやりとりによって，相手と何らかのコミュニケ

ーションをとろうとしていた。このことを踏まえて，課題として，文脈に沿って相手の発話を受け止めた応答が可能であるかの確認の必要性が挙げられている。さらに，2歳児クラスから5歳児クラスまでの同年齢同士の幼児ペアの会話場面を横断的に分析した山本（2007）によれば，2歳後半期はコミュニケーションの場の調整過程であり，言語模倣等の同調的な言語交流が，この時期特有のコミュニケーション手段であることが示唆されている。一方，3歳頃には，相手の衣服を媒介物（共有情報）にして相手の発話に応じた適切な応答を行う姿が見られた。すなわち，必ずしも模倣等の同調的言語交流に頼らなくとも，眼前にある事物を媒介すれば，他児に適切に応答することができることが示唆されている。

　以上のように，2-3歳期の遊び場面においては，2歳半頃に幼児同士の応答関係が成立し，応答連鎖の仕方は模倣等の同調的なものが多いこと，また，3歳頃になると，模倣以外でも相手の発話に応じた適切な応答を行うようになることが明らかになっている。

　上記では，2-3歳期の言葉の発達の特徴と，日頃からよく遊んでいる幼児ペアの遊び場面における対話の特徴について確認した。しかし，上記の研究はいずれも，幼児ペアを対象としていること，横断的な調査である（Hay, 2006のものは継続した観察調査だが，半年あけて2回のみである）ことから，必ずしも保育集団で過ごす2-3歳児に，そのままあてはめることはできない。本研究で2-3歳児の保育集団での対話の特徴を検討するにあたり，先行研究の方法論をめぐる問題と課題について，次に述べる。

2．方法論をめぐる問題と課題

1）日常の保育場面における対話への着目

　従来の2-3歳児同士の対話研究では，先述のように，2-3歳児のペア（ないし3名一組）を家庭や観察用に準備した保育室に呼び，一定の時間遊ばせて観察するというように，2-3歳児のみが部屋で遊ぶ状況を意図的に用

意し観察する手法をとるものが多い(例えば,江口,1974；遠藤,1985；内田・無藤,1982；山本,2003；山本,2007等)。その理由として,保育場面の観察では,対象である幼児が移動可能で様々に動き回るため,観察者が目立たぬよう観察を行うことが難しいこと,また,幼児は一人遊びや保育者と遊ぶことが多く,幼児同士の相互交渉を十分な量,観察することが難しいこと(Fabes, et al., 2009)が考えられる。特に2-3歳児は,例えばParten(1932)の遊びの分類によれば,一人遊びの多い時期から,傍観が増え,平行遊びが多くなる時期への移行期である。この時期には,保育者が幼児同士を繋ぐ役割が大きく,保育者のいない状況で幼児同士が対話を行うことは必ずしも容易ではないと考えられる。

このように,幼児ペア(ないし3名一組)を抽出し,家庭や保育室で一定の時間遊ばせて観察するという方法は,実験的観察法(experimental observation)に分類される。自然的観察法(natural observation)が,人間が生活する生の状況を重視し,そこで生活する人がどのような行動をするかに主眼を置いているのに対し,実験的観察法は,人為的に状況を準備することによって,人間行動のメカニズムを明らかにすることを重視している(澤田・南,2001,p.20)。それぞれの特徴を踏まえると,上記の先行研究における幼児ペアを観察する方法では,大人のかかわりを最小限にし,幼児ペアの遊び以外の偶発的な出来事の影響を受けずに,一定の時間,幼児同士で遊ぶ時間を確保することができる。そして統制された状況下における2-3歳児同士の対話の特徴を描き出すことができると言える。

しかし,日常の保育現場では,長い時間をともに過ごす複数名の他児がいて,日々様々な出来事が生じている。例えば,他児と楽しさや嬉しさを共有できたという喜び,他児と衝突して,自分の思いが叶えられなかったことの悔しさ等,一日の流れの中で様々に感情を抱きながら,保育者や他児との対話を経験している。佐藤(1999)の言葉を借りれば,「ことばによる交流によって意味内容の伝達をし合っていると同時に,ことばを通して感情や情念

をも伝え合って」いるのであり，「感情によるつながりを基礎にした関係というものが相互作用の背景にあり，相互作用のあり方を規定してもいる」のである。保育集団で過ごす2-3歳児は，日常をともに過ごす複数名の他児と互いに様々な感情を抱きながら過ごしており，そうした関係性が反映されたものとして対話を日々経験している。それは，突然他児とともに呼び出され，二人以外に誰もいない保育室で遊ぶという状況下で生じる対話には，必ずしも十分には反映されえないと考えられる。また，「生活の場には多様な要因が文脈として相互に関係」しており，「その文脈は固定的なものではなく，子ども自身が能動的に場に働きかけて場を変化させ，またその場の変化がさらに子どもの次の発達を生み出す」（秋田・市川，2001，p.159）。この記述に照らし合わせると，保育集団での幼児同士の対話についても，多様な要因が相互に関係する日々の保育の場において，子どもが能動的に場（やそこにいる他児，物等）に働きかけて場を変化させ，またその場（やそこにいる他児，物等）の変化がさらに子どもの発達をもたらすと考えられる。そうした文脈の複雑さ，多様さにも焦点をあてる必要がある。よって，保育所で過ごす2-3歳児の育ちの様相を捉えようとする時，そこで日々生じる様々な感情や人間関係，実際の保育場面の文脈等を捨象しては，複雑さを含み込んだものとしての実態に迫ることは難しいと考える。

　以上より，本研究では，保育集団における2-3歳児同士の対話の特徴の変化を捉えるために，自然的観察法，すなわち日々の保育の中に研究者自身が入り，保育者や子どもたちとの信頼関係（ラポール）のもとで，「子どもの行動を統制せずに普段の状況にできるだけ近い状態で」（柴山，2007，p.32），継続的に観察を行う方法を採用する。日常の保育場面での観察を行うことで，2-3歳児が日々の保育において，どのようにして集団での対話へ参入しているか，また，他児とともにどのように対話を維持発展させているかを明らかにする。

2) 集団での対話への着目

　上記の，日常の保育場面を観察する必要性と関連して，これまで研究の対象となってきた二者間対話や三者間対話に限定せずに，クラス集団で生じるあらゆる人数構成の対話を分析対象とする必要がある。

　先行研究では，三者以上の集団で遊ぶようになるのは4歳以降である (Benenson, et al., 1997) ことが指摘されている。また，本研究で対象とする2-3歳児においては，以下のように，三者間対話を行うこともできるが，主には二者間対話を行うことが示されてきた。例えば，見知らぬ2歳前半児三名で構成したグループの相互交渉を2日連続で観察し分析した Ishikawa & Hay (2006) によれば，三者間の相互交渉には，最小限の参加（他児同士の相互交渉を見ること）と，積極的な参加（言葉や身振り，動作を他児に向けて発すること）とがある。観察した12グループでは，エピソードの71％で最小限の参加，すなわち二名が相互交渉している様子を第三者が見ている様子が見られ，エピソードの51％で積極的な参加，すなわち三者ともに相互交渉している様子が見られた。これは言葉だけでなく身振りや動作も含めた行為を抽出したものであるが，2歳前半頃には，幼児同士の三者間の相互交渉を行うことが示唆されている。また，集団での遊び場面における同輩幼児間の会話形態について分析した山本（2002）は，2歳後半から7歳までの園での日常場面（昼寝，散歩道程を除く）で生じた自発的な幼児間の会話について横断的に観察し，遊びへの参加構造が以下のように変化することを示した。すなわち，2歳後半：二者間での応答が成立，3歳以降：第三者が二者間へ参加，4歳以降：三者間会話の芽生え，5歳以降：三者間会話の成立，6歳以降：集団的会話の芽生え，7歳以降：集団的会話の成立，集団間のやりとりの成立である。これらの知見によれば，2歳前半頃には，言葉あるいは身振りや動作によって二者間の相互交渉を行うこと，また，2歳後半頃には言葉をも用いた二者間会話をすること，さらに3歳頃になると，第三者が二者間会話へ参加することが明らかとなっている。

三者間対話は集団（group）のもっとも基本的な形態であり，幼児における複数名の他児と同時にかかわる能力をもっともよく見ることができるのが三者間の状況であるとされているが，子どもを対象とする三者間の相互交渉に関する研究は，上記以外にほとんどなされていない（Hay, et al., 2009）。ましてや，三者以上の幼児の集団での対話研究は稀少である。しかし，先述のように，保育集団の場において，幼児は日々，より多人数の集団の中で過ごしており，その中で集団での対話も経験している様子が見られる。二者間対話や三者間対話に限定せずに，集団の中で生じるあらゆる人数構成の対話を分析対象とすることで，日常の保育場面における2-3歳児の対話経験について明らかにすることができると考える。

　なお，上記の山本（2002）によれば，遊び場面においては，二者間から三者間，さらには集団へと会話形態が広がるまでに，2歳後半から7歳という長い期間を経ることが示唆されたが，その理由のひとつとして，遊び場面で観察を行ったことが考えられる。すなわち，遊び場面では移動の自由があり，集団として一定の時間，同じ空間に固定されないために，集団としてつながりにくいことが推察される。また，一人遊びや並行遊び等遊びの形態の変化や，遊びに用いる物の特徴によって，対話の特徴が規定されている可能性もある。観察対象が遊び場面ではなく，例えばクラス全員が顔を合わせ，色々な話を楽しむ食事場面（外山，1998）であれば，移動の自由がなく，全員がはじめからほぼ同じ物（食具や食材）を共有していることから，より集団での対話が起こりやすいことが予想される。よって，遊び場面での対話の特徴が，保育におけるその他の場面にもあてはまるとは限らない。以上より，集団での対話について検討するにあたって，場の固有性や，そこで生じる活動の特徴が異なる複数の状況で，観察を行う必要がある。この点については第4節で検討する。

第2節　対話への参入を捉える視点

　前節では，2-3歳児の幼児同士の対話について，日常の保育場面で生じる集団での対話を分析する必要性について述べた。本節以降では，対話を分析するための視点について検討していく。まず本節では，保育集団における2-3歳児同士の対話を特徴づける第一の位相，すなわち「対話への参入」を捉えるための理論および先行研究による知見と課題について概説する。

1．対話へ参入するということ

　発達研究において，乳幼児は特定の社会文化的環境で言語を使用していく中で，言語を習得していくと考えられている（Ochs & Schieffelin, 1995; Karmiloff & Karmiloff-Smith, 2001等）。乳幼児の言語習得について研究し，こうした考え方に大きな影響を与えたブルーナー（1993, p. 266, 281）によれば，言語によって，人は他者に意思や知識，情報等を伝達したり，事象を整序したり，現実を構成したりするというように複雑な文化に加わることが可能になる。そのために人は言語を習得するのだという。すなわち，乳幼児は言語の習得を通して所属する「文化」の意味を習得し，文化のなかに自分を位置づけていくのである（岩田，2008）。

　言語習得，すなわち言語への移行とは，「談話（discourse）に入っていくということ」であり，「特定の言語の"文法"を学習することだけでなく，その文法を適切に用いることにより，自分の意図をいかに表現するかを学習するということ」である（ブルーナー，1988, p. 30)[4]。ブルーナーは，その際の大人の能動的な役割に着目し，文化の担い手である母親とのやりとりのなかで，乳児がどのように前言語的なコミュニケーションから言語的コミュニケーションへと移行していくか，そこで要求や指示といった前言語的な意図がどのように言語的な表現となっていくのかという過程を，鮮やかに描き出し

た（岩田，2008）。例えば，ブルーナー（1988）は，フォーマットの概念を用いて，乳幼児の言語習得について考察している。

　以下では，Ninio & Bruner（1978）でも「足場かけ」のひとつとして提示され，ブルーナー（1988）が乳児の言語獲得援助システム[5]として提唱した「フォーマット（formats）」とそれに関する先行研究について概観し，フォーマットの二層構造という概念から幼児の対話への参入を捉える手がかりを考察する。そして，フォーマットと模倣の関係について検討する。

2．対話への参入を支えるフォーマット

1）フォーマットに着目した対話研究

　フォーマットとは，「大人と子どもが共応して言語を「伝え合う」ことができるようにするパターン化された場面」（ブルーナー，1988，p.vi）である。より詳しく引用すると，フォーマットとは，「大人と子どもが，互いに，また一緒に行う（do things），規則に制約された（rule-bound）小宇宙」であり，「その最も一般的な意味で，パターン化された人間の相互作用の道具」である（Bruner, 1982）。そして，「語彙・文法的な言語行為が始まる前に，フォーマットが幼児と養育者間のコミュニケーションの相互作用をつくるため，フォーマットは，コミュニケーションから言語への移行において決定的に重要な媒体である」（Bruner, 1982）[6]。

　フォーマットは，乳児が言語を習得するよりはるか前から見られるという。例えば，Ninio & Bruner（1978）によれば，8ヶ月から18ヶ月の乳児と母親の絵本読み場面において，母親主導のパターン化された相互交渉（子どもの注意喚起→子どもへの質問→子どもが名称を知らない場合は教示→子どもの答えは何であれフィードバック）が足場となり，その経験を繰り返すなかで，子どもがフォーマット（パターン化された相互交渉）へ参入し，子ども自身がフォーマットを主導し，ラベリング（命名）できるようになる。さらに，フォーマットによって乳幼児と母親が対話を行うことだけでなく，子どもの発達に伴い，

ひとつのフォーマットにおける相互交渉パターンが変化することも明らかにされている。例えば，石崎（1996）は，母子の絵本場面におけるフォーマットに着目し，子どもが1歳台から2歳台へと成長する過程で，フォーマットがどのように形成され，変化するかを検討した。そして，①母親がフォーマットを形成するが，子どもはフォーマットに参入できない形成期（母親が子どもの注意を喚起して対象を命名する/母親が子どもの注意を喚起して質問し，反応がなくてもフィードバックをする），②子どもがフォーマットに参入することによって，フォーマットの規則を習得する習得期（母親が子どもの注意を喚起して質問し，子どもの反応に対してフィードバックする），③子どももすべてのキー発話を使用してフォーマットを構成し，母親と役割交替をする使用期（子どもが母親の注意を喚起して，母親が命名する/子どもが命名して，正しい場合は母親が模倣し，間違っている場合は訂正する）という3つの過程を辿ることを明らかにした。そして，Ninio & Bruner (1978) と同様に，母親が最初に主導権を握ってフォーマットを形成し，やがて子どもも同等にそのフォーマットに参入できるようになることを確認しただけでなく，やがて子どもが主導権を握るようになることも明らかにした。このように，ひとつのフォーマットにおける相互交渉のパターンが，乳幼児の発達に伴い変化することが明らかにされている。

　さらに，あるフォーマットが他のフォーマットの土台となることもブルーナーは明らかにしている。例えば，絵本場面におけるフォーマットは，子どもが言語を習得する以前から母子間で共有されていた「指示フォーマット」を土台として指示・命名ができるようになるなかで形成されたものであり，「指示フォーマット」はさらに，物を指示して要請するという「要請フォーマット」にもつながっていく（ブルーナー，1988）。このように，母親あるいは保育者が用意した安定した手順（フォーマット）に則ることで，子どもはその場面における発話行為（あるいはそこでの振る舞い）を身につけ，両者が役割交代をするようになる。そして，両者の間でいったんフォーマットが慣

例化されると、ひとつのフォーマットから別のフォーマットへと一般化されていくという。すなわち、子どもは「新しい形式のフォーマットの獲得に進むときは、古い機能を遂行しながら、古いフォーマットを新しい形式のものに置換していく」（ブルーナー，1988，p.36，p.69，p.154）のである。

　この「フォーマット」概念は、対話のあり方の変化だけでなく、それに伴う意図の共有過程を明らかにするためにも援用されている。例えば高濱（1996）は、保育場面で幼児同士のごっこ遊びにおける保育者のかかわりに着目し、幼児2名それぞれについて、幼稚園入園から終了までの2年間におけるごっこ遊びを観察し、幼児と保育者間の対話におけるフォーマットとプラン共有の仕方の変化を検討した。そして、フォーマットと幼児同士のプラン共有の仕方が、①入園当初の、保育者が幼児の意図を探り、幼児も保育者に自分の行為を承認されたり援助されたりする〈仮想―オープン〉＝意図・プランの明確化、②5月末頃から、幼児が保育者を援助してくれる存在と捉えるようになり、幼児が援助を依頼し、保育者が援助してプランが実現する〈依頼―援助〉＝プランの実現、③保育者と幼児が、あるいは保育者に促されて幼児同士が折衝し、プランの一部分を共有可能になる〈折衝―意味付与〉＝テーマの出現とプランの複合化、④幼児が自力でプランの実現が可能になるが、困難な場合に保育者に援助を要請し、協同で解決する〈要請―協同解決〉＝プラン共有率の上昇、⑤保育者が幼児に近付くと、幼児が進行中の遊びの状況を表明し、保育者が承認する〈表明―承認〉＝プラン・活動のオプション化、というように段階的に変化していたことを示した。

　以上のように、フォーマットは乳幼児にとって、単なる「言語習得援助システム」にとどまらず、「文化とその言語へ参入する」ための重要な手段のひとつとなっている（ブルーナー，1993，pp.278-279）。そして、フォーマットに則り対話に参入していくなかで、乳幼児は言語を習得しながら、意思や知識、情報等を伝え合えるようになると言える。

2）フォーマットの二層構造

本研究では，「フォーマット（formats）」，すなわち大人と乳幼児が言葉を用いて対話できるようになるための相互交渉パターンを手がかりに，2-3歳児の対話への参入の仕方を捉える。その際，フォーマットの二層構造[7]に着目する。フォーマットは，「深層構造（deep structure）」とそれを実現するための「表層構造（surface structure）」という二層構造からなる。この二層構造について，ブルーナー（1988, p. 43, 80, 88, 106, 147）は次のような例を挙げている。例えば，子どもと大人との間で最初に言語を使用する機会のひとつであるイナイイナイバーのフォーマットには，物や人の消失という「深層構造」があるが，その「表層構造」は布や手等を使ったり，消失と再現の時間や動作を変えたりするというように可変的である。あるいは逆に，指さしという同じ「表層構造」の行為でも，その「深層構造」が，指示→命名→要請というように時期とともに変化する（Figure 1）。

このように，フォーマットの二層構造においては，「深層構造」と「表層構造」が一対一対応しているとは限らず，変化しうることが示されている。そして，同一の「深層構造」で「表層構造」が変化する，あるいは同一の「表層構造」で「深層構造」が変化するというように，二層構造はその場の文脈や，乳幼児の発達水準等に応じて可変的である。フォーマットにおいて語彙が用いられると，語彙はすでに確立されているこの二層構造の関係へ結びついていく（ブルーナー，1988, p. 147）。そして，乳幼児の言語発達により「表層構造」あるいは「深層構造」が変化していくなかで，対話のあり方も変化していく。

Figure 1 フォーマットの「深層構造」と「表層構造」の関係の例

本研究で対象とする2-3歳児同士の対話においても，対話への参入を支える何らかの「フォーマット」があり，上記の例のように二層構造が変化して，対話のあり方が変化していると推察される。そこで，フォーマットの二層構造の変化を捉える手がかりとして，これまで2-3歳児同士の対話研究で取り上げられてきた「模倣」に着目する。

3）対話への参入と対話の維持を支える，「表層構造」としての模倣への着目

子どもの発達において，第1節で述べたように，模倣の重要性はこれまで数多く議論されてきた。また，子どもの認知的発達をもたらす機能だけでなく，他者との相互交渉の中で社会的発達をもたらす機能も着目されてきた（Uzgiris, 1981）。模倣の機能について，例えば無藤（1997, p.10）は，「人は同じ場所にいて，表情や身ぶり・動作を真似し合うことが人との関係の基本」であり，「近くにいることと同じようなことをすることが親しさを表している」と述べる。また，模倣は，模倣する側から模倣される側への「あなたに関心があるよ（I am interested in you）」のメッセージであるとする解釈もある（Nadel et al., 1999, p.210）。さらに，実験室状況での1～3歳児の幼児同士の相互交渉に関する研究（Eckerman & Didow, 1988; Nadel & Fontaine, 1989; Nadel et al., 1999; Nadel, 2011）では，幼児が模倣によって他児と関わり，その関わりを維持していること，また，言語発達とともに模倣が減少すること等が示されている。さらに，幼稚園や保育所での3，4歳児同士の相互交渉に関する研究（砂上・無藤，1999；砂上，2000；砂上・無藤，2002；松井ら，2001；鈴木，2009；鈴木，2012等）では，身体的な模倣が仲間意識や遊びのイメージの共有につながることや，他児との相互作用を始めるきっかけとなり，維持する機能を持つことが明らかにされている。

さらに，本研究で対象とする2-3歳児同士の対話研究の多くにおいても，発話行為の特徴を捉える手がかりとして模倣が着目されてきた。例えば，2-3歳児ペアを保育室に呼び，一定時間遊ばせて観察した研究（江口，

1974；遠藤，1985；内田・無藤，1982；山本，2003；山本，2007）から，以下のような知見が得られている。江口（1974）や遠藤（1985）は，幼児同士の言葉を用いた応答関係が成立する以前の2歳前半期には，会話の半分以上は聞き返しや模倣といった相手の発話の繰り返しによって成立していることを示した。また，内田・無藤（1982）の2歳後半児ペアの半年間の遊び場面の分析では，遊びを構成する発話のうち，相互模倣の減少傾向と，言葉を用いた発話以外の他児への働きかけのうち模倣行為の減少傾向が認められた。すなわち，2歳後半から3歳頃にかけて，他児の発話や動作を模倣する行為が減少することが示された。さらに，山本（2007）は，2歳後半頃には言語を使って互いに意思交流を行うことが少なく，特に両者共通の話題を提示できないものの，言語模倣等の同調的な言語交流によって「コミュニケーションの場」を調整すること，3歳前半頃には共有情報として眼前の事物を媒介すれば，相手の発話に応じた返答を行うことが可能になること，4歳前半頃には媒介物を介さずとも言葉のみによる発話交換が可能となり，数日前にともに体験した出来事（ケンカ）について想起し，各々の行動について捉え直して相手に伝え合うことを示した。また，幼稚園2歳児クラスの日常の保育での遊び場面を観察した瀬野（2010）では，同一事物を媒介し同じ動きや発話を相互に模倣することでテーマの共有に至る時期（10～12月）の後に，同一事物等の目に見えるモノに依存しない，言葉で表現された意味の世界（表象の世界）でテーマを共有する時期（1～3月）が観察された。そこでは，相互模倣には，目に見える事物や動きを媒介して自他を一体化させる結び付きを作り，あるいは共通の基盤を形成する役割を果たし，それが後の言語（表象）で世界を共有する対話の基礎を形作っていくと考察されている。以上のように，幼児ペアの遊び場面を一定時間観察した研究からも，日常の保育での遊び場面を観察した研究からも，いずれにおいても模倣の多い時期から，模倣以外の仕方で他児の発話に応答する時期へと移行するという特徴が明らかになっている。

ただし，これらの知見をフォーマットの二層構造に照らし合わせて考えると，「深層構造」（その対話で実現されている発話の機能）としての模倣と，「表層構造」（本研究では具体的な応答連鎖の仕方）[8]としての模倣が区別されていない。すなわち，「表層構造」としては模倣による応答連鎖の見られる場面でも，必ずしもその「深層構造」も模倣であるとは限らないのである。例えば，フォークの持ち方について，「こうだよねー」という他児の発話を模倣し合って確認している場面では，「表層構造」は"模倣"だが，「深層構造」は"確認"である。一方，「こうだよね」「ちがうよ，こうだよ」と言いながらフォークの持ち方を確認している場面では，「表層構造」も「深層構造」もともに"確認"である。このように，同じ「深層構造」をもつ事例でも，「表層構造」が模倣の場合と模倣以外（以下，非模倣と表記）の場合があり，後者の場合は，模倣に頼らずに他児とは異なる自分なりの表現で応答連鎖していると言える。いずれの場合も「フォークの持ち方を確認する」という深層構造を持つ，いわば確認フォーマットであり，模倣なり非模倣なりによってそのフォーマットに参入する経験を繰り返し，フォーマットに慣れていく中で，確認する対話場面における言葉の用い方や振る舞い方を身に付けていくと考えられる。このように，「表層構造」が模倣の場合と非模倣の場合とで，対話のあり方も異なり，その発達的な意味合いも異なってくると考えられる。

　以上より，「深層構造」としての模倣と「表層構造」としての模倣を区別した上で，同一の「深層構造」をもつ事例間で「表層構造」としての模倣/非模倣の使用の変化を検討することで，複層的な視点から2-3歳同士の対話のあり方の変化を描き出すことができると考える。それにより，応答連鎖の手段として，すなわち2-3歳児が対話へ参入し，対話を維持するための手段としての模倣の機能についても明らかにすることができると考える。

第3節　対話の維持発展を捉える視点

　前節では，保育集団における2-3歳児同士の対話を特徴づける，第一の位相，すなわち「対話への参入」を支える足場かけとしての「フォーマット」概念を取り上げ，特に2-3歳児の発話行為の特徴を捉える手がかりとされてきた「模倣」に着目することで，対話への参入や対話の維持の仕方の特徴を検討するということを述べた。上記は言語習得を支えるシステムの構造と発話の関係に着目した概念である。一方，本節では保育集団における2-3歳児同士の対話を特徴づける，第二の位相，すなわち「対話の維持発展」を捉えるための理論および先行研究による知見と課題について概説する。
　そのために，まず，他者との相互作用における言語を使用する能力や発話行為（speech act）に着目する語用論的研究による知見を整理した上で，本研究で三者以上の集団での対話を分析するにあたり，さらに必要となる視点について論じる。

1．発達語用論的研究を踏まえた集団での対話分析のための視点

　幼児の対話研究には，語用論[9]に着目した研究がある。語用論とは，言語学の領域のうち，「文の表面的な言内の意味（表意）」を研究対象とする意味論に対して，「裏面的な言外の意味（推移）」を研究対象とする学問である（小泉，2001）。秦野（1996）によると，言語には「語彙や文法等言語に関する知識を覚え，それを操作する能力」と，「それを日常会話という社会的相互作用の中で使用する能力」がある。後者を扱うものとして発達語用論的研究がなされており，分析単位には話者交代（turn taking），隣接応答ペア（adjacency pair）等がある。なかでも，会話成立のためには参加者の共同作業が重要であるとされ，具体的には①参加者が，話し手と聞き手の両役割を交互に取ること，②発話の直前直後のつながりで，内容面での関連があること，③

会話を貫くテーマにおいて，内容面での関連があることが必要であると藤崎（2003）は述べる。そして，②と③について「いずれの文脈にも位置づかない発話がなされたとき，聞き手は奇異な感じを受け」，会話は中断されてしまうと指摘している。①は話者交代に伴う共同作業であり，②③は発話内容の関連性に重点を置いた指摘である。

　例えば，語用論的研究のひとつに野田・坂田（2004）がある。野田・坂田は，検診等で問題を指摘されたことはないが，会話のやりとりが難しいとみなされていた5歳男児A児について，話者交代と応答内容の関連性に着目し分析を行っている。それによると，A児が相手から質問や要求，命令等応答を求められた場面で，相手の発話意図とは直接的に関係しない，あるいは無関係の応答を多く行うことを明らかにした。この点について野田・坂田は，「内容がちぐはぐであってもA君は常に応答ターンを返して，やりとりを続けようとしている」とし，「相手とのやりとりを続けたいというメタ・メッセージを伝えようとしている」と解釈している。この研究は，5歳児A児が「ちぐはぐな応答」をしていたことを示した一方，なぜそのような応答がなされたかについては詳細に検討していない。また，二者間対話と三者間対話，あるいはそれ以上の集団での対話を区別せず，直前の発話に対する応答の関連性を検討している。そのため，本研究で明らかにしたい集団での対話で見られる第三者の発話への応答については，事例が書かれているのみで特に検討されていない。

　上記の研究も含め，従来の語用論的研究で用いられてきた話者交代や発話内容の関連性に関する分析視点は，二者間対話の特徴を描き出すことはできるが，より複雑な構造をもつ集団での対話の特徴は十分に描き出すことができないと考える。そこで本研究では，語用論的研究で重要な分析単位とされる話者交代や発話内容の関連性に関する視点に加えて，以下で述べるようにバフチン（1988, 1989, 2002）[10]の諸概念を参照する。なお，飯島（2005）は，上記の藤崎（2003）の②と③にあたる，発話間関連性（先行発話と後続発話の

関連性)とテーマ関連性(主題(テーマ)にふさわしい発話)に着目し,2歳児と母親とのごっこ遊び場面における会話の変化を検討している。その結果,発話間関連性は2歳前半から見られるが,テーマ関連性は2歳後半になって見られるようになることを明らかにしている。このことから,本研究で対象とする2-3歳児同士の対話においても,両者が見られると想定し,論を進める。

2. 集団での対話における話者交代にともなう,宛先の広がりへの着目

まず,語用論的研究で分析単位とされる話者交代とは,「話が同時に重ならないようにするために,誰が,いつ,どのように話すかについての一定の決まり」(高原,2001)である。この話者交代について,語用論的研究では,対話の参加者が話者交代をする際,その発話の終了を予測するために「語,句,単文,複文といった単位」を用いているとし,これらの単位の用い方に着目する。話者交代について,深澤(1999)は「私たちが通常行っている会話では,会話に参加している複数の人間がかわるがわる話し手となり,あるいは聞き手となって進んでいっている。一人の話し手と次の話し手が始めるまでの間は短く,しかもたいがいの場合,円滑に交替がなされていることが観察される」と述べる。このように円滑に話者交代をしながら複数名で会話できるのは,会話の参加者が一定程度以上に言語を獲得しており,他者の意図等も考慮に入れながら,言葉を使いこなして会話できることを前提としている。実際に,5歳児女児三名の会話分析を行った秦野(2001)は,3人の会話ではトピック提示後の発話番を,残り2人の会話参加者のどちらかが担えばトピックは継続するため,発話番選択の自由度が一対一の会話より高いことを指摘している。しかし,本研究で対象とする2-3歳児は,まさに言語獲得期にあり,自己や他児の心の相互理解の最初の一歩を踏み出そうとしている(木下,1995)時期にあり,同様の視点のみで話者交代を考えるので

は不十分であろう。

　この話者交代が円滑になされるためには，これらの単位だけでなく，その発話が誰に向けられているかという「宛名」(バフチン，1988) の問題も関連していると考えられる。例えば，二者間対話であれば，話者交代の際，話し手は聞き手が一名であるため，その相手に宛てるか否かの選択肢をもつのみである。そして聞き手も，その発話が自分に宛てられているか否かを判断すればよい。しかし，第三者が発話して二者間対話に参入し，三者以上の対話へ広がる場面では，第三者に宛てられた二者間対話の参加者は，新たな対話相手である第三者に宛てた応答をする必要が生じる。また，聞き手は他の参加者の発話が誰に宛てられたものかを判断する必要性が生じるとともに，例えば自分に宛てられた発話に対して，もう一方の聞き手が応答するというように，話者交代のなされ方がより複雑になる。このように，三者以上による集団での対話においては，ただ話者交代をするだけでなく，話者交代の際に宛名に関する複雑な情報処理が必要となる。以上を踏まえ，まず「宛名」概念の基盤をなすバフチンの発話論について概観した上で，「宛名」概念について確認する。

　ロシアの言語学者，思想家，文芸批評家であったバフチンは，従来の言語の単位としての語や文とは異なり，言語コミュニケーションの単位としての「発話」[11],[12] (バフチン，1988，p.128，p.138) に焦点をあてた。バフチンの言語論では，「言語が生き歴史的に生成してゆくのは，(中略) 具体的な言語的交通のなかであって，言語諸形態の抽象的言語学的体系のなかや話し手たちの個人心理のなかにおいてではない。」「社会的交通が生成し，そのなかで言語的交通や相互作用が生成し，この後者のなかでことばの運用の諸形態が生成する。そしてこの生成が，結局，言語形態の変化に反映するのである」(バフチン，1989，p.147) と捉える。すなわち，言葉は（書き言葉，話し言葉にかかわらず），社会的交通の中で生成され変化するものと考え，言語を個人主義的主観論や抽象的客観論から捉えることを批判している。その上で，「発

話」を話し手，聞き手，話題の対象（話す対象となっている人物や事象，以下「話題」と表記）[13]の社会的相互作用，さらにはその発話が生じた複雑な社会的状況全体の所産である（バフチン，2002，p.30）と捉えた。上記の言語論（発話論）に基づき，本研究では，日常の保育場面の複雑さ・多様さ・時間の積み重なりの中で対話を観察し分析することで，保育所で日々過ごす2-3歳児同士の対話のあり方の変化を丁寧に記述したいと考えた。

　さらに，バフチンは，「発話の本質的な（生来の）特徴は，それが誰かに向けられていること，それが宛名をもつことである」（バフチン，1988，p.180）と述べ，発話の社会文化的な性格を強調する。

> 「言語の有意義な単位―誰のものでもなく誰にも当てられていない個性を欠いた文や語―とはちがって，発話は作者をもつし（ということは表情をもつ。（中略）），受け手をもつ。この受け手は，日常会話の直接の参加者である話し相手のこともあれば，（中略）まったく不特定の，具体性を欠いた他者のこともある。」（バフチン，1988，p.180）

このように，「宛名」を抜きにしては，発話は存在しえないとバフチンは言う。そして，以下のように，聞き手という他者がいなければ，発話という行為も存在しえないと述べる。

> 「言葉が話し相手に向けられているということの意味は，きわめて大きい。実際，言葉とは二面的な行為なのである。それは，誰のものであるかということと，誰のためのものであるかということのふたつに同等に規定されている。それは，言葉として，まさしく話し手と聞き手の相互関係の所産なのである。」（バフチン，1989，p.129）

すなわち，発話はただ話し手によって発せられるだけのものではなく，それを引き受け，応答する他者がいるからこそ存在する。誰が発したのかということと，誰に宛てて発したのかという両方が重要となる。以上を踏まえ，分析単位として，話者交代だけでなく宛先の切り替え，すなわち宛先の広がりについても考慮する必要がある。なお，本研究では，バフチンの用語「宛

名」を，より一般的に使用されている「宛先」と言い換えて使用する。

3．発話内容の関連性に関する視点の整理

　次に，発話内容の関連性について理論を概観し，保育集団における2-3歳児同士の対話の特徴を分析する手がかりについて考察する。先述のように，発話内容の関連性については，発話そのものの行為レベルで捉える視点と，発話を取り巻く文脈レベルで捉える視点がある。

1）発話そのものの行為レベルの発話内容の関連性への着目

　まず，先述の藤崎（2003）の述べる②発話の直前直後のつながりでの，すなわち発話そのものの行為レベルでの，発話内容の関連性を捉える視点について概観する。

　発話そのものの行為レベルでの視点として，オースティン（1978）の言語行為論が挙げられる。オースティンは人が言語行為を遂行する際，音声や語句，文を発する行為である「発話行為」（locutionary acts），発話を行うことにより疑問，依頼，約束などの機能を担う意図伝達行為が成立するものであり，発話が成立させる行為（何かを言いつつ遂行する行為）である「発話内行為」（illocutionary acts），そして発話を行うことにより何らかの効力を結果として生じさせる行為である「発話媒介行為」（perlocutionary acts）の三種類を同時に遂行しているとした。発話媒介行為においては，発話者が発話によって実現しようと意図すること（「発話媒介目標」，以下，発話意図と表記）と，実際に結果として生じた効果（「発話媒介結果」）が一致しないこともある（加藤，2004）。このようにひとつの発話行為には，発話に込めた意図と，その発話が実際に果たした機能，そしてその発話によって生じた結果という複数のレベルが関係しているという。

　実際に，2-3歳児同士の対話を見ていると，特に言語表出能力が十分に発達していない2-3歳児の場合，発話意図と実際の発話内容が意図せずに

ずれてしまい，話し手の意図が聞き手に伝わらない場面が見られる（本書の「はじめに」に記した砂場遊び場面の事例も，そのひとつではないかと考えられる）。対話の相手が大人であれば，言葉を補ったり，意味を推測したりして理解の一致に至ることもあるが，対話の相手が同じ2-3歳児の場合は，そうした工夫は難しいであろう。ましてや，二者間対話に第三者が参入して三者以上に広がる場面では，対話を円滑に進めるために，二者間対話の参加者は宛先の切り替えをすると同時に第三者の発話に応じた応答をしなければならない。このように，保育集団における2-3歳児同士の対話では，複雑な情報処理をしながら，それぞれに十分に発達していない言語表出能力をもって，対話へ参加していると言える。

以上を踏まえて，保育集団における2-3歳児同士の対話において，それぞれの発話や応答に込められた意図，実際の機能などの視点を用いて分析する必要がある。特に，対話の維持発展との関係で考えると，2-3歳児が互いの発話にどのように応答し，その応答に込められた意図や実際に果たしている機能が，対話の維持発展にどのように寄与しているかという視点で，応答連鎖の特徴を捉えることができる。この視点は，具体的な事例解釈で用いるとともに，後述する「4．他児の応答を引き出しやすい応答」や「5．終助詞と間投助詞の使用」という分析視点とも繋がっている。

2）発話を取り巻く文脈レベルの発話内容の関連性への着目

次に，発話を取り巻く文脈レベルにおける，発話内容の関連性を捉える視点について概観する。

加藤（2004, p.11）によれば，発話を取り巻く文脈には，言語的文脈（前後に自分か相手が言った発話等，言語形式になっている文脈），状況的文脈（「誰がどこでどういう場面で言ったのか」といった発話の状況にかかわる文脈），世界知識（自分の回りの世界に関する知識），そして推論によってこれら3つから引き出した考え，の4つがあるという。この4つの文脈のうち，言語的文脈は話し

手も聞き手もほぼ完全に共有しており，状況的文脈はおおよそ共有しているが，世界知識については個人差が大きく，さらにこれらをもとに推論して得た考えはさらに共有度が低くなるという。また，発話を取り巻く文脈について，バフチン（2002, p.158）は，非言語的部分の言外に示されている側面を「シチュエーション」と呼び，その三つの要素として「発話という出来事の空間と時間（「どこで」「いつ」）」，「発話の対象つまりテーマ（語られる「ものごと」），生じていることへの語り手の態度（「評価」）があると述べている。これらを合わせると，加藤のいう状況的文脈は「おおよそ共有される」ものであり，重要な文脈情報であるが，この「誰が（いつ）どこでどういう場面で言ったのか」ということに加え，バフチンが述べるように「何について，どのように」言ったかということも重要な文脈情報であると言える。

このことに関連して，高原（2002）によれば，どのようなコミュニケーションにもその基本的な要素として，何について伝達するかという話題（topic）や主題（theme）と，それについてのコメント（評言）がある。談話レベルでの「話題性」（topicality）は，文の話題よりも一般的な概念である。会話での主題を分析する際には，談話において話題がどのように作られ，進展し，また連続して生じたり変化するのかが，談話分析者にとって大きな問題となる，という。藤崎（2003）が会話成立のために必要であるとした，③会話を貫くテーマにおける発話内容の関連性とは，これら話題や話題への評価の関連性であると言えよう。すなわち，話題（何について），話題への評価（どのように）に関する共有の有無が，発話内容の関連性を支えていると考えられる。

特に，幼児のコミュニケーションにおいては，岡本（2005, p.168）の「一次的なことば」に関する考察がある。「一次的ことば」とは，相手とのことばのやりとりの中で展開されるものであり，双方向的な話し手，聞き手役の交換による対話で用いられることばである。一方，岡本が「二次的ことば」と呼ぶことばは，その場面を離れた事象や，抽象的な概念や論理等を表す，

ことば自体の力でコミュニケーションや思考を促すことのできることばであり，そこには話し言葉だけでなく書き言葉が加わる。岡本が幼児期特有のものとする「一次的ことば」の性質は，①自分と相手が，話し手と聞き手の役割を交換しながら，話のテーマが展開すること，②その相手が自分とよく知り合った特定の親しい人であること，③話のテーマが具体的で，その対話場面に直接関係することや物について話し合われること，④コミュニケーションの内容が，そこでのことばの文脈によってだけでなく，その時の場面（状況）の文脈の支えによって伝わることである。このように，特に幼児同士の対話においては，話題がその対話場面に直接関係する，具体的なものであることが特徴として挙げられている[14]。

　上記を踏まえ，会話を貫く発話内容の関連性を捉える視点として，話題の共有・展開と話題への評価の共有の変化に着目することで，対話の特徴を描き出すことができると考える。なお，バフチン（1989, p.153）は，個々の語に属する意味と，全体としての発話にのみ属するテーマとの違いを述べている。すなわち，意味もテーマも発話に属しているが，意味が個々の語に属するものとして分解できるものであるのに対し，テーマは全体としての発話に属するものであり，テーマは発話がなされる具体的な状況から切り離せないものである[15]。よって，本研究でも「話題」と言う場合，個々の語に分解できるものとしてではなく，文脈も含み込んだ全体としての発話，あるいは応答連鎖で構成された対話に属するものとして捉える。

4．続く応答へ宛てられた「他児の応答を引き出しやすい応答」への着目

　先に，応答連鎖の特徴を捉えるための視点として，発話そのものの行為レベルでの発話内容の関連性に着目することについて述べた。その視点から派生して，次に，「他児の応答を引き出しやすい応答」の使用への着目について述べる。

バフチン（1988, p.133）によれば，「どんな発話も，他のさまざまな発話がつくる非常に複雑な連鎖の一環である」。そして，「いかなる発話も—完結し，書かれたものであっても—なにかに応答しており，なんらかの応答に向けられている」と述べる（バフチン，1989, p.107）。後者の「なんらかの応答に向けられている」ということについて，バフチンは以下のように述べている。

> 「あらゆることばは対話的ことばであり，他の人間を志向し，その者がおこなう理解と実際のもしくはありうべき応答を志向している」（バフチン，2002, p.152）

> 「発話は，言語コミュニケーションの先行の環だけでなく，後続の環ともむすびついている。発話が話者によってつくられるとき，後続の環はもちろんまだ存在していない。けれども発話は最初から，ありうべきさまざまな返答の反応を考慮して構築されるわけで，本質的には，それらの反応のために発話はつくられるのである。」（バフチン，1988, p.180）

ここには，能動的な，他者としての聞き手の存在が想定されている。バフチン（1988, p.131）はこのことを，「聴き手は，ことばの（言語上の）意義を知覚し理解しながら，同時にそのことばに対して，能動的な返答の立場をとる」といい，さらに以下のように述べる。

> 「どのような理解も返答をはらみ，なんらかのかたちでかならず返答を生み出す。つまり，聴き手が話者になる。聞き取られることばの意義の受動的な理解というのは，現実の全一的な，能動的に返答する理解—それにつづく実際に声にされた返答で現実化される—の，単なる抽象的要因にすぎない。」（バフチン，1988, p.131）

このことは，先述の「宛名」（バフチン，1988, 1989）とも関係する。すなわち，いかなる発話も，（眼前にいるかいないかにかかわらず）聴き手としての他者に宛てられたものであり，それはすでになされた発話への応答であると

同時に，続く応答へ向けられたものなのである。よって，応答連鎖について考える際に，すでになされた発話に対してどのように応答しているかという観点だけでなく，その応答が続く応答をどのように規定しているかという観点から捉える必要がある。

例えば，以下のように考えることができる。伝え合うためには，話し手と聞き手が役割を交替しながら，自らの考えや経験等の情報を与え合い，聴き合い，応答し合うことが重要となる。その際，他児からの応答を引き出しやすい発話をすることで，相手からの応答を引き出し，対話は維持発展しやすくなると考えられる。例えば，質問・反論・指摘等の発話をすると，他児の応答が引き出されやすいであろう。また，新しい情報を追加しながら話題を展開していくことも，さらなる応答を引き出す上で大事である。このような他児の応答を引き出すことを志向した発話を「他児の応答を引き出しやすい発話」とする。本研究では応答連鎖の特徴，すなわち2-3歳児がどのように他児に応答し，応答を連鎖させているかという点について，特に「他児の応答を引き出しやすい応答」に着目し分析することとする。

なお，「他児の応答を引き出しやすい応答」とは，家族間の発話と応答を分析した福田（2007）の分析概念を参照したものである。福田は，幼児に対する家族の応答を分析する際，「明らかに家族成員に向けられた発話であり，家族成員がこれに続く発話をする必要性が高く，それがないと強い欠如感を生じる発話」を「応答必要性高」の発話とし，発話分類に用いた。本研究では，「応答必要性高」の発話を「他児の応答を引き出しやすい応答」と言い換え，同様の視点から発話分類を行う。但し，具体的な分析においては，家族の対話と幼児同士の対話とは異なる特徴があると考えられるため，本研究独自のカテゴリーを実際の発話内容からボトムアップに作成する。なお，例えば質問—応答，情報依頼—情報提供などの隣接対の前半部も含む。その場合，他児への応答であり，かつ隣接対の前半部である（すなわち，他児の応答を引き出しやすい性質をもつ）ものとする。また，「他児の応答を引き出しやす

い応答」には，反論や注意のように，隣接体の前半部ほど後続発話の予測可能性が高くはないが，相手が応答しないと欠如感を生じるものも含むこととする。

以上を踏まえ，「他児の応答を引き出しやすい応答」の定義は，「明らかに他児に向けられた応答であり，他児がこれに続く応答をしないと欠如感が生じる応答」とする。なお，応答とは全発話のうち対話開始発話を除いた全ての応答をさす。

5．発話児の態度を示す指標としての終助詞・間投助詞の使用への着目

応答連鎖の特徴を捉える視点として，もう一点，終助詞・間投助詞の使用に着目する。「なにかに応答しており，なんらかの応答に向けられている」発話（バフチン，1989）に終助詞や間投助詞が含まれる場合，そこには前の発話児に対する，あるいは続く発話児に対する発話児の態度が表れていると考えられるためである。

幼児は1歳半ばから2歳頃までに「よ」や「ね」といった終助詞を用いて対話するようになる（永野，1959等）。終助詞は話し手の聞き手に対する働きかけ（態度や感情等）を表す機能を持っており，終助詞を用いることは対話をなめらかにし，微妙なニュアンスを加える（佐竹・小林，1987）。自閉症児が健常児に比べて終助詞をあまり用いないのは，「質問や叙述的主張等の社会的に相互作用的な伝達機能，すなわち遂行的機能を獲得することが困難」（佐竹・小林，1987）であるためという知見からも，終助詞が他者との円滑な対話のために重要な要素であることが分かる。

また，間投助詞の「ね」は，「話し手が談話を展開していくとき，話し手の始めた話題を聞き手に持ちかけ，聞き手をその話題に引き込む」（伊豆原，1992）機能をもつ。例えば，聞き手の相槌を誘発する，聞き手の注目を喚起する，話し手が自分のターンを保持するといった機能が挙げられている（伊

豆原，1992；宇佐美，1999；Tanaka, 2000）。3歳児同士の遊びで交わされる「ね」発話分析においても，"間を繋ぐ"「ね」発話には，自分の思いを表現することが苦手な場合でも言葉の間に「ね」を挟むことで自分の意見や感情を表現しやすくする効果や，聞き手の関心を引きとめ，会話を継続させる効果があることが示されている（高櫻，2008）。

そこで，本研究では，2-3歳児が様々な事物や自分の経験等を伝え合う際の対話のあり方の変化を見るもうひとつの指標として，終助詞や間投助詞の使用に着目する。

第4節　対話が生じる場の固有性を捉える視点

第1節では，日常の保育場面において保育集団における2-3歳児同士の対話を分析する必要性について述べ，第2節では対話への参入と対話の維持に関して，第3節では対話の維持発展に関して，理論および先行研究と課題を概観した。本節では，保育集団での対話が生じる場の固有性と，場の固有性を捉えるための視点について，先行研究による知見を概観する。

1．対話が生じる場の固有性

幼児同士の相互交渉は，生じる場の固有性に影響を受けると考えられる。すなわち，言語能力，話題への関心や知識，相手との親しさ等とともに，資源（介在する物）の特性，場所等の環境的要素が影響する（富岡，2011）。

例えば，食事場面と遊び場面（屋内・屋外）に関して，それぞれ以下のような特徴が示されている。保育における食事場面は，クラス全員が顔を合わせ，色々な話を楽しむ場面である（外山，1998）。複数名がひとつの机を囲み，同じ時間と空間，食具等の物，そして食事という行為を共有しているため，集団での対話が生じやすいと考えられる。一方，食事場面と比較すると，遊び場面では，子どもが遊んでいるものとは別の遊具や他児に興味を奪われ，

物理的にその場を離れることで遊びが終息すること（富岡，2011）や，偶発的に起こったできごとに触発されて始まったり，あっけなく終息したりすること，また，ひとつの遊びがそれほど長続きせずに，次々と活動の表面的なテーマが変化したりすること（氏家，1996）もあるといった特徴が指摘されている。また，遊びが園舎のどこで生じるかによっても，相互交渉の特徴が異なることが示されている。例えば，幼稚園の3歳児では，屋内外の平地よりも，他の場所から差別化され遊びの対象物が多く設置されている共有スペースにおいて，他児との近接と相互交渉の時間が長かった（廣瀬，2007）。すなわち，3歳児の場合，遊びにおける他児との相互交渉の時間が，物理的環境の影響を受けやすいことが示されている。また，具体的な遊びの内容に着目すると，屋内ではごっこ遊びや会話等の言語を用いたかかわりが多く生起するのに対し，屋外では構成遊びや身体遊びが生起することが多かった（廣瀬ら，2007）。このように，子ども同士の相互交渉の特徴は，それが生じる場の特徴や，資源（媒介物）によって影響を受けることが示唆される。その中で交わされる言葉のやりとり，すなわち対話の特徴も，場の固有性に影響を受けると推察される。

　屋外の活動の中でも，特に散歩場面では，移動可能範囲が広く自由に移動することができる。また，食具のように皆が保有している物もなく，園内の遊具のように日頃からなじみのある物があるわけでもない。このような状況では，特に言語の習得過程にあり平行遊びが多いとされる2-3歳児にとって，大人の足場かけなしの幼児同士の対話は容易ではないと考えられる。一方で，遊びに深く入り込む園内（屋内・屋外）の遊び場面とは異なり，立ち止まり遊びながらも，皆で同じ方向へ歩いていく散歩場面では，気軽におしゃべりをすることができることも考えられる。また，「自然的事象や社会的事象に対して興味関心を向けさせる」場であり，植物，小動物（昆虫），気象等多様な事物と出会うことができ，同じ散歩道でも，時期によって，一日の時間帯によって，あるいは散歩の行きと帰りとで，触れる事象に変化が生

じやすいという特徴も指摘されている（菊地，2010）。すなわち，その時々に新しく出会う，外の世界の様々な事物に興味を引かれうる環境である。そうした特徴を踏まえると，散歩場面では，食事場面や園内の遊び場面とは異なる，散歩ならではの対話の特徴が見られると考えられる。

なお，屋外の自然環境での保育（outdoor play and learning）に関しては，環境，遊びの内容，身体性，ジェンダー，安全性等をテーマとした研究はなされている（Niklasson & Sandberg, 2010; Storli & Hagen, 2010; Waller, 2010; Little & Eager, 2010等）が，対話を分析対象としたものは少ない。その中で，屋外の自然環境における保育場面での，幼児・児童（4歳児から7歳児）が主導する保育者との相互作用を分析した Waters & Maynard (2010) は，幼児・児童が保育者に対して情報や考え，助けを提供する，注意を引く，不満を言う，要求する，会話をするという特徴を見出している。また，その内容の約3分の1が自然環境に直接的に関連するものであり，特に自然環境内の要素に対して保育者の注意を引く場面で見られた。また，約3分の1は自然環境内の要素とは無関係だが，屋外にいることと関連している内容であった。このように，屋外の自然環境における相互作用場面では，屋外特有の特徴が見られることが示唆されている。この研究は，幼児と保育者間の対話を対象としているが，幼児同士の対話の場合，これとは異なる特徴をもつ可能性も考えられる。

以上を踏まえ，食事場面，園内（屋内・屋外）遊び場面，そして散歩場面では，そこで生じる対話の特徴が異なると推察される。そのため，対話が生じる場の固有性を考慮した検討が必要となる。なお，これまで，遊び場面を対象とした2-3歳児同士の対話研究は（実験/実験的観察/自然的観察を問わず）多くなされているが，食事場面および散歩場面の研究は多くない。外山(1998)は，保育所2歳児クラスについて，食事場面での席取り行動に関する分析をしているが，そこでは言葉を用いた対話（発話の種類や話題の展開等）については分析していない。よって，これまで保育学の研究の主たる対象と

されてきた遊び場面以外にも，食事場面や散歩場面における対話についても検討する必要がある。

2．場の固有性を捉える視点

　対話が生じる場の固有性について考える際，以下の3点から，その特徴を描き出すことができると考える。

　第一に，対話を支える物的環境のひとつである，対話の参加者の身体の位置である。例えば，廣瀬・志澤・日野林・南（2006）によれば，3，4歳児の遊び相手の選択は5歳児と比較して偶発的であり，そこにいたかどうかの近接性が最も重要であることが示されている。すなわち，年齢が低いほど，他児が近くにいるか否かが対話しやすさに影響していると考えられる。また，本研究で対象とする散歩場面では，食事場面や室内場面のように，常に近くに親しい他児がいるとは限らないため，幼児同士の対話が生じにくいと予想される。特に本研究の協力園である保育所では，自然豊かな広大な敷地を，子どもたちの興味のおもむくままに散歩しながら遊ぶことが主な散歩活動であった。そのため，移動の自由がある中で他児と対話をすることは，体力差や歩く速さの違いが大きい2-3歳時期には，必ずしも容易なことではない。そこで，幼児同士の身体の位置に着目し，どのような位置関係で対話が生じていたかを検討する。

　第二に，対話を支える物的環境のひとつである媒介物の有無である。1～2歳児同士の遊び場面では，①他児が使っている物への関心が高いこと，②それが物を介する他児とのかかわりにつながっていると考えられること，また，③他児と同じ物をもつ，同じ場を共有すること自体が，仲間とのかかわりを結びつけている可能性がある（齊藤，2012）ことが示唆されている。3歳児は，屋内でも屋外でも，素材やおもちゃを多く利用して遊ぶ（廣瀬ら，2007）ことが示されている。また，3歳前半児同士では，共有情報として眼前の事物を媒介すれば，相手の発話に応じた適切な返答を行うことが可能に

なる（山本，2007）という。これらの知見から，本研究で対象とする2-3歳児においても，媒介物が他児との対話を生じさせる可能性があると考えられる。なお，食事場面では，食材や食具といった皆に共通の物が眼前にあり，それらが対話を媒介することが予想される。一方，散歩場面では，幼児が外の世界の様々な事物と出会い，それらに目を向け，他児と共有することで対話が生じると予想される。このように，対話を媒介する物の有無，また，媒介物が有る場合に，どのような物が対話を媒介したかという観点から，場の固有性を捉えることができると考える。

さらに第三に，媒介物と関連して，対話の具体的な中身である話題の特徴に着目する必要がある。先述のように，食事場面では，食材や食具があり，それらの媒介物に関連した話題が取り上げられることが予想される。一方，散歩場面では，その時々に新しく出会う，外の世界の様々な事物に興味を引かれ，それらの媒介物に関連した話題が取り上げられることが予想される。その中で何を話題とし，他児と共有しながら対話を行っていたか，さらに話題が時期によってどのように変化したかを検討することで，場に特有の対話の特徴の変化を捉えることができると考える。

第5節　対話へ参加する個人の変化を捉える視点

前節までは，集団での対話の特徴を捉える視点について，理論や先行研究による知見を概観し，課題を確認した。その一方で，集団を構成する個人に焦点をあてると，対話への参加の仕方には個性があり，それぞれの子どもが「その子らしい」方法で対話へ参加すると考えられる。

例えば，子どもの社会的参加に見られる個人差は，子ども同士の相互交渉のあり方と密接に関連していることが先行研究で示されている（Coplan *et al.*, 2006にレビュー）。また，言葉に着目すると，幼児の言語能力の発達は他児への向社会的行動の発達と関連することが指摘されており（Ensor & Hughes,

2005)．幼児の他児との向社会的な相互交渉の仕方に現れる個性は，2歳から3歳の間に安定するという (Hay *et al.*, 1999)。上記の知見から，2-3歳頃に，向社会的な相互交渉とともに，言語能力ひいては他児との言葉を用いた対話の仕方にも個性が現れると推察される。

以上を踏まえ，集団を構成する個人について，集団での対話への参加の仕方の特徴とその変化について明らかにすることで，集団での対話のあり方の変化だけでなく，それと相互に関連するものとして，個人の変化も捉えることができると考える。

第6節　本研究の課題と構成

本節では，第1節から第5節で述べた本研究における課題を整理した上で，各課題に関連付けるかたちで本研究の構成について述べる。

1．本研究における課題

第1節では，日常の保育場面における集団での対話を分析対象とする必要性について述べた。観察方法として，自然的観察法，すなわち日々の保育の中に研究者自身が入り，保育者や子どもたちとの信頼関係（ラポール）のもとで，継続的に観察を行う方法を採用する。そして，日常の保育場面での観察を行うことで，2-3歳児が日々の保育において，どのようにして集団での対話へ参加しているか，また，他児とともにどのように対話しているかを明らかにする。また，そのことと関連して，二者間対話や三者間対話に限定せずに，集団の中で生じるあらゆる人数構成の対話を分析対象とすることについて述べた。そうすることで，日常の保育場面で生じる2-3歳児同士の対話経験について明らかにすることができると考える。これは本研究全体を通して共通する方法である。

さらに，以下のように第2節から第5節で具体的な分析視点について述べ

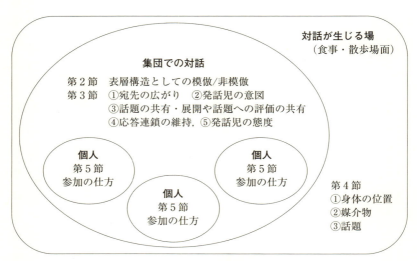

Figure 2 本研究の分析視点の関係図

Table 1 各分析視点と章との対応図

分析視点			対応章
第2節	対話への参入	模倣/非模倣	第4章
第3節	対話の維持発展	宛先の広がり	第5章
		話題の共有・展開	第6章
		話題への評価の共有	第7章
		「他児の応答を引き出しやすい応答」	第8章
		終助詞・間投助詞	
第4節	場の固有性	身体の位置	
		媒介物の有無	
		話題の特徴	
第5節	個人の参加	個人の対話への参加の仕方	

た(Figure 2)。この図は，保育集団での対話の特徴を集団での対話のあり方，個人の対話への参加の仕方，対話が生じる場の固有性という異なる次元から捉えることを示している。また，各分析視点と対応する章との関連について，Table 1 に示した。

第2節では，対話への参入と対話の維持を捉える視点として，乳幼児の対話への参入を支える「フォーマット」概念（ブルーナー, 1988）に着目した。そして，フォーマットの二層構造の変化，すなわち同一の深層構造をもつ事例において，表層構造としての模倣と非模倣の使用がどのように変化するかを検討することで，対話の複層的な変化を明らかにすることができると述べた。この視点は，第5章の分析で用いた。

第3節では，対話の維持発展を捉える視点として，以下の点を挙げた。

第一に，話者交代がなされる際の特徴を捉えるため，宛先の広がりの特徴に着目した。発話はただ話し手によって発せられるだけのものではなく，それを引き受け，応答する他者がいるからこそ存在する。誰が発したかということと，誰に宛てて発したかという両方が重要となる。よって，語用論で分析単位とされてきた話者交代に加え，宛先の切り替え，すなわち宛先の広がりについても考慮する。この視点は，第6章および第7章の分析で用いた。また，第8章で分析対象児の特徴を捉える際にも注目した。

第二に，発話の直前直後のつながりにおける発話内容の関連性を捉えるために，それぞれの発話や応答に込められた意図，実際の機能などの視点に着目した。特に，対話の維持発展との関係で考えると，2-3歳児が互いの発話にどのように応答し，その応答に込められた意図や実際に果たした機能が対話の維持発展にどのように寄与しているかという視点で，応答連鎖の特徴を捉えることができる。この視点は，後述の第四，第五の視点に繋がるものであり，また，本研究全体の具体的な事例解釈の際に着目した。

第三に，発話を取り巻く文脈における発話内容の関連性を捉えるために，「誰がいつ，どこでどういう場面で」発話したかという点に加え，「何につい

て（話題），どのように（話題への評価）」発話したかという点に着目した。すなわち，話題の共有・展開，話題への評価の共有[16]に着目し，その変化を検討する。この視点は，第6章，第7章，第8章で用いた。

　第四に，応答連鎖の特徴を捉えるために，続く応答に宛てられた「他児の応答を引き出しやすい応答」の使用に着目した。他児からの応答を引き出しやすい応答をすることで，相手からの応答を引き出し，対話は維持発展しやすくなると考えられるためである。なお，カテゴリーは，具体的な応答の特徴からボトムアップに作成したものを使用した。この視点は，第7章および第8章で用いた。

　第五に，発話児の態度を捉えるために，終助詞および間投助詞の使用に着目した。終助詞は，話し手の聞き手に対する働きかけを表し，対話をなめらかにする等の機能がある。また，例えば間投助詞「ね」は，聞き手の関心を話題に向けさせ，引きとめ，会話を継続させる機能や，自らの意見や感情を表現しやすくする等の機能があることが指摘されている。よって，本研究で多く観察された終助詞・間投助詞に着目し，その使用の変化を検討した。この視点は，第7章で用いた。

　第4節では，場の固有性を捉えるために，食事場面，遊び場面，散歩場面の特徴を検討した。特に，これまで保育学の研究の主たる対象とされてきた遊び場面以外にも，食事場面や散歩場面等の場面に関する検討の必要性について述べた。そして，場の固有性と関連する視点として，身体の位置と，媒介物の有無および話題の特徴に着目した。この視点は，第4章で用いた。なお，場の固有性の比較は，第3章から第8章まで本研究全体を通して検討した。

　第5節では，集団での対話の特徴についてだけでなく，集団を構成する個人に焦点をあて，個人の対話への参加の仕方の変化を検討する必要性について述べた。それにより，集団の変化というマクロな視点と，個人の変化というミクロな視点の両方から，保育集団における2-3歳児同士の対話につい

て描き出せると考える。個人の変化については，第8章で検討した。

以上のように，本研究では，発達研究，言語学，保育学という複数の学問領域の知見から学び，保育における2-3歳児の育ちについて，幼児同士の対話分析を通して明らかにすることを目的とする。まとめると，まず，①言語習得を支えるフォーマットの二層構造と模倣の使用に着目し，2-3歳児がどのようにして保育所2歳児クラスでの対話へ参入し，そこでの言語使用の仕方がどのように変化しているかを検討する。それにより，表層構造としての模倣/非模倣の変化という大まかな応答連鎖の特徴の変化を把握する（第4章）。その上で，②語用論やバフチンの発話論を参照し（発話の宛先がどのように広がるか，話題や話題への評価が共有され展開されているか，どのように応答連鎖が維持されているか等），より具体的に，対話がどのように維持され，展開しているかを複数の視点から検討する（第5章から第7章）。①および②を行うことで，集団での対話の特徴を多面的に捉えることができると考える。そして最後に，③個人の対話への参加の仕方に焦点をあて，①や②の集団での対話分析では捉えることのできなかった個の変化を検討する（第8章）。また，上記のすべてにおいて，食事場面と散歩場面を比較検討することで，場の固有性について考察する。このように，発達研究や言語学の知見に学びながら，保育の現場で子どもたちがどのように他児と対話しながら育っているかを複層的・多面的に描き出すことが，本研究の課題である。

2．本論文の構成

先述した研究課題に基づき，本論文をⅠ～Ⅴ部，全9章で構成し，各分析視点から保育集団における2-3歳児同士の対話の変化を検討する（Figure 3）。

まず，第Ⅰ部「本研究の問題と目的」は，以下の2章からなる。

第1章「2-3歳児の集団での対話の特徴を捉えるための諸視点」では，第1節で，2-3歳児同士の対話に関する先行研究を検討し，方法論をめぐ

る問題と課題について述べた。そして，本研究で対象とする保育集団での2-3歳児同士の対話の特徴を明らかにするために，諸理論および先行研究による知見を概観し，以下の分析視点を導出した。まず第2節では，対話への参入を捉えるための視点として，ブルーナーの「フォーマット」概念の二層構造に着目した。そして，同一の深層構造をもつ事例における表層構造（模倣/非模倣の使用）の変化に着目することについて述べた。第3節では，対話の維持発展を捉えるための視点として，語用論およびバフチンの発話論に基づき，①話者交代にともなう宛先の広がり，②話題の共有・展開と話題への評価の共有，③「他児の応答を引き出しやすい応答」の使用，④終助詞および間投助詞の使用に着目することについて述べた。第4節では，対話が生じる場の固有性を捉える視点として，①身体の位置，②媒介物の有無，③話題の特徴に着目することについて述べた。以上の分析視点は，集団での対話の特徴を検討する目的で導出したものである。さらに第5章では，集団での対話へ参加する個人の変化に焦点をあてることについて述べた。以上を踏まえて，第6節で，本研究の課題と構成について述べた。

　第2章「方法」では，上記の研究の目的を達成するために，本研究で採用した方法について，観察の方法と分析の方法の詳細を述べ，第5章から第8章で取り上げた事例を一覧にまとめる。

　第Ⅱ部「集団での対話の成り立ち」は，深層構造により分類された"模倣する"事例，"確認する"事例，"伝える"事例の3種類すべての対話の特徴について，量的に検討した以下2章からなる。

　第3章「事例数・対話への参入者数・応答連鎖数・クラス内の発話の宛先の量と方向」では，①場面別・時期別の事例数，②対話への参加者数と応答連鎖数を算出し，比較検討する。また，③クラス全員の対話への参加の仕方（ソシオグラム），すなわち誰が誰に宛てて発話したかという宛先の量・方向をソシオグラムで図示し，場面別・時期別の特徴を検討する。

　第4章「身体の位置・媒介物の有無・話題の特徴」では，第1章で場の固

有性を捉えるための視点として挙げた3つの視点，すなわち①身体の位置，②媒介物の有無，③話題の特徴について，場面別・時期別の特徴を検討する。

第Ⅲ部「集団での対話への参入と対話の維持発展」は，"確認する"事例と"伝える"事例について，第1章で挙げた諸視点に基づき，量的・質的に検討した以下3章からなる。

第5章「表層構造としての模倣/非模倣」では，対話への参入を支えるフォーマットの二層構造に焦点をあて，同一の深層構造——すなわち"確認する"と"伝える"——をもつ事例で，表層構造としての模倣/非模倣の使用がどのように変化するかについて，場面別・時期別の特徴を検討する。

第6章「"確認する"事例における宛先の広がり・話題の共有・話題への評価の共有」では，対話の維持発展に関連する視点，すなわち①話者交代にともなう宛先の広がり，②文脈レベルでの発話内容の関連性をもたらす話題の共有，③同様に，話題への評価の共有に焦点をあて，場面別・時期別の特徴を検討する。

第7章「"伝える"事例における応答連鎖の維持・宛先の広がり・話題の展開」では，対話の維持発展に関連する視点，すなわち①応答連鎖の維持の仕方，②宛先の広がり，③話題の展開に着目し検討する。①応答連鎖の維持の仕方については，❶対話の維持を促すと考えられる「他児の応答を引き出しやすい応答」の使用，❷対話を円滑にし聞き手を話題に引き込む等の機能をもつ終助詞・間投助詞の使用について分析する。

第Ⅳ部「個人の集団での対話への参加」は，第Ⅱ部および第Ⅲ部で明らかになった集団での対話の特徴と変化を踏まえ，集団での対話へ参加する個人の変化について量的・質的に検討した第8章からなる。

第8章「異なる2名の対話への参加の仕方」では，食事場面と散歩場面それぞれについて，他児への応答の仕方が異なる2名を選出し，対話への参加の仕方を分析した。具体的には，対話の維持発展に関連する①話題を共有・展開する応答の使用，②「他児の応答を引き出しやすい応答」の使用に焦点

をあて，場面別・時期別の特徴を検討する。

　最後の第Ⅴ部「総合考察」は，第9章「総合考察」からなる。この章は，第3章から第8章までの内容を踏まえ，保育集団での2-3歳児同士の対話の特徴と変化について，総合的な考察を行い，本研究の理論的意義と限界，方法論的意義，そして今後の課題について整理し，本論文を総括する。

第Ⅰ部　本研究の問題と目的

第1章　保育集団における2-3歳児同士の対話の特徴を捉えるための諸視点
保育集団における2-3歳児同士の対話の特徴を明らかにするための視点について，理論と先行研究を概観し，課題を整理する。

対話への参入と維持を捉える視点	対話の維持発展を捉える視点	対話の生じる場の固有性を捉える視点
○フォーマットの二層構造（深層構造と表層構造） ○表層構造としての模倣/非模倣の使用	○話者交代と宛先の広がり ○話題の共有・展開と話題への評価の共有 ○応答連鎖の特徴 ○発話児の意図等	○身体の位置 ○媒介物の有無 ○話題の特徴

対話へ参加する個人の変化を捉える視点

第2章　方法
観察方法，分析方法，事例一覧（⇒時期別に3期に分類。さらに，全事例を深層構造により，"模倣する"事例・"確認する"事例・"伝える"事例に分類。）

（理論部分）

第Ⅱ部　集団での対話の成り立ち

第3章　事例数・対話への参入者数・応答連鎖数・クラス内の発話の宛先の量と方向（"模倣する"，"確認する"，"伝える"事例）

第4章　身体の位置・媒介物の有無・話題の特徴（"模倣する"，"確認する"，"伝える"事例）

第Ⅲ部　集団での対話への参入と対話の維持発展

第5章　表層構造としての模倣/非模倣の使用（"確認する"事例，"伝える"事例）

第6章　宛先の広がり・話題の共有・話題への評価の共有（"確認する"事例）

第7章　宛先の広がり・応答連鎖の維持・話題の展開（"伝える"事例）

第Ⅳ部　個人の集団での対話への参加

第8章　異なる2名の対話への参加の仕方の変化（"確認する"事例，"伝える"事例）
話題の共有・展開，「他児の応答を引き出しやすい応答」の使用の変化について，各々検討する。

（分析部分）

第Ⅴ部　総合考察

第9章　総合考察
本研究の結果を受けて，保育集団における2-3歳児同士の対話の特徴について総括する。その上で，本研究の理論的意義と限界，方法論的意義，今後の課題を述べる。

（総括部分）

Figure 3　本論文における研究構成

第2章 方　　法

　本章では，保育集団での2-3歳児同士の対話の特徴とその変化について明らかにするという目的に即し，第1章第6節で整理した本研究の課題を検討するため，本研究で実施した観察および分析の方法について説明する。

第1節　観察の方法

1．研究協力園

　都内認証保育所の2歳児クラス（男児4名，うち1名は9月に転入；女児6名，観察開始時の平均月齢2歳6ヶ月）で参与観察を実施した。当保育所は，各年齢1クラスで，10名程度で構成されている。担任保育者は2名で，一名は保育経験8年の女性保育者，もう一名は前年度から持ち上がりの保育経験15年の女性保育者であった。

　当保育所は，NPO法人を設置主体とする認可外・東京都認証保育所（A型）である。園児定員50〜60名（各年齢1クラス），園長，保育士11名，保育補助1名，調理員2名，事務員1名，曜日ごとの夕方のみのアルバイト，およびボランティア6名（2009年12月時点）という小規模保育所で，産休明け児から就学前児までの保育を行っている。保育時間は月曜日から土曜日の週6日，7時30分から20時30分まで3種類の時間帯の区分に応じた通常保育を行うほか，曜日契約保育，緊急応需保育，一時保育，放課後育成保育なども行っている。希望される父母の保育参加だけでなく，保育ボランティアなど外部からの保育参加者に対しても寛容で，近隣に住む在宅保育児や他の保育所からの保育参加も定期的に受け入れており，保育所全体に開放的な雰囲気が

ある。

　園舎は木造の平屋で，保育室は小ホール（0歳児クラスおよび1歳児クラス用）と大ホール（2歳児クラスから5歳児クラス用）がある。小ホールは面積約 $45m^2$，高さ 2〜3 m。大ホールは面積約 $100m^2$，高さ約 4〜5 mで，天井が高く吹き抜けになっており，風通し・採光が良く，園庭にもすぐに出られる開放的な空間となっている。園庭の広さは約 $135m^2$ で，砂場とそれ以外の境目は特に設けられておらず，園舎の縁側にシャワー，室内に風呂場が設置されており，気軽に泥だらけで遊べるようになっている。また，保育所周辺には自然がたくさん残っており，行事のある日や悪天候の日，体調がすぐれない場合以外はほぼ毎日，午前中も午後もあらゆる時間帯に散歩に出かけ，豊かな自然の中で遊んでいた。登園後の自由遊びの時間の後，9時半には園舎を出て，昼食前の11時半頃（時期によって時間も変更する）に園舎へ戻り，昼食の準備をするという段取りであった。本研究で分析対象とした散歩場面は，この午前中の散歩場面である。そして，11時45分から12時頃に昼食を開始し，12時45分から13時頃には全員が昼食を終えて，着替えて順に午睡に入った。また，午睡後のおやつの後も，一週間の大半は散歩に出かけ，16時半頃に園舎へ戻るまで外で遊んでいた。散歩に出る時は，年齢ごとのクラス単位で行動することもあれば，年齢の近い複数のクラスがともに遊ぶこともあった。このように当保育所は，道草散歩を保育における重要な活動と位置付けていた。なお，保育のねらいによっては，園舎内での遊びや活動も取り入れており，週に数回はリズム（室内でピアノの音楽に合わせて様々に身体を動かす遊び）を行っていた。また，それ以外の室内での自由遊び等では，2歳児から5歳児までが同じ空間（大ホール）で過ごすが，年齢別で遊ぶこともあれば，異年齢混合で遊ぶこともあり，時折1歳児もまざって遊ぶこともあった。本研究では食事場面と散歩場面を対象とし，週に一度（月4回）の観察のうち，各月2回ずつ（前半と後半）抽出し，分析対象とした。

　なお，本研究の実施にあたり，観察開始前に保育所の先生方および保護者

の方々に対し，収集したデータを学術論文の執筆に使用することを説明し，承諾を得た。また，本研究に出てくる名前はすべて仮名とした。以上の実施により，倫理的側面に配慮した。

2．観察の期間と場面

　本研究に先立ち，200x年度に同保育所の2歳児クラスで観察を行い，4月から10月に収集した事例をもとに卒業論文を執筆した。他児との出会い・他児との対立・他児への共感に着目し，事例分析を行った。その際に分析した事例から，特に言葉を用いた対話のあり方に2-3歳児ならではの特徴が見られると考え，卒業論文で用いた事例を分析し直し（淀川，2009），見通しを得て，本研究の観察を行うに至った。なお，翌200y年度の一年間は，観察者としてではなく，より保育者に近い立場で子どもたちの日々の様子を捉えたいと考え，保育ボランティアとして同保育所の2歳児クラスに週に一度入り，様々な経験をともにした。また，200y年度から翌200z年度にかけて，同保育所の夕食ボランティアも週に一度行い，一日の流れの中で子どもたちや先生方と過ごし，保育のあり方について学んだ。このようにして，保育所の先生方や子どもたちと日常的に過ごす中で，徐々に信頼関係（ラポール）が築かれていったと思われる。その上で，以下のように本研究のための観察を行った。

　新年度が始まり，クラスが落ち着き始めた200z年5月より予備観察およびクラスの子どもたちとの関係づくりを行い，200z年6～11月の週に一度，午前中の散歩場面および食事場面（昼食）で観察を実施した。他者との日常的な関係の中で過ごす子どもたちの姿を捉えたいと考え，自然観察法を採用し，保育中に子どもたちと遊んだり話したりしながら参与観察を行った。なお，幼児同士の対話が始まった際，筆者はその場ではなるべく気配を消し，対話を方向づけたり妨げたりせずに観察するよう努めた。

　食事場面は，木造建築の保育所の縁側に，クラスごとに一箇所ずつ（縁側

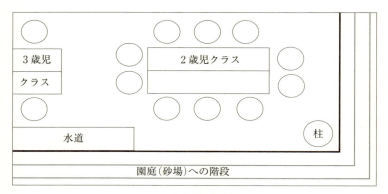

Figure 4 食事場面の見取り図

の端が5歳児クラスで，4歳児クラス，3歳児クラス，2歳児クラスの順に）机を並べる（Figure 4）。保育者は子どもたちの近くで様子を見ながら，子どもたちと話したり，必要に応じて子どもたちの横へ座り介助したりしていた。観察者は近くに座って，控えめに子どもたちと関わりながら参与観察をしメモを取った。なお，事例の食事場面はすべて，登園している2歳児クラスの園児全員でひとつの机を囲み，食事している場面である。中が空欄の○は，子どもを示す。図の上側は保育室（昼食後，着替え午睡をする大ホール）で，下側は園庭（このすぐ近くはシャワーと砂場）であった。

　一方，散歩場面では，保育所近辺の大きな公園や公共施設周辺等の自然豊かな環境を歩き，子どもたちの興味や保育者が経験させたいと考えていることに応じて遊びながら，大半の時間を過ごす。先生たちは，それぞれの季節ならではの植物や昆虫等の自然と，五感を使って触れ合うことを重視していた。例えば，春はたんぽぽやれんげで首飾りを作ったり，イタドリの茎をかじりながら歩いたり，野いちご等の実を摘んで食べたり，園に持ち帰ってジャムを作ったりした。夏には，ビワの実をもぎ取って味わったり，セミの抜け殻でブローチを作ったりした。秋には銀杏を拾ったり，落ち葉でおままごとをしたりした。また，冬には水たまりで水の冷たさを感じたり，霜柱を踏

みしめて音や感触を楽しんだりした。このように様々に自然と触れ合いながら散歩する際，必ずしもクラス全員が同じ場所にいる訳ではなく，移動する時は保育者が前方と後方に分かれ，観察者はその間を適宜行き来しながら子どもたちと一緒に移動した。集団と集団が数十メートル離れ，それぞれに遊びながら移動する場面もあり，そのような場合は一緒にいる子どもたちを観察した。なお，車が通る等の危険が予測される場所では，全員が一度集まり，二人一組で手を繋ぎ道路を渡る等の配慮がなされていたが，それ以外は自由に歩いていた。

　季節ごとの散歩場面における大まかな特徴は，以下の通りであった。2歳児クラスの春から夏頃にかけては，早く生まれた子どもたちと遅く生まれた子どもたちの体力差が大きく，散歩場面では，春から夏生まれの子どもたちは集団の先頭から真ん中辺りを，秋から冬生まれの子どもたちは集団の真ん中から後尾の辺りを歩くことが多かった。担任の保育者2名は先頭と後尾にそれぞれ付き，先頭についた保育者は歩くのが早い集団とともに先を歩き，後尾についた保育者は歩くのがゆっくりの子どもたちを歩きたいという気持ちにさせることを大事にしていた。お互いの姿が見えなくなることもあり，その場合は，先頭集団が途中で止まり，遊びながら後方集団を待ち，合流しひとしきり遊んだら再び出発するということが多かった。秋頃になると，体力のあまりなかった子どもたちも，毎日散歩したことで体力がつき，もともと体力のあった子どもたちに付いて行けるようになってきた。そのため，先頭集団と後尾集団との距離が春から夏頃ほどには広がらなくなった。それでも，ほぼつねに集団の先頭を行く数名（ちえ，たつや等）と，ほぼつねに集団の後尾を歩く数名（すすむ，ともこ等）がいた。

3．観察の仕方と観察記録の作成

　本研究では，フィールドワークを行い，保育中，主に幼児同士の対話が行われた際，保育の妨げにならぬよう随時メモを取り，詳しいフィールドノー

ツを作成し，分析資料とした。途中から適宜ビデオ撮影も行い，発話や行為を確認するための補助として参照したが，特に散歩場面では移動を伴うため画面が大きく揺れてしまい，参照できなかった場面も多かった。

　フィールドワークを行った理由は，第1章第1節で述べたように，2-3歳児が日々の保育において，どのようにして集団での対話へ参加しているか，また他児とともにどのように対話しているかを検討することを目的とするためである。第1章でも言及した実験的観察では「観察者が設定した行動環境が普段の状況とは違い非日常的な事態である場合には，子どもの普段通りの行動を観察できないこともある」（柴山，2006，p.33）。そのため，フィールドとなる保育の場に研究者自らが身を置き，明示的暗黙的に了解されている文化や規範等を体験しながら，そこで生じる対話の特徴を捉えることを目的とし，自然観察法を採用し，参与観察を行った。

1）エピソード記述

　本研究では，エピソード記述により観察記録を作成した。保育におけるエピソード記述を実践し考察している鯨岡（2005，p.253）によれば，「エピソードは「その事例がかくのごとく起こった」という事実を提示する「客観的な」面をもちながら，しかしそれは，それを取り上げた記述主体＝関与観察者の主体性（価値観，考え，主義主張）を潜り抜けたものであるという意味で「主観的な」面をもっている」という。このことを鯨岡（2008，p.20）は，研究者は研究主体でもあり生きる主体でもあるという二重の「私」であり，「特にフィールドに関与して観察するときには，そのフィールドに馴染めば馴染むほど，またそこでの対人関係が深まれば深まるほど，何処までが生きる主体で，何処からが研究主体なのかを明確に裁断することが難しい」と述べる。その上で，研究主体としての「私」はそこから抜け出て，生きる主体としての「私」も含めて，「脱字的に「見る」超越的視点を確保し」，出来事を捉え直す必要がある（鯨岡，2008，p.21）。

このように，エピソード記述は，現象の客観的な記述を志向しつつも，観察者の主観を含み込む方法である。そのため，エピソードが観察者にとってのみならず，読み手にとっても了解可能なものとする必要がある。この了解可能性を確保するためには，「①なぜそのエピソードを取り出したか，その恣意性をいかに超えるか。②エピソード記述の客観性をいかにして確保するか。そして，③エピソード記述のメタ観察的な解釈の妥当性をいかにしていくか」が問われる（無藤・堀越，2008，p.46）。よって本研究では，①については，食事場面および散歩場面で観察されたすべての幼児同士の対話をエピソードとして記し，分析対象とした（「事例」「発話」の用語の定義は，後述する）。また，②については，エピソードには（観察者の立場からではあるが）観察された事実（幼児らの言動や場の様子等）を記すにとどめ，観察者の解釈はエピソード内に記さなかった。さらに，③については，本研究で取り上げた事例（各エピソード）に事例解釈を付し考察する際，解釈部分と解釈の根拠となる事例内の箇所を同じ番号で対応させ，参照できるようにした。また，事例解釈を書く際，まず事例内の該当する事実を記し，次に事実をもとにした解釈を記し，最後に分析視点に基づく考察を記すという手順を踏んだ。以上の手順を踏むことで，解釈の根拠と解釈とが混在しないよう努めた。

2）用語の定義

事例分析を行うにあたり，「事例」と「発話」の用語を以下のように定義した。

1事例の単位は，幼児もしくは保育者が発話し，その発話に対し他者が応答した時点を"事例の開始"，幼児同士の対話を経て，最終的に誰も発話しなくなった時点を"事例の終了"とした。本研究は2-3歳児同士の対話について検討することを目的としているため，保育者が対話を開始したり途中で応答したりした場合であっても，保育者ではなく幼児が対話を主導している場面を分析対象とした。

また，1発話の単位は，話者交代で数えたが，誰にも応答されずに再発話した場合は別の発話とした。なお，本研究の主な分析対象は，言葉を用いた発話と応答である。ただし，身ぶりや表情，身体の姿勢など話し手により意識的，無意識的に表現されたものも，発話児の態度を示すものとして，事例分析の際に参照した。

第2節　分析の方法

本節では，本研究全体に共通する分析の方法，すなわち事例の分類について説明する。第1章第2節から第5節で述べた各分析視点に基づく分析方法については，各章で記す。また，第5章から第8章で取り上げた具体的な事例の一覧表を本節の最後に記す。

本研究では，各分析視点に基づき，食事場面と散歩場面の場面別・時期別の対話の特徴の変化を検討するため，1．に示すように時期により事例を分類した。また，「フォーマット」の二層構造に着目し，同一の深層構造をもつ事例間での表層構造（模倣/非模倣）の変化の分析を行うため，2．に示すように「深層構造」により事例を分類した。1．および2．の基準で分類した事例について，場面別・深層構造別・時期別の特徴を，各章で採用する分析視点に基づき分析した。

1．時期による事例の分類

6月から11月までに食事場面および散歩場面で観察された対話事例（各月2回，前半・後半に1回ずつの計12日分）を，前期（6～7月），中期（8～9月），後期（10～11月）の3期に分けた。3期に分けた理由は，8～9月以前と以後とで，子どもたちの様子や保育者の配慮に変化があると考えられたためである。例えば，当該保育所の場合，環境の変化として，0，1歳児クラスの時には小ホールで過ごしていたのに対し，2歳児クラスになると5歳児クラ

スまでが一緒の大ホールで過ごすこと，また，散歩の時間が長くなることがあり，4月に入ってからの数ヶ月間は新しい環境に慣れる（大ホールでの生活を知る，2歳児クラスの生活の流れを知る等）必要がある。このように，8～9月頃以前は2歳児クラスに慣れていく時期であるのに対し，それ以降は3歳児クラスに進級することを想定しながら過ごす時期になる。例えば，個人として求められること（衣服の着脱や排せつ等，自分で自分のことをできるようになるといったこと等）だけでなく，クラス集団における振る舞い方（友達と協力してシートを敷く等活動の準備をする，簡単なルールのある集団遊びを楽しむ等）にも変化が見られる。また，担任保育者の，「8月の夏休み（お盆）前後，10月の運動会前後で，それぞれ子どもたちが成長した姿が見られる」という経験に基づく話も参考にした。こうした年間における大きな変化の流れに加え，筆者が長年2歳児クラスを観察してきたなかで，8～9月頃を境に，それ以前と比べて2-3歳児同士で対話が盛んに起こるようになるという印象を受けており，特に食事場面において，8～9月頃以降に，より長く対話を維持している印象があった。また，続く10月の運動会を経て，子どもたちが自信をつけるだけでなく，年長児に憧れて色々なことに挑戦したいという意欲が育つ様子も見られた。以上の理由から，8～9月を境に集団での対話が大きく変化し，10月頃にさらに幼児らの振る舞いが変化していると予測し，8～9月の前後も含めた2ヶ月ごとの変化を検討することにした。なお，分析対象とした計12回分の場面別・時期別の平均観察分数（SD）は，Table 2の通りである。計12回のいずれの回においても，大きなトラブル等，特殊な出来事は生じておらず，日常の保育がなされていた。

Table 2　場面別・時期別の平均観察分数（SD）

	前期（6-7月）	中期（8-9月）	後期（10-11月）
食事場面	47.3(2.2)	46.0(1.4)	45.3(2.1)
散歩場面	83.3(6.2)	82.0(4.9)	80.8(5.8)

2．深層構造による事例の分類

食事場面では全57事例，散歩場面では全27事例が観察された。それらを，事例の発話内容から解釈される「深層構造」(その対話で実現されている発話の機能) について検討した。この場合，「深層構造」を，幼児間の言語的コミュニケーションという観点からみた場合の発話の機能と解釈し，応答連鎖により事例単位で実現されている機能に着目した。特に，情報が誰から誰へ伝達されるかという情報伝達の方向によって，"伝える"事例，"確認する"事例，"模倣する"事例の3種類に大別された（Table 3）。"伝える"事例とは，様々な事物について叙述し合う事例で，話し手から聞き手に向かって伝えようとするものである。"確認する"事例とは，眼前の物や状態，使い方，他児の状態などを確認し応答し合う事例で，話し手が聞き手から情報を引き出そうとするものである。そして"模倣する"事例とは，叙述や確認等の機能をもたない単語を模倣し合う事例で，話し手と聞き手の役割分担が明確でないものである。筆者ともう1名が独立に分類し，一致率は食事場面の事例については78.7%，散歩場面の事例については83.3%であった。不一致箇所は協議の上決定した。具体的な事例数等については次章で述べる。

Table 3　食事および散歩場面で観察された「深層構造」の定義（内容）と情報伝達の方向，相互交渉パターン例

分類	内容	情報伝達の方向	応答パターン例
伝える	様々な事物に関する叙述	話し手→聞き手	一人が眼前の物の状態や自らの経験等を叙述→他児が連想した事物の叙述等で応答…
確認する	眼前の物の状態，他児の思い等の確認	話し手←聞き手	一人が眼前の物や他児の状態等を確認（質問や「みせて」等）→他児が応答→…
模倣する	叙述や確認等の機能をもたない単語の模倣	どちらでもない	一人が発話（言葉・動作）→他児が模倣→さらに最初の発話者 or 別の他児が模倣→…

3．事例解釈で取り上げた事例一覧

本研究では，各分析視点から量的・質的な分析を行った。その際，第5章から第8章では，量的結果とともに，量的結果の内容と照らし合わせて各時期の特徴をよく表していると考えられる事例を複数事例ずつ取り上げ，解釈を記した。それらの事例一覧（事例番号・見出し・日付・対話の参加者）を，食事場面は Table 4 に，散歩場面は Table 5 にそれぞれ記す。

表中の事例番号は，各章の事例に付している番号と対応している。また，事例の見出しは同一の事例を同一の見出しとなるようにした。なお，一部の事例は複数の章で重複して取り上げたが，分析の視点や解釈の書き方が異なっている。

Table 4　食事場面で取り上げた事例一覧

	第5章 模倣/非模倣	第6章 確認し合う事例	第7章 伝え合う事例	第8章 2名の変化
前期	1．「こうだよねー」「こうだよねー」（6/25）ちえ・たつや・すすむ・なお・ひろし・ともこ・あい 4．「しんかんせん，すきだよ」（7/9）ちえ・ひろし	12．「こうだよねー，こうだよねー」（6/25）ちえ・たつや・すすむ・なお・ひろし・ともこ・あい 13．「いい？」「いいよ」（6/25）なお・ひろし・ちえ・たつや・すすむ	24．「なお，あかちゃんのとき，もってたの」（6/4）なお・あい・みお・ちえ・ゆみな 25．「しんかんせん，すきだよ」（7/9）ちえ・ひろし 26．「ちがう，ふくしまのババ」（7/9）あい・ちえ・ひろし	36．「たべたー」（7/30）すすむ・なお・ちえ・あい・みお 39．「すすむ，ベタベタこぼしてる」（7/30）ひろし・なお・すすむ
中期	2．「こう？」「こう？」（8/6）ひろし・なお・すすむ 5．「ばかっていったひとは…」（9/10）ちえ・けい・なお・あい	14．「こう？」「こう？」（8/6）ひろし・なお・すすむ 15．「あいちゃん，いちばん」（8/13）すすむ・あい・ひろし・たつや・ともこ	27．「ばかっていったひとは…」（9/10）ちえ・けい・なお・あい 28．「おばけのせかいにきたら…」（9/10）ひろし・ちえ・けい	37．「あいちゃん，いちばん」（8/13）すすむ・あい・ひろし・たつや・ともこ 40．「ちがうよ，ナメクジだよ」（9/17）ひろし・なお・ちえ

後期	3．「こう？」「そうじゃない，そうもっと…」(10/15) あい・ゆみな・ちえ・なお・けい 6．「あのね，このまえね…」(11/12) ちえ・あい・ひろし・なお・みお	16．「すすむの，おっきい」(10/29) すすむ・なお・けい 17．「こう？」「そうじゃない，そうもっと…」(10/15) あい・ゆみな・ちえ・なお・けい 18．「これ，なーんだ」(10/15)	29．「なしじゃなくて，りんごがいいんだよ」(10/29) なお・あい・ちえ・けい 30．「あのね，このまえね…」(11/12) ちえ・あい・ひろし・なお・みお	38．「おおかみだー！」(10/29) なお・ゆみな・ちえ・すすむ・ひろし・あい 41．「ケムシも，カブトムシもくるよ」(10/15) ひろし・ちえ・けい・すすむ・みお

Table 5 散歩場面で取り上げた事例一覧

	第5章 模倣/非模倣	第6章 確認し合う事例	第7章 伝え合う事例	第8章 2名の変化
前期	7．「みせて！」「おちたかとおもったー」(7/9) たつや・ちえ 9．「あい，いちばんなのー」(7/30) あい・ひろし	19．「わかったかな？」(6/12) ちえ・みお 20．「みせて」「すすむもひろってー」(7/9) すすむ・あい	31．「われてるよ」「われてないよ」(6/12) ひろし・なお 32．「くるまがきたー！」(7/9) たつや・ひろし	42．「くるまがきたー！」(7/9) たつや・ひろし 45．「みせて！」「おちたかとおもったー」(7/9) たつや・ちえ
中期	10．「みつ，おいしいんだよ」(9/17) ひろし・たつや	21．「みお，おんなのこ？」(9/17) ちえ・みお	33．「あかくなるんだねー」(8/13) ひろし・あい・たつや	43．「おべんとうのひだよ！」(9/17) ひろし・ちえ 46．「みつ，おいしいんだよ」(9/17) ひろし・たつや
後期	8．「だいじょうぶー？」「だいじょうぶー？」(10/15) なお・ちえ・たつや 11．「いたかったー，いたかったー」(11/12) みお・ちえ・あい・ゆみな・すすむ	22．「だいじょうぶ？」「ひろし，おこしてあげて」(10/15) みお・ちえ・ひろし 23．「こわい？」(11/26) みお・なお・ちえ	34．「こんなところにいるのは…」(10/15) ちえ・ひろし・なお・みお・ゆみな 35．「カラスー！」(11/26) ひろし・たつや・なお	44．「おはながながーい」(11/26) みお・ひろし 47．「もってかえるの？」(11/26) たつや・あい

第Ⅱ部　集団での対話の成り立ち

第 3 章　事例数・対話への参入者数・応答連鎖数・クラス内の発話の宛先の量と方向

　本章では，食事場面および散歩場面で観察された"模倣する"事例，"確認する"事例，"伝える"事例について，場面別・時期別の特徴を把握するため，①時期別の事例数，②対話への参入者数と応答連鎖数，③一人ひとりの発話の宛先（量・方向）の変化について検討する。

第 1 節　本章の目的

　本章では，次章以降の分析に先立ち，対象児らの対話への参加の量について，場面別，時期別の特徴を把握することを目的とする。そのため，各場面で各時期にどれだけ対話が生じていたかという事例数を算出した後，ひとつの対話事例に何名が参入していたか，また，どのくらい長く応答を連鎖させて対話を行っていたかについて検討する。これらに着目した理由は，従来の 2－3 歳児同士の対話分析（江口，1974；内田・無藤，1982；山本，2003；山本，2007等）では，二者間対話を対象としたものが多く，三者以上での対話がどのように自然発生的に生じるかを検討していないためである。二者間対話では自分もしくは相手のいずれかが発話しないと対話が終了するが，より多い人数の集団では，必ずしも自分が発話しなくても，第三者が対話へ参入することで対話が引き継がれ，維持されうる。また，第 1 章第 3 節で述べたように，三者以上での対話の場合，ひとつの発話に対して聞き手が複数名いることから，宛先の切替が複雑に生じる。すなわち，二者間対話とは異なる特徴をもつ対話が生じることが考えられる。よって，従来の研究では明らかにされてこなかった，保育所で自然発生的に生じている 2－3 歳児同士の集団で

の対話について，場面別・時期別の特徴を把握するため，事例数・対話への参入者数・応答連鎖数を検討する。

　さらに，上記の集団としてどのような対話が生じているかというマクロな視点に加え，個々人が集団での対話にどのように参加しているかというミクロな視点からも検討する。集団での対話は，集団を構成する個人の参加によって成り立つ。その際，皆が同じように対話へ参加するのではなく，異なる個性をもつ存在として対話へ参加しているはずである。また，集団での対話においては，誰に対しても分け隔てなく発話するとは限らず，日頃からよく遊ぶ誰々が話したから自分も応答したいと思うといったことも考えられる。2歳児集団における「異議を唱え―唱えられる」という関係について分析した本郷（1996）によれば，「日常の生活を共にする子ども集団の中では「地位」「力関係」についての異なる認知やそれに基づく行動が取られているという解釈もが成り立つ」という。この指摘も踏まえると，そうした集団内の関係性の中で個人の変化を捉えるという視点も必要である。また，例えば食事場面では食べることに集中し対話へあまり参加しないが，散歩場面で多く他児と対話する子や，逆に散歩場面ではあまり他児に話しかけないが，食事場面では生き生きと対話へ参加する子等，場によって，子どもによっても，対話への参加の仕方が異なることも考えられる。そうした個々人の対話への参加の仕方を把握するため，一人ひとりの発話が誰に向けられているか，またその量が時期によってどのように変化したかについて検討する。その際，ソーシャルネットワーク分析で用いられるソシオグラムに表し，図示することで視覚的にも把握できるようにする。

第2節　方法

　対象児，観察の期間・場面，観察記録の作成方法等は，第2章第1節で述べた通りである。また，収集した事例の時期別および深層構造別の分類の手

順についても，第2章第2節で述べた通りである。分類した事例について，本章では以下の手順で行った。

①時期別の事例数の算出

全事例を，時期（6〜7月の前期・8〜9月の中期・10〜11月の後期の3期）および深層構造（その対話で実現されている発話の機能：本研究では"模倣する"，"確認する"，"伝える"の3種類となった）によって分類し，事例数を算出した。

②対話への参入者数と応答連鎖数の算出

対話への参入者数については，各対話事例で発話を伴い対話へ参入した対象児の数を「参入者数」とし，平均および標準偏差を時期別に算出した。応答連鎖数については，対話を開始する発話を除く，一事例で観察された全応答の数を「応答連鎖数」とし，平均および標準偏差を時期別に算出した。これらを分析することで，二者間対話とは異なる特徴をもつと考えられる集団での対話について，場面別・時期別の特徴を検討した。なお，参入者数・応答連鎖数それぞれについて，食事場面は事例数が十分であると考え統計処理を行ったが，散歩場面は事例数が少なかったため統計処理を行わなかった。

③一人ひとりの発話の宛先（量・方向）の図示

クラス内の誰が誰に宛てて発話したかという宛先の方向とその発話数の変化を検討するため，各人の他児へ宛てた発話の数を算出し，UCINET for Windows（Borgatti *et al.*, 2002）を使用し，ソシオグラムを作成した。数量を出すだけでなく，ソシオグラムで図示することで，個人の対話への参加の仕方の違いや，クラスの対話を誰がよく主導していたか等の情報を視覚的に把握する。それにより，集団での対話が誰から誰に宛てられた，どれだけの量の発話の積み重なりにより成り立っているかというマクロな視点と，個人が誰に宛ててどれだけ発話したかというミクロな視点の両方から，対話の成り立ちを捉えることができる。

第3節　事例数の変化

　食事場面と散歩場面の深層構造別・時期別の事例数を Table 6 に示した。

　事例数全体を比較すると，食事場面は散歩場面の約2倍の事例数であった。観察者が同時に観察することのできた対象児の数が散歩場面では少なかったため，事例数が少なかったと推察されるが，つねに眼前に数名の対象児がいた状況で，上記の事例数の差が見られたことを考えると，一定の時間，同じ空間で同一の物を共有しながら座位で過ごす食事場面では，移動の自由がある散歩場面と比べて，幼児同士の対話が生じる数が多いと推察される。また，時期別の事例数を見ると，両場面とも前期・中期はほぼ変わりがなかったが，後期に事例数が増えていた。このことから，2歳児クラス秋頃から，2-3歳児同士の対話が増えることが示唆された。さらに，深層構造ごとの事例数を見ると，両場面とも全期を通して"模倣する"事例が少なく，"確認する"と"伝える"事例が多く観察された。特に"伝える"事例が"確認する"事例よりも多いことから，2-3歳児同士の対話においては，他児に属する情報を確認することよりも，自らに属する情報を相手に伝えることが対話をより多く生じさせていることが示唆される。

Table 6　食事および散歩場面で観察された深層構造ごとの時期別の事例数

場面と深層構造 時期	食事場面				散歩場面			
	模倣する	確認する	伝える	計	模倣する	確認する	伝える	計
前期（6-7月）	2	7	8	17	2	3	3	8
中期（8-9月）	0	6	11	17	1	1	4	6
後期（10-11月）	1	9	13	23	1	6	6	13
計	3	22	32	57	4	10	13	27

第3章　事例数・対話への参入者数・応答連鎖数・クラス内の発話の宛先の量と方向　65

第4節　対話への参入者数と応答連鎖数の変化

1．食事場面および散歩場面の対話への参入者数と応答連鎖数

　食事場面および散歩場面における深層構造ごとの一事例の平均参入者数および平均応答連鎖数を調べたところ，それぞれ Table 7 と Table 8 のようになった。

1）食事場面の参入者数と応答連鎖数

　平均参入者数を見ると，"確認する"事例では，全期を通して4.0～4.9人が対話へ参入していた。期別の平均参入者数について分散分析を行ったところ，時期の主効果は有意でないことがわかった（$F_{(2,19)}=0.63$, $n.s.$）。すなわち，"確認する"事例には，どの時期にもクラスの約半分である4～5人が対話へ参加するという特徴が見られた。一方，"伝える"事例では，前期は2.8人，中期は2.6人だが，後期になると4.5人に増えていた。時期別の平均参入者数について分散分析を行ったところ，時期の主効果が有意であることがわかった（$F_{(2,29)}=7.52$, $p<.01$）。Tukey の HSD 法で多重比較を行った結果，前期よりも後期で，中期よりも後期で平均参入者数が有意に多かった（$p<.05$）。すなわち，"伝える"事例では，前期・中期にはクラスの約3分の1である3人弱が対話へ参加し，後期には，約半分の4.5人が参加していた。また，"模倣する"事例では，前期に2事例，後期に1事例と事例数が少なかったものの，どちらも6人以上で，クラスの約3分の2が対話へ参加していた。

　また，平均応答連鎖数を見ると，"確認する"事例では，前期に10.4応答，中期に6.3応答，後期に8.8応答と全期を通して長い応答連鎖が見られた。時期別の平均応答連鎖数について分散分析を行ったところ，時期の主効果は有

Table 7　食事場面における深層構造ごとの時期別の平均参入者数（SD）と平均応答連鎖数（SD）

深層構造	各事例の平均参入者数			各事例の平均応答連鎖数		
	模倣する	確認する	伝える	模倣する	確認する	伝える
前期（6-7月）	6.5(3.5)	4.9(1.8)	2.8(1.0)	8.5(4.9)	10.4(5.1)	4.9(2.1)
中期（8-9月）	―	4.0(1.1)	2.6(0.9)	―	6.3(3.0)	4.9(3.4)
後期（10-11月）	6.0(=)	4.0(1.9)	4.5(1.7)*	16.0(=)	8.8(4.7)	10.8(5.9)*

※「―」は該当なし、「=」は1事例で計算不可能、「*」は多重比較の結果、5％水準で有意に多かった。

Table 8　散歩場面における深層構造ごとの時期別の平均参入者数（SD）と平均応答連鎖数（SD）

深層構造	各事例の平均参入者数			各事例の平均応答連鎖数		
	模倣する	確認する	伝える	模倣する	確認する	伝える
前期（6-7月）	4.5(2.1)	2.0(0.0)	2.0(0.0)	8.5(9.2)	3.3(2.5)	5.3(5.8)
中期（8-9月）	3.0(=)	2.0(=)	2.0(0.0)	3.0(=)	5.0(=)	3.3(2.2)
後期（10-11月）	5.0(=)	2.5(0.5)	3.2(1.5)	5.0(=)	4.0(2.2)	4.0(1.8)

※「=」は全1事例のため計算不可能であることを示す。

意でないことがわかった（$F_{(2,19)}=1.38$, n.s.）。一方、"伝える"事例では、前期・中期は4.9応答だが、後期になると10.8応答に増えていた。時期別の平均応答連鎖数について分散分析を行ったところ、時期の主効果が有意であることがわかった（$F_{(2,29)}=9.95$）。TukeyのHSD法で多重比較を行った結果、前期よりも後期で、中期よりも後期で平均応答連鎖数が有意に多かった（$p<.05$）。なお、"模倣する"事例は、事例数が少ないが、前期は平均が8.5応答、後期は16応答であることから、"模倣する"事例では、"確認する"事例と同様、"伝える"事例と比べて応答を連鎖させやすいことが推察される。

　上記の結果から、"確認する"事例では、平均参入者数にも平均応答連鎖数にも時期による変化は見られなかった。一方、"伝える"事例では、前期・中期と比較して後期で平均参入者数が増えると同時に、平均応答連鎖数

第3章　事例数・対話への参入者数・応答連鎖数・クラス内の発話の宛先の量と方向　67

も後期で増えていた。また，"模倣する"事例は事例数が少なかったが，平均参入者数も平均応答連鎖数も"確認する"事例や"伝える"事例と比べて多かった。このことから，叙述や確認等の機能を持たない単語の模倣は，"確認する"事例や"伝える"事例と比べて，全期を通してより多くの2-3歳児が対話へ参入し，より長く応答を連鎖させていたことが推察された。

　さらに，"確認する"事例では，前期から平均参入者数が"伝える"事例より多かったが，食事場面ではフォークや食物など全員が共通して持ち，確認する対象を共有しやすかったことが理由として推察される。また，"模倣する"事例では，"確認する"事例や"伝える"事例と比べると，対話へ参入する人数が多いことが示唆される。

2）散歩場面における参入者数と応答連鎖数

　平均参入者数を見ると，"確認する"事例では，前期と中期が2.0人で後期が2.5人に増えた。また，"伝える"事例でも，前期と中期が2.0人で後期が3.2人に増えた。すなわち，"伝える"事例も"確認する"事例も，前期・中期は2人であったが，後期に1人前後増えていた。一方，"模倣する"事例では前期4.5人，中期3.0人，後期5.0人であった。"模倣する"事例では全期を通して平均参入者数が多く，"確認する"事例や"伝える"事例と比べてより多くの人数が対話へ参入していた。

　また，平均応答連鎖数を見ると，"確認する"事例では，前期3.3，中期5.0，後期4.0であった。また，"伝える"事例では，前期5.3，中期3.3，後期4.0であった。前期が5.3と多いのは，1事例のみ12応答と長く，この事例では眼前の物の状態について意見が真っ向に対立し，互いに譲らず自らの意見を言い続けたためである。それ以外の2事例は2名が1回ずつ応答したのみで，すぐに対話が終わっており，12応答の1事例が平均値を引き上げていた。一方，"模倣する"事例は，前期8.5，中期3.0，後期5.0であった。"模倣する"事例の前期を除く，"模倣する"事例の中期・後期および"確認す

る"事例と"伝える"事例の全期では，3～5応答と類似の特徴が示された。

　上記の結果から，散歩場面の2-3歳児同士の対話場面においては，"確認する"事例と"伝える"事例では，全期を通して平均参入者数が2～3人で，それ以上の人数での集団での対話に発展することが少ないのに対し，"模倣する"事例では3～5人での対話が生じることが多いことが示唆された。これは，他児と「"同じ"になる志向性が強い」2-3歳児にとって，模倣は自他を容易に一体化させるもの（瀬野，2010）であり，それゆえ他児との対話へ参入し対話を維持やすいという性質を持つためであると推察される。一方，平均応答連鎖数では，"模倣する"事例の前期1事例をのぞいて，いずれの深層構造の事例でも平均3～5発話連鎖であり，長く応答を連鎖させながら対話を行う様子は見られなかった。散歩場面においては，身体の移動の自由があり，屋外で視界に飛び込んでくるもの，聞こえてくるもの等が様々にある。そのため，ひとつの対話を維持するよりも，他の事物に注意が向きやすく，移動してまた別の事物について対話しているということが推察される。特に，本研究で観察を行った保育所では，散歩の際に，一列に並んだり，手を繋いだりするということはなく，保育者の目が届く範囲で，各自が好きなように歩き回ることができた。そのため，身体の移動の自由度は特に高く，このような結果となったと考えられる。

第5節　一人ひとりの発話の宛先（量・方向）の変化

　前節までは，クラス全体の集団としての対話の特徴を明らかにするため，①時期別の事例数，②時期別の対話への平均参入者数と平均応答連鎖数について検討した。本節では，集団を構成する一人ひとりの観察対象児に目を向け，誰が誰に宛てて発話したか，その方向と量の時期別の変化を検討する。その際，UCINET for Windowsを使用し，クラス全員の発話について，宛先の方向と量を時期別にソシオグラムで表した（Figure 5）。

第3章　事例数・対話への参入者数・応答連鎖数・クラス内の発話の宛先の量と方向　　69

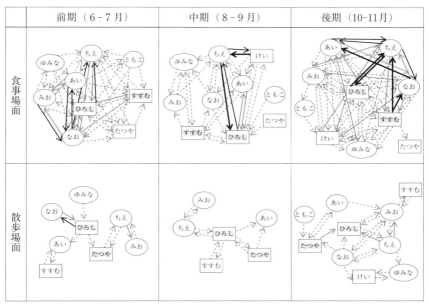

※○は女児，□は男児（■は第8章の各場面の分析対象児2名）。
※線は，発話数が1～3（⋯⋯▶），4～6（──▶），7～9（──▶），10～12（──▶）に対応。

Figure 5　食事・散歩両場面におけるクラス内の時期別の発話の宛先の方向・量

　なお，表中の位置は実際の席の位置とは無関係である。また，"模倣する"事例は，例えば5人が内側を向いて何か言葉を言ったり身体を動かしたりして模倣し合うというように，明確に誰に宛てているかが分からない応答が大半であったため，本ソシオグラム作成にあたっては，対象から外した。よって，"確認する"事例と"伝える"事例における発話のみを対象とした。
　クラス全体を見ると，食事場面では全期を通して，ちえとひろしの間で対話が盛んに行われていた。また，前期と後期に，なお・ちえ・あい等の女児間の対話が盛んに行われていた。特にちえは，他児への発話も他児からの発話も多く，実際の事例内でもこの集団での対話を主導する役割を担うことが多かった。一方，散歩場面では，前期・中期にはクラス全員の参加は観察さ

れなかった(実際には筆者が見ていないところで対話していたと考えられる)が,後期には,クラス全員の幼児同士の対話への参加が観察された。前期・中期には思い思いに散歩していたため,特に歩くのが遅かったともこは一度も観察されなかったが,後期には観察された。

さらに,第8章で分析対象とした3名(ひろし・すすむ・たつや)について見ていく。ひろしは,食事場面では,前期は他児からの発話も他児への発話も多く,積極的に対話へ参加していたことが読み取れる。特にちえやすすむへ宛てた発話が多かった。中期には,他児からの発話も他児への発話も矢印の本数は減ったが,ちえやあいとの相互の発話は増えていた。そして後期には,前期とほぼ同程度に他児への発話,他児からの発話が増え,ちえだけでなく,あいやけいへ宛てた発話も増えていた。前期・後期ともに多くの他児と積極的に対話へ参加していた。一方,散歩場面でも,他児への発話と他児からの発話の矢印の本数が,前期(3・2),中期(3・3),後期(2・4)であり,クラス全体の中で見ると,比較的積極的に対話へ参加していたことが読み取れる。また,たつや・なお・ちえ・みおとの相互の発話が見られた。

すすむは,食事場面では,前期は他児からの発話は多いが他児への発話は少なく,積極的に対話へ参加していなかったことが読み取れる。中期は他児からの発話も他児への発話も,矢印の本数が少なかった。しかし後期には,他児からの発話も他児への発話も矢印の本数が多くなり,特になおやちえへ宛てた発話が多く,積極的に対話へ参加していた。一方,散歩場面では,いずれの時期も一名とのみ相互の発話をしており,幼児同士の対話へ積極的に参加する様子は見られなかった。これは,すすむが小柄で歩くのがゆっくりであったことと関係していると考えられるが,そうした特徴をもつすすむが,食事場面の後期には対話へ積極的に参加していたことが特徴的である。

たつやは,食事場面ではほとんど対話へ参加していなかった。特に,中期・後期は一名に対し発話するのみで,黙って食事しながら他児同士の対話を見ていることが大半であった。これは,たつやが日頃から決まりを理解し

守ることができることと関係していると推察される。すなわち，食事場面ではおしゃべりが盛り上がりすぎた時に，先生が「ほらほら，おしゃべりしてないで食べなさい」と言うことがあり，そうした言葉を受け止め，実行していたと考えられる。一方，散歩場面では，他児への発話と他児からの発話の矢印の本数が，前期（1・2），中期（2・1），後期（2・2）であり，ひろしよりは少ない人数であったが，他児との対話が全期を通して観察された。

第6節　本章のまとめ

本章では，食事場面と散歩場面における2-3歳児同士の対話について，第1章第2節で述べた「フォーマット」の二層構造に着目し，深層構造（その対話で実現されている発話の機能）により事例を分類した後，①事例数，②対話への参入者数と応答連鎖数について，場面別・時期別の変化を検討した。また，第1章第3節で述べた宛先に着目し，③対話への参加の量（宛先の量と方向）について，場面別・時期別の変化を検討した。その結果，以下の示唆を得た。

事例数の検討から，食事場面は散歩場面の倍の事例数であったことから，一定の時間，同じ空間で同一の物を共有しながら座位で過ごす食事場面では，移動の自由がある散歩場面と比べて，幼児同士の対話が生じる数が多いことが推察された。また，両場面とも前期・中期と比べて後期に事例数が増えていたことから，2歳児クラス秋頃から，2-3歳児同士の対話が増えることが示唆された。さらに，両場面とも"伝える"事例と"確認する"事例が多く観察され，特に"伝える"事例がより多く観察された。このことから，2-3歳児同士の対話においては，自分に属する情報を相手に伝えたいという志向性と，相手に属する情報を確認したいという志向性の両方が対話を成り立たせ，特に伝えたいという志向性が多く対話を生じさせていた。

次に，対話への参入者数と応答連鎖数の検討から，以下の示唆を得た。食

事場面では、"確認する"事例で、前期から平均参入者数が"伝える"事例より多く、全期を通して4～5名が対話に参入していた。その理由として、食事場面ではフォークや食物など全員が共通して持ち、確認する対象を共有しやすかったことが推察される。また、叙述や確認等の機能を持たない単語の模倣は、"確認する"事例や"伝える"事例と比べて、より多くの2-3歳児が対話へ参入し（6名以上）、より長く応答を連鎖させていた。一方、散歩場面では、"確認する"事例と"伝える"事例で、全期を通して平均参入者数が2～3人で、それ以上の人数での集団での対話に発展することが少ないのに対し、"模倣する"事例では3～5人での対話が生じることが多いことが示唆された。一方、平均応答連鎖数では、"模倣する"事例の前期1事例をのぞいて、いずれの深層構造の事例でも平均3～5発話連鎖であり、長く応答を連鎖させながら対話を行う様子は見られなかった。散歩場面においては、ひとつの対話を維持するよりも、他の事物に注意が向きやすく、移動してまた別の事物について対話しているということが推察された。以上の結果から、二者間対話あるいは三者間対話が多く見られた散歩場面に対し、食事場面では三者以上の対話も多く観察され、より多くの人数での対話に参入することができることが示唆された。また、"確認する"事例では全期を通して、"模倣する"事例と"伝える"事例では後期に、散歩場面よりも食事場面で長く応答が連鎖しており、散歩場面よりも食事場面で対話が長く維持されるという特徴が示唆された。

　最後に、クラス内の発話の宛先の量・方向についての検討から、散歩場面では、各自が思い思いに移動している状況で生じた対話を観察するということの制約もあり、散歩場面は矢印の本数、発話の量ともに食事場面よりも少なかった。しかし、食事場面・散歩場面いずれにおいても、後期に矢印の本数が増え、前期・中期と比べて対話へ積極的に参加していた。また、誰が誰に宛てて発話していたか、誰から宛てられて発話されていたかを図示したことで、クラス内で誰と誰がよく対話していたかということや、場面によって

個人の対話への参加の量が異なることも確認された。

　以上のように，深層構造ごとの事例数・参入者数と応答連鎖数およびクラス内の発話の宛先の量・方向について，場面別・時期別の特徴の変化が示された。そして，事例数・参入者数・応答連鎖数いずれにおいても，散歩場面よりも食事場面で多かったことから，食事場面では散歩場面と比べて，1）集団での対話が観察されやすいこと，2）集団での対話が生じた場合に，2-3歳児が対話へ参入し，対話を維持することができることが示唆された。この特徴は，Figure 5に示したソシオグラムにも表れていた。

　次章では，上記の食事場面と散歩場面における対話の特徴の違いや変化をもたらした要因について検討するため，第1章第4節で述べた①身体の位置，②媒介物の有無，③話題の特徴に着目し，場面別・時期別の特徴を検討する。

第4章　身体の位置・媒介物の有無・話題の特徴

　本章では，食事場面および散歩場面で観察された"模倣する"事例，"確認する"事例，"伝える"事例について，場面別・時期別の特徴を把握するため，①身体の位置の変化，②媒介物の有無，③話題の特徴の変化について検討する。

第1節　本章の目的

　本章では，前章で明らかになった食事場面および散歩場面の対話の特徴について，場の固有性による違いや変化をもたらしたと予想される要因を検討することで，対話の特徴についてより詳細に明らかにすることを目的とする。その際，場の固有性を考慮して，第1章第4節で述べたように以下の3点に着目する。

　第一に，対話の参加者の身体の位置である。一定の時間，同じ空間に座位で向かい合って過ごす食事場面と，自由に歩き回ることのできる散歩場面とでは，幼児同士の身体の位置が異なる。特に，体力差や歩く速さの違い等の著しい2-3歳期には，こうした身体の位置関係が対話の生じやすさにもたらす影響も大きく，また時期によって変化が生じることも予想される。そこで，どのような位置関係で対話が生じていたかを検討する。

　第二に，対話を媒介する物の有無である。第1章第4節で述べたように，3歳前半児同士では，眼前の事物を媒介することで，相手の発話に応じた適切な返答を行うことが可能になる（山本，2007）というように，2-3歳期特有の媒介物の役割があると考えられる。また，食材や食具等，皆がはじめから共有する物のある食事場面と，外の世界の様々な物と出会う散歩場面とで

は，媒介物の特徴や有無に，場の固有性を捉えることができると予想される。そこで，対話を媒介する物の有無について検討する。

さらに第三に，媒介物の有無と関連して，話題の特徴に着目する。上記のように，対話において眼前の物が有るか無いか，また有る場合にどのような特徴をもつ物なのかによって，取り上げられる話題が異なると想定される。特に，食事場面と散歩場面とでは，眼前の物の特徴や有無が異なることから，異なる話題が取り上げられると予想される。また，家庭の1～2歳児と母親との相互交渉分析（外山・無藤，1990）や，幼稚園4～5歳児クラスの食事場面での会話分析（外山，2000）による，時間の経過に伴い，食事に関連したやりとりだけでなく一般的な内容のやりとりが増加したという知見からも示唆されるように，時期によって，媒介物の有無と，それに関連して取り上げられる話題の特徴も変化することが予想される。よって，話題の特徴の変化について検討する。

第2節　方法

対象児，観察の期間・場面，観察記録の作成方法等は，第2章第1節で述べた通りである。また，収集した事例の時期別および深層構造別の分類の手順についても，第2章第2節で述べた通りである。分類した事例について，本章では以下の手順で分析を行った。

①身体の位置：食事場面は全事例が座位のため，もともと近くにいる状況であった。観察当時，身体の位置について検討することを考慮しておらず，具体的な座席の位置を記録できていない回もあった。そのため本研究では，身体の位置が明確に記録されていた散歩場面についてのみ，全事例の身体の位置関係を調べた。そして，もともと近くにいた他児に話しかけて対話した「近く」，数メートル離れたところにいる他児に近寄って話しかけ対話した「寄り」，他児と歩調を合わせて移動しながら対話した「歩調」，5～10メー

トルほど離れたところにいる他児に遠くから話しかけ対話した「遠く」の4カテゴリーに分類された（詳細は Table 9 ）。このカテゴリー分類に基づき，場面別・深層構造別・時期別の事例数を算出した。

②媒介物の有無と③話題の特徴：全事例を媒介物の有無により分類し，それぞれを具体的な話題の特徴により分類し，場面別・深層構造別・時期別の事例数を算出した（詳細は Table 10・11）。話題の分類には，筆者が全事例からボトムアップに作成したカテゴリーを用いた。筆者ともう1名が独立に分類し，一致率は88.9％で，不一致箇所は協議の上決定した。

第3節　身体の位置の変化

全事例の身体の位置関係を調べた。食事場面は，すべての事例が座位あるいはすぐ近く（皿を片づけるために席を立ったところ）にいる状態の他児との対話であったが，散歩場面は，前述のように4カテゴリーに分類された。（Table 9 ）。

食事場面の事例は座位であるため，上記のカテゴリーすべてが「近く」であった。一方，散歩場面の時期別の事例数は Table 10の通りであった。

"模倣する"事例では，前期に「近く」と「歩調」が，中期に「歩調」が，後期に「遠く」が1事例ずつ観察された。中期の事例は言葉の響きの模倣であったが，それ以外は言葉だけでなく，身体の動きを伴う模倣であった。身体の動きを伴うことで他児の模倣をしやすくなると考えられる。また，"確認する"事例や"伝える"事例とは異なり，前期から「歩調」が観察された。他児と歩調を合わせるためには，歩く速さや方向について互いの思いをひとつにする必要がある。その際，身体の動きを伴う模倣をすることで，自他を容易に一体化（瀬野，2010）し，歩調を合わせることができると推察される。さらに後期には，遠くにいる他児を次々と模倣していく様子が見られ，他児がもともと近くにいない状況でも，距離を超えて模倣を楽しんでいた。

Table 9　身体の位置のカテゴリー名，定義および位置関係図

カテゴリー名	定義	位置関係図
近く	もともと近くにいた他児に話しかけて対話している場面	A児 ⇄ B児
寄り	数メートル離れたところにいる他児に近寄り，話しかけて対話している場面	A児 ⇄ B児 ←---- B児
歩調	他児と歩調を合わせて，移動しながら対話している場面	A児 ⇄ B児／A児 ⇄ B児（移動）
遠く	5〜10メートルほど離れたところにいる他児に，遠くから話しかけて対話している場面	A児 ──→ B児

※──→は発話の宛先を，┈┈>は身体の移動を示す。

Table 10　散歩場面における事例の身体の位置関係ごとの深層構造別・時期別の事例数

時期	模倣する事例				確認する事例				伝える事例			
	近く	寄り	歩調	遠く	近く	寄り	歩調	遠く	近く	寄り	歩調	遠く
前期（6-7月）	1	0	1	0	1	2	0	0	1	0	0	2
中期（8-9月）	0	0	1	0	0	1	0	0	0	2	2	0
後期（10-11月）	0	0	0	1	1	2	1	2	1	1	2	2
合計	1	0	2	1	2	5	1	2	2	3	4	4

　"確認する"事例では，確認する行為が，他児にまつわる事物に関心を持ち，他児に話しかけて確認するという性質上，「寄り」の事例が全期を通して観察された。それ以外では，前期には「近く」が1事例観察されたが，後期には「近く」「歩調」「遠く」も合わせ，すべての位置関係が観察された。すなわち，他児がもともと近くにいた状況でなくても，遠くから話しかけて確認したり，歩調を合わせ散歩を楽しみながら確認したりする場面も後期に見られた。

"伝える"事例では，前期には，「近く」が1事例と「遠く」が2事例観察された。「遠く」では，2事例とも，5メートルほど離れたところにいる他児に話しかけるが，他児の関心を得ることができず，他児がすぐさま走り去ってしまい対話が続かなかった。中期には「寄り」と「歩調」が2事例ずつ観察され，さらに後期には，すべての位置関係が観察された。後期の「遠く」では，他児が走り去ることなく，複数名が参加して距離を超えて対話が継続していた。このように，後期になると，他児がもともと近くにいなくても，自ら近寄ったり歩調を合わせたり，遠くから話しかけたりすることで，伝える様子が見られた。

　以上より，"模倣する"事例，"確認する"事例，"伝える"事例すべての共通点として，前期にはもともと近くにいた他児に話しかけて対話する様子が見られたが，後期には距離を超えて，遠くにいる他児に話しかけて対話する様子も見られた。また，"確認する"事例と"伝える"事例では，後期になると，すべての位置関係で対話する様子が見られた。このことから，2歳児クラスの秋頃になると，幼児がただ自分の好きなように散歩を楽しむだけでなく，他児とともに散歩を楽しむことを志向し，歩調を合わせたり，他児に近寄ったり，あるいは遠くから他児に話しかけたりすることで，様々な位置関係の中で対話するようになっていた。すなわち，もともと近くに他児がいる食事場面のような状況に限らず，広大な範囲での移動の自由がある散歩場面においても，秋頃には様々に他児との対話を楽しむ様子が見られることが明らかになった。

第4節　媒介物の有無・話題の特徴の変化

　次に，"模倣する"事例，"確認する"事例，"伝える"事例それぞれについて，媒介物の有無により分類し，さらにそれぞれを話題の特徴ごとに分類し，事例数を算出した。話題別の分類には，筆者が全事例からボトムアップ

に作成したカテゴリーを用いた。

1．食事場面における媒介物の有無・話題の特徴の変化

　まず，食事場面における媒介物の有無・話題について，時期別の事例数を算出したものが Table 11 である。筆者ともう1名が独立に分類し，一致率は78.7%であった。不一致箇所は協議の上決定した。

　媒介物の有無に着目すると，"確認する"事例では，前期は無の事例が多く（7事例中6事例），中期に同数（3事例ずつ）になり，後期は有の事例が多かった（9事例中8事例）。"伝える"事例では，前期は有が5事例・無が3事例，中期は有が6事例・無が2事例と有がやや多かったが，後期は無が8事例・有が3事例で無が多かった。このように，"確認する"事例では物を媒介せず対話することの多い時期から，物を媒介して対話することの多い時期へ，"伝える"事例では逆に，物を媒介して対話することの多い時期から，

Table 11　食事場面における媒介物の有無・話題ごとの時期別の事例数

媒介物	確認する事例				媒介物	伝える事例				
	話題	前	中	後	計		話題	前	中	後	計
有	フォークの持ち方	1	3	2	6	有	自分の所持品（食具）	3	0	0	3
	食材の名前・状態	0	0	4	4		食材の名前・状態	1	1	2	4
	その他	0	0	2	2		食事のマナー	1	5	1	7
	小計	1	3	8	12		小計	5	6	3	14
無	○○(名前)いい/いちばん	5	2	0	7	無	自分の好きな物	1	0	1	2
	言葉の響き・イメージ	1	1	0	2		自分の経験や状況	1	1	4	6
	その他	0	0	1	1		自分の予定	1	1	3	5
	小計	6	3	1	10		言葉の響き・イメージ	0	1	1	2
期ごとの合計		7	6	9	22		その他	0	2	1	3
媒介物	模倣する事例						小計	3	5	10	18
無	言葉の響き・イメージ	2	0	1	3	期ごとの合計		8	11	13	32
期ごとの合計		2	0	1	3	全体の合計		17	17	23	57

物を媒介せず対話することの多い時期へと変化していた。また，"模倣する"事例では，全期を通して無の事例のみであった。

　さらに，話題の特徴に着目すると，"確認する"事例では，前期は自分や他児について「○○（名前）いい？」「○○いちばん？」と他児に尋ね，他児から「いい/だめ」「いちばん/いちばんじゃない」という応答を得るという，他児の承認を確認する話題が多く，中期にも見られたが，後期は見られなかった。一方で，後期には，フォークの持ち方や食材の名前や状態等，食事の際に眼前にある物を話題とする場面が多く見られた。他児の名前を自分の名前に置き換えて「○○いい？」「○○いちばん？」と尋ねることが，他児との対話へ参入するきっかけとなり，そこで確認する対話を経験した後に，より具体的な食事にまつわる話題について確認するようになったことが示唆される。"伝える"事例では，前期は，自分の所持品（スプーンや箸）や食材等，食事にまつわる話題について他児に伝える事例が多く，さらに中期には，食事のマナーを話題とする事例が多かった。一方で，後期には，食事とは直接関係のない自分の経験（例えば，運動会の思い出話）や状況（例えば，自分の年齢や「おにいさん」「おねえさん」であること），あるいは食事の後の予定等を話題として他児に伝える事例が多かった。食事にまつわる眼前の物を話題として他児と対話する経験を経て，食事とは直接関係のない事物についても話題とするようになったことが示唆される。また，"模倣する"事例では，全期を通して，言葉の響きやそのイメージを楽しむことが話題となっていた（例えば，「おばけー」「おばけー」）。

　以上のように，食事場面では，深層構造（その対話で実現されている発話の機能）によって，媒介物の有無や話題の変化の仕方に，異なる特徴が見られることが示唆された。"確認する"事例では逆に，食事とは直接関係のない話題（他児の承認を得ること）について確認する経験を積み重ねることで，その後の（フォークの持ち方等）食事に関する話題について確認する様子が見られた。一方，"伝える"事例では，食事に関する話題について伝えることの

多い時期から，必ずしも食事とは直接関係の無い話題について伝えることの多い時期へと変化していた。また，"模倣する"事例では，全期を通して媒介物の無い，言葉の響きやイメージ等を面白がって模倣する様子が見られた。皆が同じ食具や食材等をはじめから共有していることで，そうした具体物に縛られずに模倣を楽しんでいたことが示唆される。このように，深層構造，すなわちその対話で何を実現しようとしているかによって，媒介物の有無や話題の特徴が異なり，変化の順序も異なることが明らかになった。

2．散歩場面における媒介物の有無・話題の特徴の変化

次に，散歩場面における媒介物の有無・話題について，時期別の事例数を算出したものが Table 12 である。筆者ともう1名が独立に分類し，一致率は88.9％であった。不一致箇所は協議の上決定した。

媒介物の有無に着目すると，"確認する"事例では，前期は有のみ（3事

Table 12　散歩場面における媒介物の有無・話題ごとの時期別の事例数

媒介物	確認する事例					媒介物	伝える事例				
	話題	前	中	後	計		話題	前	中	後	計
有	他児の保有・造形物	2	0	1	3	有	道端の物の状態	2	2	1	5
	他児の知識	1	0	0	1		他児の保有物の性質	0	1	0	1
	他児の行為の目的	0	0	2	2		道端の動物の心情（代弁）	0	0	1	1
	小計	3	0	3	6		自分の想像（ふり）	0	0	1	1
無	他児の属性（性別）	0	1	0	1		小計	2	3	3	8
	他児の心情	0	0	3	3	無	自分の状態	1	0	0	1
	小計	0	1	3	4		自分の心情	0	0	1	1
	期ごとの合計	3	1	6	10		自分の予定	0	1	1	2
媒介物	模倣する事例						他児の心情（代弁）	0	0	1	1
有	道端の物からの想像（ふり）	1	0	1	2		小計	1	1	3	5
無	言葉の響き・イメージ	1	1	0	2		期ごとの合計	3	4	6	13
	期ごとの合計	2	1	1	4		全体の合計	8	6	13	27

例），中期は無のみ（1事例）で，後期は有と無が同数（3事例ずつ）観察された。"伝える"事例では，前期は有が2事例・無が1事例，中期は有が3事例・無が1事例と有が多かったが，後期は有と無が同数（3事例ずつ）であった。このように，"確認する"事例と"伝える"事例では，媒介物無の事例が前期・中期には0か1事例で，後期になると3事例見られた。このことから，後期には，必ずしも散歩中に出会った物を媒介しなくても確認したり伝えたりしていた。また，"模倣する"事例では，時期による変化の特徴は見られなかった。

　さらに，話題の特徴に着目すると，"確認する"事例では，他児の保有物や造形物，他児の知識や行為の目的，他児の心情，他児の属性というように，すべての事例が他児に属する情報について確認する内容であった。全期を通して，他児に関する事物について確認する場面が見られたが，後期には他児の行為の目的や他児の心情を確認する事例が見られた。"伝える"事例では，道端の物に関する自らの考え，自らの状態，自らの心情，自らの想像したもの（ふり遊び），自らの予定というように，自らに属する情報について伝える内容がほとんどであった。前期には道端の物の状態や自らの状態といった外面的な情報を伝えていたが，後期には自他の心情やイメージしたもの等，内面に関する情報を伝える様子も見られた。"確認する"事例と"伝える"事例に共通して見られた特徴として，後期になると他児の心情を話題とする場面が見られた。また，"模倣する"事例では，道端の物から想像したもの（ふり：「かっぱ」「てんぐ」等，身体の動きと言葉の模倣）と，言葉の響きを模倣する事例が見られた。前期には面白い言葉や身体の動きをそのまま模倣していたが，後期には他児の模倣をしつつも，工夫し自分なりの表現に変えて模倣することを楽しんでいた。

　以上のように，散歩場面では，つねに目の前に物があるわけではなく，散歩中にそのつど出会った物が眼前の物となっていた。"確認する"事例でも"伝える"事例でも，散歩中に出会った物を話題として確認したり伝えたり

する時期から,必ずしも眼前の物に頼らなくても様々な事物について確認したり伝えたりする時期へと変化していた。特に,目には見えない自分や他児の心情を話題とする事例が多く見られた。散歩場面では,食事場面のように皆がはじめから共有している同一の物がないために,山本(2007)の知見と同様,前期には目新しい物を媒介することで対話が生じることが多く,後期になると,物に頼らなくても他児と対話するようになったと考えられる。また,"模倣する"事例では,眼前の物を媒介する事例も媒介しない事例も見られたが,物から連想したイメージや言葉の響きとそのイメージを共有し,身体の動きをともなって模倣する様子が見られた。食事場面と散歩場面いずれにおいても,言葉の響きとそのイメージを楽しんで模倣する様子が見られたが,散歩場面では,さらに道端の物から連想したイメージのふり遊びをし,模倣して楽しむ様子も見られた。

第5節　本章のまとめ

　本章では,食事場面と散歩場面の2-3歳児同士の対話について,①身体の位置,②媒介物の有無,③話題の特徴に着目し,場面別・深層構造別・時期別の変化を検討した。その結果,以下の示唆を得た。

1．身体の位置について

　身体の位置については,つねに座位で(もともと近くにいる他児と)対話をしていた食事場面に対し,散歩場面では,前期には,もともと近くにいた他児に話しかけて対話する様子が見られたが,中期には他児に近寄って,あるいは他児と歩調を合わせて対話する様子も見られ,さらに後期には,距離を超えて,遠くにいる他児に話しかけて対話する様子も見られた。特に"確認する"事例と"伝える"事例の共通点として,後期になると,すべての位置関係で対話する様子が見られた。移動の自由があり,関心がうつろいやすく,

思い思いに散歩ができるという特徴のあった散歩場面であったが，後期には，さまざまな位置関係で他児との対話を楽しむ様子が見られた。特に2-3歳頃は，年度のはじめ頃に生まれた子どもと年度の終わり頃に生まれた子どもとで身体の大きさや体力差の違いがまだまだ見られるが，秋頃になると，体力差や歩く速さ，走る速さの差が縮まってきて，他児とともに対話を楽しむ様子も見られた。一方で，"確認する"事例と"伝える"事例の相違点として，"確認する"事例では，"伝える"事例よりも早い時期から，他児と同じ場所に留まり，対話を行うという身体の位置の特徴が挙げられる。これは，確認という行為自体が相手に関心を持ち，積極的にかかわり対話を行おうとする動機をもつ行為であることと，確認は質問の形式をとることが多く，相手の応答を引き出しやすいことが，理由として考えられる。これまで2-3歳児同士の対話研究では，保育室で幼児ペアを遊ばせて観察するものが多く（江口，1974；遠藤，1985；内田・無藤，1982；山本，2003；山本，2007等)，本研究のカテゴリーにおける「近く」「寄り」等は事例中で見られる場合もあったが，身体の位置の変化については検討されてこなかった。特に，本研究で観察を行った散歩場面では，広大な敷地を自由に歩き回ることができたため，「近く」「寄り」にとどまらず，「歩調」や「遠く」も観察された。これら4つのカテゴリーで時期による変化を検討したことで，2-3歳児同士の体力差や歩く速さの違いが縮んだだけでなく，他児と歩調を合わせて散歩を楽しもうとする思いや，遠くからでも他児に話しかけたいという思いが，中期・後期に見られるようになったこと明らかにした。このことは，散歩場面だからこそ見られた2-3歳児の発達の姿であろう。

　なお，食事場面については，観察当初，身体の位置の分析を考慮しておらず，記録の不足があったために，細かな座位の位置についての検討をすることができなかった。この点については，同じく保育所2歳児クラスの食事場面を対象に，席とり行動について分析した外山（1998）の研究があり，2歳児の場合，タテ（向かい合わせ）よりもヨコ（隣り合わせ）の位置関係でより

多くの相互交渉が生起していたことや，身体接触や目前の事物への注目から相互交渉を始めることが多いことが示唆されている。このように，食事場面においても，向かい合わせか隣り合わせか，間に別の他児がいるか否か等の身体の位置関係によって，対話の生じ方が異なると考えられる。散歩場面で距離を超えて対話するようになったことを考えると，食事場面においてもそうした空間的な広がりが見られることが予想される。この点については，本研究では扱えなかったため，今後詳しく検討する必要がある。

2．媒介物の有無と話題の特徴について

媒介物の有無と話題の特徴については，食事場面と散歩場面とで，それぞれ"確認する"事例と"伝える"事例との比較から，以下の示唆が得られた。

1）食事場面の"確認する"事例と"伝える"事例の比較から

食事場面では，「深層構造」が"確認する"事例と"伝える"事例の相違点として，以下の点が挙げられる。

"確認する"事例について話題の変遷を見てみると，前期には「いい？」「いちばん？」という食事とは直接関係のない抽象的な言葉で承認を得る場面が多かったが，それが減り，後期には，眼前のより具体的な物（例えば自分の食材が大きいか否か）について承認を得る場面が増えた。また，他児からの承認を得る事例が減る一方，フォークの持ち方について確認し合う事例が中期と後期に増えた。また，後期には，全員が持っている食材について名前や状態を確認し合う事例も見られた。このように，前期には，抽象的な話題について，特に他児の承認を得るという行為で対話を行うことが多かったが，中期・後期には，より具体的な全員が共有している眼前の物を話題として対話を行うようになっていた。このことから，前期に多く見られた他児からの承認を確認する行為は，この時期に集団での対話へ参加することを容易にする行為であり，重要であったと考えられる。そうした経験を重ねたことで，

中期や後期に，より具体的な物について確認し合う対話が増えたと考えられる。一方，"伝える"事例では，"確認する"事例とは逆に，食具や食材といった眼前の物を媒介して対話することの多い時期から，そうした物に必ずしも頼らなくても対話する様子が多く見られる時期へと変化していた。同様の変化は，外山・無藤（1990）や外山（2000）においても報告されている。

以上のように，食事場面においては，"確認する"ことと"伝える"ことという対話の目的の相違により，対話を媒介する物や話題の特徴が異なり，また時期による変化の仕方も異なることが示された。

2）散歩場面の"確認する"事例と"伝える"事例の比較から

一方，散歩場面では，「深層構造が」"確認する"事例と"伝える"事例の共通点として，次の2点が挙げられる。

一点目は，散歩場面においては，共有する物がないために幼児同士の対話が生じにくいが，その中でも眼前の物が共通の関心の対象となり，対話を引き起こしやすいという点である。"確認する"事例では全10事例中6事例で，"伝える"事例では全13事例中8事例で，眼前の物が話題となって対話を媒介していた。3歳前半児同士においては，例えば相手の衣服のように，共有情報としての眼前の事物を媒介すれば，相手の発話に応じた適切な返答を行うことが可能になる（山本，2007）という知見と合わせると，2-3歳の幼児同士の対話特有の媒介物の役割があることが示唆される。

二点目は，"確認する"事例も"伝える"事例も，後期になると，他児の保有物や属性のみならず，より内面の部分，すなわち他児が抱いている感情にも関心を抱くようになったことである。例えば，他児や散歩中に見つけた動物の気持ちを代弁する，心配する言葉をかける，何かをしようとしている他児に励ます言葉をかける等の発話と行為が見られるようになった。その中には，転んで泣いている他児に「だいじょうぶー？」と言葉をかけるだけで具体的に助ける様子が見られない場面も見られたが，いずれの場面でも他児

の感情に関心を抱き，それを具体的な言葉に表現するようになっていた。上記の示唆は，3歳になるまでに悲しんでいる友達を安心させる方法に関する知識を保有するようになる（Caplan & Hay, 1989）という知見とも一致する。

3．まとめ

　以上の知見から，身体の位置に着目したことで，座位の食事場面は，体力差や歩調を合わせられること等にかかわらず，誰でもが集団での対話に対等に参加できる可能性のある場であることが示唆された。一方，散歩場面は，自由に移動できる状況であるため，体力差や歩く速さの差の縮まりに加えて，もともと他児と近くにいたという物理的条件や，他児と思いを合わせて散歩できるようになる（例えば一ヶ所に集まったり，歩調を合わせたりする）ことが，幼児同士の対話において重要であることが示唆された。また，散歩場面で見られた身体の位置の変化に，2-3歳児の心身の発達の特徴が反映されていたことも推察された。なお，散歩場面では集団での対話が生じることは少なく，そのためには保育者のかかわりが必要であることも推察される。

　また，媒介物の有無や話題の特徴に着目したことで，2-3歳児同士がどのような物（あるいは言葉の形式）を媒介して対話に参入しているのか，また，その中で話題がどのように変化しているかが示された。幼児ペアの会話場面（保育室で「おしゃべりして待っててね」と教示したもの）を分析対象とした先行研究では，3歳前半児同士では，共有情報として眼前の事物を媒介すれば，相手の発話に応じた適切な返答を行うことが可能になる（山本，2007）ということが言われていたが，同様の特徴が，食事場面の"伝える"事例と散歩場面の"確認する"事例・"伝える"事例でも見られた。すなわち，2-3歳児同士の対話の変化として，媒介物が対話を生じさせる機能を持つ時期から，そうでない時期へと変化していることが示唆された。しかし，食事場面の"確認する"事例では逆に，媒介物の無い事例が多い時期から，媒介物の有る事例が多い時期へと変化しており，対話が生じる場や対話の目的によって

は，異なる特徴が見られることも示唆された。食事場面の"確認する"事例の前期に観察された，他児の承認を得ることで対話へ参入する事例は，複数名が向かい合って座位で過ごす食事場面の前期だったからこそ見られたとも考えられる。

　上記のように，食事・散歩両場面について，身体の位置，媒介物の有無，話題の特徴に着目して分析したことで，2-3歳児は，場の固有性と対話の目的によって，異なる特徴が見られることが明らかになった。すなわち，それぞれの場で2-3歳児同士の対話を経験する中で，様々に対話の仕方を学んでいることが示唆された。しかし，前章および本章の分析では，具体的にどのように応答を連鎖させながら対話しているかについて一切明らかにしていない。よって，次章では，どのように「対話へ参入し対話を維持」しているかという観点から，第1章第2節で述べたフォーマットの二層構造に着目し，同一の深層構造（"確認する"と"伝える"）をもつ事例間の，表層構造としての模倣/非模倣の使用の変化について分析する。それにより，2-3歳児同士の対話における応答連鎖の特徴を明らかにするとともに，この時期の各場面に特有の模倣の機能について検討する。

第Ⅲ部　集団での対話への参入と対話の維持発展

第5章　表層構造としての模倣/非模倣

　本章では，食事場面および散歩場面で観察された"確認する"事例と"伝える"事例について，どのように対話へ参入し対話を維持しているかという観点から場面別・時期別の応答連鎖の特徴を明らかにするため，「フォーマット」の二層構造に着目し，表層構造としての模倣/非模倣の使用の変化について検討する。

第1節　本章の目的

　本章では，2-3歳児同士の対話における応答連鎖の特徴を明らかにするため，この時期に特有とされている模倣に焦点をあて，表層構造としての模倣と非模倣の使用の変化について明らかにすることを目的とする。
　第3章および第4章では，事例数・参入者数・応答連鎖数といった対話の成立の仕方の変化や，その背景にある場の固有性と関連すると考えられる身体の位置・媒介物の有無・話題の特徴といった要因の変化について分析し，場面別・時期別の対話の特徴を検討した。そして，食事場面では散歩場面と比較して，三者以上での集団での対話が多く生じること，対話を長く維持させられることが明らかになった（Table 7・8）。その理由として，複数名が一定の時間，座位で向かい合うという身体の位置の特徴があるため，必ずしも自分が応答しなくても別の他児が応答すれば対話が維持されること等が示唆された。一方，散歩場面では，中期・後期になると，歩調を合わせる，遠くから話しかける等，他児とともに散歩を楽しみながら対話する様子が見られ（Table 10），2-3歳児同士の関わり方の変化が対話の特徴にも反映されていた。また，先行研究と同様に，物を媒介して対話する時期から，物が媒

介しなくても対話する時期へと変化するという特徴も明らかになった（Table 11・12）。一方で，食事場面の"確認する"事例のみ，他児の承認を得るという抽象的な話題について確認する媒介物の無い事例が多く見られる時期から，媒介物（フォーク）に関する話題について確認する事例の多く見られる時期へと変化しており（Table 11），対話の目的によって，媒介物の有無や話題の特徴も異なることが示唆された。このように，各場面の各時期の対話の特徴について明らかになったが，いずれも2-3歳児同士が具体的にどのように応答を連鎖させながら対話しているかは検討していない。そこで本章では，2-3歳児の発話行為を捉える手がかりとされてきた模倣に着目し，応答連鎖の特徴の変化について検討する。

　第1章第2節で述べたように，2-3歳児同士にとって，模倣は対話への参入や対話の維持のために重要な機能をもつことが推察される。そのため，模倣/非模倣の使用の変化に着目することで，2-3歳期の幼児同士の対話の特徴を描き出すことができると考える。そこで，対話へ参入し対話を維持するための応答連鎖の特徴について検討するにあたり，ブルーナー（1988，1993）の提唱した「フォーマット」概念における二層構造に着目する。具体的には，同一の「深層構造」をもつ事例において，対話へ参入し対話を維持するための応答連鎖の仕方（「表層構造」，本章では模倣/非模倣の使用に着目）の変化を捉えることで，場面別・時期別の対話の特徴の変化を検討する。

　分析の手順は，以下の通りである。①模倣/非模倣の使用頻度の時期別の変化を量的に分析した後，②各時期の特徴を表している具体的な事例を時期別に取り上げ，その中で見られる対象児らの様子や場の雰囲気等も含めた変化について質的に分析する。なお，深層構造が模倣の"模倣する"事例では，そもそもの対話の目的が模倣であるため，表層構造の大半が模倣である。本章では，模倣/非模倣の使用の変化について検討するため，"模倣する"事例は分析対象から除き，食事場面および散歩場面で観察された"確認する"事例，"伝える"事例を分析対象とする。

第2節　方法

　対象児，観察の期間・場面，観察記録の作成方法等は，第2章第1節で述べた通りである。また，収集した事例の時期別および深層構造別の分類（Table 3）の手順についても，第2章第2節で述べた通りである。分類した事例のうち，"確認する"事例と"伝える"事例について，本章では以下の手順で分析を行った。

　食事場面・散歩場面それぞれの事例における応答連鎖（表層構造）の特徴を調べるため，全ての発話を'模倣'と'非模倣'の二種類（Table 13）に分類した。そして，①場面別・深層構造別・時期別の模倣/非模倣の使用数（比率）を算出した後，②具体的な事例に見られる模倣/非模倣の使用の変化について質的に分析した。

　なお，「深層構造」（その対話で実現されている発話の機能）としての"模倣する"の模倣と，「表層構造」（応答連鎖の形式）としての模倣の違いは以下のように定義する。「深層構造」の"模倣する"とは，他の深層構造（"確認する"や"伝える"）との比較において，確認したり叙述したりするという機能（目的）を持たない，単なる単語の模倣を行っている場合を意味する。一方，「表層構造」の模倣とは，発話の形式としての模倣であり，前の発話をそのまま模倣する形式を意味する。よって，深層構造が"模倣する"事例の場合に限らず，"確認する"事例や"伝える"事例でも，応答連鎖の形式として

Table 13　表層構造としての模倣および非模倣の定義

カテゴリー	定義
模倣	前の発話（質問―応答など隣接体の場合，二つ前の発話）を同一表現で繰り返すこと。ただし，同一表現のうち一部を置換した場合や，一部情報を付加した場合も含む。
非模倣	前の発話とは異なる表現で発話すること。

の模倣は見られる。言い換えると，"確認する"事例や"伝える"事例における「表層構造」が模倣の応答とは，その目的は確認や叙述であるが，その応答の形式が模倣のかたちをとっていることを意味する。

第3節　食事場面と散歩場面における模倣/非模倣の使用の量的変化

1．食事場面における模倣/非模倣の使用数（比率）の変化

まず，食事場面について，全応答を模倣/非模倣に分類し，深層構造別・時期別に応答数（比率）を算出した。分類の結果は，Table 14のようになった。筆者ともう1名が独立に分類し，一致率は86.7%であった。不一致箇所は，協議の上決定した。

"確認する"事例と"伝える"事例では，時期によって模倣と非模倣の比率に変化が見られた。"確認する"事例では，χ^2検定の結果，時期による模倣/非模倣の偏りに若干の有意傾向が見られた（$\chi^2(2)=5.472$，$.05<p<.10$）。残差分析の結果，後期に非模倣の比率が有意に高い傾向が見られた（$p<.05$）。一方，"伝える"事例では，χ^2検定の結果，時期による模倣/非模倣の偏り

Table 14　食事場面の深層構造別・時期別の模倣/非模倣の応答数（比率；%）

深層構造	確認する			伝える		
表層構造	模倣	非模倣	小計	模倣	非模倣	小計
前期（6-7月）	46(61.3)	29(38.7)	75(100)	21(53.8)	18(46.2)	39(100)
中期（8-9月）	24(63.2)	14(36.8)	38(100)	7(13.7)	44(86.3)	51(100)
後期（10-11月）	34(44.7)	42(55.3)	76(100)	29(19.7)▽	118(80.3)▲	147(100)
計	104(55.0)	85(45.0)	189(100)	57(24.1)	180(75.9)	237(100)

※▲は残差分析の結果，5%水準で有意に高い比率であったこと，▽は5%水準で有意に低い比率であったことを示す。

は有意だった（$\chi^2(2) = 23.435, p < .01$）。残差分析の結果，前期に模倣の比率が有意に高く，後期に非模倣の比率が有意に高かった（$p < .05$）。このように，"確認する"事例では若干の有意傾向をもって，"伝える"事例では有意に，後期に非模倣の比率が高くなっていた。

2．散歩場面における模倣/非模倣の使用数（比率）の変化

次に，散歩場面について，全応答を模倣/非模倣に分類し，深層構造別・時期別に応答数（比率）を算出した。分類の結果は，Table 15のようになった。筆者ともう1名が独立に分類し，一致率は86.4%で，不一致箇所は協議の上決定した。

"確認する"事例では，前期と中期はすべて非模倣であったが，後期に2割弱模倣発話が見られた。また，"伝える"事例では，前期に非模倣が9割以上を占めたが，中期に7割以上と減り，さらに後期には5割以下と減って模倣が半数以上に増えた。

Table 15　散歩場面の深層構造別・時期別の模倣/非模倣の応答数（比率；%）

深層構造	確認する			伝える		
表層構造	模倣	非模倣	小計	模倣	非模倣	小計
前期（6-7月）	0(0)	10(100)	10(100)	1(6.3)	15(93.8)	16(100)
中期（8-9月）	0(0)	3(100)	3(100)	4(30.8)	9(69.2)	13(100)
後期（10-11月）	4(17.4)	19(82.6)	23(100)	12(52.2)	11(47.8)	23(100)
計	4(11.1)	32(88.9)	36(100)	17(32.7)	35(67.3)	52(100)

3．本節のまとめ

食事場面および散歩場面における，表層構造としての模倣/非模倣の使用について，深層構造別・時期別に検討したところ，食事場面では"確認す

る"事例で前期・中期に，"伝える"事例で前期に模倣が多く，その後，非模倣が多くなったのに対し，散歩場面では，"確認する"事例では全期を通して非模倣が多かったが，"伝える"事例で前期・中期に非模倣が多く，その後，模倣が増えた。また，"確認する"事例でも後期に模倣が増えていた。

第1章第2節で述べたように，先行研究（Eckerman & Didow, 1988; Nadel & Fontaine, 1989; Nadel *et al.*, 1999; Nadel, 2002；江口，1974；遠藤，1985；内田・無藤，1982；山本，2003，2007；瀬野，2010等）では，模倣を多く行うことで対話する時期から，模倣に頼らずに対話する時期へと変化することが示されてきた。本研究の食事場面でも，上記のように他児の発話を模倣することで確認や叙述を行うことの多い時期から，他児の発話とは異なる表現で確認や叙述を行うことが増える時期へと変化しており，同様の知見が得られた。一方，散歩場面では逆に，模倣以外の応答で確認や叙述を行うことの多い時期から，他児の発話を模倣することで確認や叙述を行うことの増える時期へと変化していた。よって，対話が生じる場によって，模倣の多く見られる時期が異なることが分かった。そこで，場によって模倣の機能が異なるという予想の元，次節では，各時期の具体的な事例を取り上げて，模倣／非模倣の使用の変化や，子どもたちの様子の変化について検討する。

第4節　食事場面の具体的な事例にみる模倣／非模倣の使用の変化

本節では，第3節の量的分析の結果を受け，食事場面の具体的な事例に即し，2-3歳児同士がどのように発話を連鎖させながら対話へ参入し対話を維持しているかという視点から，対話のあり方の変化を分析する。なお，事例中の下線部および番号は対話を特徴付けている発話と応答を，☐は話題を提示・展開している発話を，「深層）」と「表層）」はそれぞれ深層構造と表層構造を示す。散歩場面も同様である。

1．「深層構造」が"確認する"事例における時期別の変化（全22事例）

　食事場面に特徴的な対話として，フォークの持ち方や食物の名前を確認し合う等，「深層構造」が"確認する"事例も多く観察された。「表層構造」に着目すると，前期・中期は模倣が6割以上だが，後期には非模倣が5割以上であった。その中で，以下のように，確認し合っている内容に言及していない（もしくは言及するがその指摘が正しくない）時期から，複数名が確認し合っている内容に言及している時期へと変化していた。

1）確認する発話を模倣し合うことで，確認を行っていた前期・中期（前期：全7事例，中期：全6事例）

　前期と中期には，例えば事例1のように，各自が持ち方を確認し合う発話を行うが，他児の持ち方が正しいかは問題とされていない場面が観察された。

【前期】　深層）確認する　表層）模倣

事例1　　　　　　　「こうだよねー」「こうだよねー」　　　　　6月25日
　ちえがフォークを持った手をかざして，隣のたつやとすすむを交互に見て「こうだよねー」と言った（1）。たつやとすすむは，フォークを持っている手を上げて，「こうだよねー」と答える（2）。フォークの端を親指と人差し指の間に乗せて，箸を持つような格好で持っている。日頃先生たちが子どもたちに教えている持ち方である。ちえ，たつや，すすむが「こうだよねー」とフォークの持ち方を確認しているのを見て，なお，ひろしも順にフォークを持った手をかざし，「こうだよねー」と視線を交わして確認し合う（3）。ともこは5本の指でフォークを握り「こうだよねー」と言う（4）が，誰も間違いを指摘はしない。一方，あいが箸の持ち方でフォークの一番端を持って「こうだよねー」とみんなに見せる（5）と，なおが「ちがうよ，それじゃなんにももてないんだよ」と言った（6）。あいは，真顔でなおを見返すが，なおはそのまま食事を続ける。

　この事例では，ちえがたつやとすすむに対して「こうだよねー」と言って，

フォークを持った手をかざして見せることで対話を開始した (1)。たつやとすすむが同様に「こうだよねー」と応答して対話へ参入し (2), それを見ていたなお, ひろし, ともこ, あいが順に「こうだよねー」と模倣することで対話へ参入した (3・4・5)。ここでは, ともこが保育者から日頃教わっている持ち方と異なる持ち方をしているにもかかわらず, 誰もともこの間違いを指摘していないことや, なおだけが他児の持ち方を否定する応答 (6) が見られたが, 相手のあいは保育者に教わっている持ち方をしていた。また, なおはあいに対し, どこがどう違うかは伝えようとしていない。すなわち, 対象児らは「こうだよねー」と他児に確認する発話を模倣し合っているが, 持ち方が正しいか否かについては踏み込んで言及していない。

同様に中期にも, フォークの持ち方を確認し, なおが応答する場面が見られたが, 同様に確認する発話を模倣するだけで, 確認している内容には深く言及していない。

【中期】 深層）確認する　表層）模倣

事例2　　　　　　　　「こう？」「こう？」　　　　　　　　8月6日
　ひろしがフォークを箸と同じ持ち方で持ち, なおの方へかざして「こう？こう？」と尋ねた (1)。なおは口の中の食べ物をもぐもぐと噛みながら, 気が乗らない様子で首を左右に振る (2)。ひろしの手元をじっくり見ることもなく, すぐに自分の皿に視線を戻す。ひろしは少しなおを見た後, 自分も食事に戻る。二人の様子を横で見ていたすすむも, フォークを持った手をなおの方へかざして, ひろしと同様に「こう？」と尋ねる (3)。すすむは5本の指でフォークを握る持ち方をしている。なおはすすむに視線を向け, やはり気が乗らない様子で首を左右に振り, 視線を皿に戻す (4)。すすむは少し眉を寄せて悲しそうな表情をし, 少しして再びなおに向かって「こう？」と尋ねる (5)。しかし, なおはすすむをじっと見て, また視線を皿に戻した (6)。すすむも数秒間なおを見たが, やがて食事に戻った。

他児がフォークの持ち方を確認し合っている中へなおが参入し, 間違いを指摘した事例1と異なり, この事例では, なおが他児からフォークの持ち方

について尋ねられ，応答するというやりとりが観察された。はじめにひろしがなおにフォークを持った手を見せて「こう？」と問いかけ（1），なおが首を左右に振って応答することで対話へ参入した（2）。ひろしは正しい持ち方をしていたにもかかわらず，なおが気の乗らない様子でひろしの手元をよく見ずに首を左右に振ったため，ひろしもそれ以上は話しかけなかった。すると今度は，二人のやりとりを見ていたすすむが，ひろしと同様の方法でなおに問いかけることで対話へ参入した（3）。すなわち，「なおへの質問―なおからの応答」というやりとり（隣接対）を模倣している。しかし，やはりなおからは首を左右に振るという応答を受けた（4）。このなおの応答に対し，すすむはひろしと異なり再度問いかけをし（5）対話を維持したが，今度はなおが見返すだけですぐに視線を反らした（6）ため，ここですすむも問いかけることを止め，対話が終了した。このように，なおからの応答が鈍かったこともあり，確認している内容に深く言及する様子は見られなかった。また，事例1では「こうだよねー」という一単語の発話が模倣されていたのに対し，事例2では「質問―応答」という隣接対が模倣されていたが，いずれも前の発話もしくは二つ前の発話を模倣することで発話を連鎖させていた。

　このように，前期・中期には，「深層構造」は確認であるものの，応答連鎖の仕方（「表層構造」）は模倣である事例が見られた（前期：7事例中6事例，中期：6事例中6事例）。

2）確認する発話を模倣し合うだけでなく，確認している内容に具体的に言及していた後期（全9事例）

　一方，後期になると，フォークの持ち方を確認し合い，その正否に言及し合うというように「表層構造」が非模倣の対話事例も見られた（9事例中5事例）。

102　第Ⅲ部　集団での対話への参入と対話の維持発展

> 【後期】　深層）確認する　表層）非模倣
>
> 事例3　　　　「こう？」「そうじゃない，こうもっと……」　　　　10月15日
> 　あいが，右手で持っていたフォークを，フォークの上端が親指と人差し指の間に来るように持ち替え，隣のゆみなに「ねえ，ゆみな，こう？」と聞いた（1）。ゆみなはあいの手元を見，フォークを持っている自分の右手を見せて，「こう」と答えた（2）。お向かいで見ていたちえも「そうじゃない」と言う（3）と，ゆみなの隣から見ていたなおも「そうじゃない」と言い，自分のフォークをあいが持っているようにしたにずらしながら，「こうもっと……」と説明しようとした（4）。しかし，うまく持ち替えられず，「ちょっとまってて」と言ってフォークを扱っている間に，ちえの隣のけいが「こう？」とみんなに向かって聞いた。なおは，フォークを持ち替えるのをやめ，けいを見て「そうじゃない」と言い，ちえもけいに向かって「そうじゃない」と言った。再びあいが，「こう？」とみんなに聞くと，ゆみなが「そうじゃない」と言った（5）。あいもゆみなに「そうじゃない」と言い（6），ゆみなが再度「そうじゃない」と言うと，食事に戻った。

　この事例では，あいがゆみなに「こう？」とフォークの持ち方を確認し（1），ゆみなが自分の手を見せて「こう」と応答する（2）ことで対話が開始した。さらに，ちえが「そうじゃない」と言って対話へ参入し（3），なおも「そうじゃない。こうもっと…」と言って，より具体的に間違いの理由を説明しようとして（4），対話へ参入した。このように，前期に互いに「こうだよねー」「こうだよねー」と言い合うだけで，互いの間違いを指摘していなかった事例1に対し，この事例では，なお以外の対象児も持ち方の正しさに関心を向け，複数名が「そうじゃない」と間違いを指摘していた（5・6）。また，あいがわざと間違った持ち方を見せて対話を開始していることからも，ただ確認する発話をすることのみが目的なのではなく，その発話に対し他児が持ち方に言及しながら応答することを期待して，対話を開始したと考えられる。このように，後期になると，確認する発話を模倣するのではなく，確認する発話に対し他児が持ち方の正否を答えるというように，

具体的な内容に言及しながら確認し合う場面が見られるようになった。

　以上から、「深層構造」が"確認する"事例では、前期には確認する発話を模倣し合うことで対話へ参入しており、なお以外の対象児は、正しいか否かという内容に踏み込んでいなかった（事例1）。また、中期にも、他児の確認する発話を模倣することで対話へ参入する場面が観察されているが、いずれも確認している内容について深く言及しなかった（事例2）。一方、後期には、他児の確認する発話に対して、複数名が、模倣以外の方法で確認している内容に踏み込んで応答し、対話を維持していた（事例3）。

2．「深層構造」が"伝える"事例における時期別の変化（全32事例）

　食事場面では、ちえが話題を提示し、他児が応答する場面が多く見られたが、時期によって応答の仕方や対話の維持の仕方に変化が見られた。前期は、ちえが新たな話題を提示しても、誰も応答せず独り言のように終わる場面が多く、他児が応答した場面でも「表層構造」（応答連鎖の仕方）は模倣であった。一方、中期・後期になると、他児の伝える発話の内容から連想し、さらに伝える応答をするというように、「表層構造」が非模倣になっていた。

1）互いの発話を模倣し合うことで、伝え合っていた前期（全8事例）

【前期】　深層）伝える　　表層）模倣
事例4　　　　　　　　「しんかんせん，すきだよ」　　　　　　　7月9日 　ちえが豆腐を食べながら、突然「ちえ，とうふすきだよ」と言った（1）。誰も返事をせず、食事を続けている。ちえが今度は「しんかんせん，すきだよ」と言う（2）と、今度は乗り物好きのひろしがちえを見て、「ひろし，のりものすきだよ」と応じる（3）。ちえは嬉しそうに笑顔になり、「ぴーぽーと，のりもの，すきなんだよ」と言う（4）。すると、ひろしは再度「ひろし，のりものすきなんだよ」と言う（5）。少し沈黙になると、雨がぽつりぽつりと降ってきたのを見て、先生が「雨降ってきたよー。早く食べなー」とみんなに向かって言うと、みんな、ぱっと

> 視線を外に向けた後，自分のお皿に視線を戻し食事を続けた。

　ちえははじめ，眼前にある食材を見て「ちえ，とうふすきだよ」と言う（1）。しかし，誰も応答しないため，「しんかんせん」と異なる話題を提示する（2）。すると，乗り物好きのひろしが「ひろし，のりものすきだよ」と応答して対話へ参入する（3）が，それ以外の他児は対話へ参入しない。この後，互いに発話を続けるが，好きな物の名前部分を置換するだけで対話を維持しており（4・5），話題が展開しない。このように，前期には，対話で実現されている発話の機能（「深層構造」）は伝えることだが，応答連鎖の仕方（「表層構造」）は模倣である場面が多く見られた（8事例中6事例）。一方，中期・後期になると，伝えている内容に踏み込んで言及するようになり，他児とは異なる表現で伝える応答を連鎖させながら対話を維持し，話題を展開させる様子が見られた。

2）他児とは異なる表現で伝える応答を連鎖させながら対話の維持を行うが，1，2名が話題の展開を主導していた中期（全11事例）

> 【中期】　深層）伝える　　表層）非模倣　　　　　（1，2名が話題の展開を主導）
>
> 事例5　　　　　　　　　「ばかっていったひとは……」　　　　　　　　9月10日
> 　ちえが，けいを見て脈絡なく「おばけ，こわかったねー」と言った（1）。けいが「おばけ？」と聞き返す（2）と，ちえは「さき（先生）が，おばけきたよーっていっててね。ね，さきが，おばけきたよーっていっててね，いってたよ」と（3），朝の遊び時間に起きた出来事について言う。けいが「おばけとかいじゅうがきたんだよ。おばけとかいじゅう」と言う（4）と，ちえは「たしかにさ，おばけだけきたんだよ。きっと，かいじゅうはね，いないとおもったんだけどねー。ばかっていったひとが，いっちゃったー」と言った（5）。すると，それを見ていたなおが「いっちゃったー」と言って笑った（6）。さらにちえが「ばかっていったひとは，かばとけっこんしちゃうよ」と言う（7）と，けいが「あのね，まえね，け

っこんしたの，けい」と言う（8）。ちえが「じゃあ，あいとひろしがけっこんするならー」と笑顔で話し出す（9）と，あいは怪訝そうにちえに向かって「しないよ」と言う（10）。ひろしは，ちえの言葉に一瞬笑顔になり何か言おうとしたが，あいの否定を受けて黙った。そこへ，なおがちえに向かって「なおは，けっこんやらないよ」と真顔で言った（11）。

　この事例では，ちえが脈絡なく「おばけ」という話題を提示し（1），けいが「おばけ？」と聞き返す（2）ことで対話が開始した。ちえが朝の遊びでの出来事について，より詳細に説明する（3）と，けいが「かいじゅう」という内容を付加し（4），ちえが「（おばけに向かって）ばかっていったひと」という話題に展開する（5）。朝の遊びでの出来事からは話題が逸れたが，なおが文末の「いっちゃったー」という言葉の響きに反応し，模倣することで対話へ参入した（6）。さらに，ちえが「ばかっていったひとは，かばとけっこん」と連想し（7），「けっこん」という話題に展開すると，今度は，けいが自分が結婚したという話題に展開した（8）。すると，ちえが「あいとひろしがけっこんするならー」とさらに話題を展開し（9），あいがすぐさま否定することで対話へ参入した（10）。そして最後に，それまでの対話を見ていたなおが「なおは，けっこんやらないよ」と言って再び対話へ参入した（11）が，そこで対話が終了した。

　このように中期には，ちえのように1，2名が次々と話題を提示し，他児がそれに乗じて発話することで対話へ参入していた（11事例中9事例）。ただし，新たな話題に乗じるのは数名のみで，自分の考えや経験を連想して応答する，あるいは自分に宛てられた発話にのみ応答するという特徴が見られた。また，一人の応答回数も少なかった。しかし後期になると，ちえだけでなく複数名の他児が，前の発話に関連させながら新たな話題に展開させる伝える応答を行っていた。

3）他児とは異なる表現で伝える応答を連鎖させながら対話を維持し，複数名が話題の展開を主導していた後期（全13事例）

【後期】　深層）伝える　　表層）非模倣　　　　　　　（複数名が話題の展開を主導）

事例6　　　　　　　「あのね，このまえね，……」　　　　　　11月12日

隣の3歳児クラスのテーブルで箸を床に落とした子どもがいた。先生がその子に「ちゃんと拾わないと，（床の隙間から）ナメクジきちゃうよ」と言うと，ちえが「あのね，えっとね，アリンコもきっとね」と同じテーブルの子どもたちに向かって話し始める（1）。すると，あいも「ねぇねぇ，あのね，アオムシも」と言い（2），さらにちえがイモムシの名前を出す（3）。すると，今度はひろしが「まえね，ひろしのおうちにね，あのね」と話し始め（4），それを見ていた先生がうなずく。ちえも先生の名前を呼んで注意を引こうとするが，先生はひろしを見ている。ひろしが「あのね，ナメクジいたんだよ」と話し終える（5）と，今度はちえが「きいて！あのね，このまえ，おとうさんとおかあさんがいなかったねー」と言う（6）。突然話題が変わり先生は一瞬戸惑うが，すぐに「あ！運動会の時ね」と応じる。すると，あいも「うんどうかいのときねー」と話し始めるが，ひろしがすぐに「おにけんばい[※1]のとき，あいちゃん」と言葉を重ねて言い（7），あいとひろしは互いに目を見てうなずき，「ねー」と言い合う。そして，あいが「あいちゃん，パパきたんだよー」と言い，ひろしが「でもね，でもね，こわいね，おにけんばいのね，えっとね」と続ける（8）と，あいが「おにだよ！」と言う（9）。ひろしが「おにけんばいは，おにだよね」と応じる（10）と，それを見ていたなおが「おにけんばいはおにだけど，あいのパパだからだいじょうぶ[※2]」と言う（11）。ひろしが「ひろしもね，ママにだっこしてもらってね，こわかったからね，えっとね」と話し続ける（12）と，今度はみおが「みおね，おにけんばいのときね，こわかったから，ないちゃった」と言い（13），笑いながら「おにけんばいね，ちょっとだけみたの」と言った（14）。子どもたちは他児が話している間は互いに見ていたが，先生が「食べないともらっちゃうよー」と言うと，子どもたちは慌てて食べ物を口に入れた。

※1　大人が鬼の仮面をつけて踊る出し物。
※2　運動会当日，あいの父親がおにけんばい役をした。

この事例では，隣のテーブルでの対話を聞いたちえが，「ちゃんと拾わな

いと，ナメクジきちゃうよ」という保育者の言葉に続く発話をして，2歳児クラスのテーブルで対話を開始した（1）。ちえが「アリンコ」と言ったのを受け（1），あいが「アオムシ」の例を挙げて対話へ参入し（2），さらにちえが「イモムシ」の例を挙げて対話を維持した（3）。すると，保育者の言った「ナメクジ」という言葉から，ひろしが以前自分の家にナメクジがいたことを連想し，保育者や他児に宛てて述べることで対話へ参入した（4・5）。ここでひろしが対話の主導権を握るが，ちえは保育者の名前を呼んだり，「きいて！」と呼びかけたりする（6）ことで，ふたたび自分が主導権を握る。このように，はじめは，ちえとひろしが主に保育者に宛てて発話することで，新たな話題を提示していた。しかし，保育者がちえに「運動会の時ね」と応答すると，それ以降は幼児間の対話が盛んになっていく。ひろしが「おにけんばい」が「こわかった」ことを話そうとする（7・8）と，あいが「（おにけんばいは）おにだよ！」と言い（9），ひろしがそれに同意し（10），なおが「あいのパパだからだいじょうぶ」と言って対話を維持した（11）。さらに，ひろしが「こわかったから」と続ける（12）と，今度はみおが「ないちゃった」「ちょっとだけみたの」と言って対話へ参入した（13・14）。

　このように後期には，複数名が前の発話から連想したことを，他児の模倣ではなく自分の言葉で表現して伝え，順に話題の展開を主導しながら対話を維持する事例が見られた（13事例中10事例）。ただし，他児の提示した話題について継続して伝え合うというより，「ナメクジ」や「この前」，「こわかった」などの単語から，以前の自分の経験を連想し，情報を加えるかたちで次々と伝えていた。

　以上から，「深層構造」が"伝える"事例では，前期には，伝える発話に対する応答がない場合が多く，応答があった場合は伝える応答を模倣し合うことで対話し，対話への参入者数も少なかった（事例4）。しかし，中期には，ちえなど1，2名が話題を展開させながら対話を維持し，他児が連想したこ

とを，他児から自分に宛てられた発話に応答するかたちで伝え，対話へ参入することが多かった（事例5）。さらに後期になると，複数名が順に，自分に宛てられた発話ではなくても，前の発話から連想したことを伝えることで対話へ参入し，新たな話題に展開させながら対話を維持する様子が見られるようになった（事例6）。

3．本節のまとめ

食事場面の「深層構造」が"確認する"事例では，互いに確認する発話を模倣することが多く，確認している内容に深く言及していない時期（前期・中期）を経て，複数名が確認している内容に言及し，互いの間違いを指摘しながら対話する時期（後期）へと変化したことが示された。必ずしも応答連鎖の仕方（「表層構造」）を模倣に頼るのではなく，確認の仕方や間違いの指摘の仕方がより具体的になっていた。

一方，「深層構造」が"伝える"事例では，模倣により発話を連鎖させることの多い時期から，非模倣により発話を連鎖させることの多い時期へと変化していた。また，事例分析から，"伝える"事例では，伝える発話に対する応答がない場合が多く，応答があった場合でも伝える発話を模倣し合うだけで対話への参入者数も少ない時期（前期）から，ある発話児が話題を展開する発話をして他児がそれに関連させて伝えるというように，1，2名が話題の展開を主導することが多い時期（中期）を経て，複数名が順に前の発話から連想したことを伝え，話題の展開を主導していく時期（後期）へと変化していた。このように，主に伝える応答の模倣により応答を連鎖させる対話から，実際に伝えている内容に言及し内容を関連させながら応答を連鎖させる対話へと変化していた。

第5節　散歩場面の具体的な事例にみる模倣/非模倣の使用の変化

　本節では，第3節の量的分析の結果を受け，散歩場面の具体的な事例に即し，2-3歳児同士がどのように発話を連鎖させながら対話へ参入し対話を維持しているかという視点から，対話のあり方の変化を分析する。

1．「深層構造」が"確認する"事例における時期別の変化（全10事例）

　次に，深層構造が"確認する"事例について，時期別の変化を検討する。前期・中期はすべて非模倣であったが，後期には模倣が2割弱見られた。また，前期・中期の事例は，いずれも同じ場所に留まっている時に，近くにいる他児に保有物や知識等の確認をする事例であった。一方，後期には，少し離れたところにいる他児のもとへ駆け寄り確認する場面が見られた（6事例中4事例）。その中で後期には模倣が見られ，距離が離れていても，集まって互いの発話を模倣することで対話する場面が見られた。

1）他児に確認するが，対話がすぐに終わっていた前期・中期（前期：全3事例，中期：全1事例）

　前期には，他児が保有している物に気付き，「みせて」と言って確認する場面（3事例中2事例）が，前期と中期には他児の知識あるいは他児の性別といった他児に属する情報について確認する場面（各1事例）が観察された。いずれも，他児からの応答を得ると，すぐに対話が終わっていた。例えば，事例7は，たつやが，近くにいたちえの持っていた赤い実について「みせて！」と言って確認し，対話していた場面である。

110　第Ⅲ部　集団での対話への参入と対話の維持発展

【前期】　深層）確認する　表層）非模倣

事例7　　　　　　　「みせて！」「おちたかとおもったー」　　　　　7月9日
　ちえが，道端の木に生っている赤い実を一粒取った。それをかじって，私に見せる。私が「おいしい？　これ，何の実だろう」と言って，ちえの手のひらに乗せられた実を見ていると，先を行っていたたつやが走り戻ってきて，「みせて！」（1）と勢いよく言った。ちえが笑顔で，手のひらをたつやの方へ差し出して見せると，たつやはじっとその実を見た後，「あれ？」（2）と言って突然慌てて地面を見始めた。ちえはたつやを見ている。たつやがちえの手を見ると，赤い実が乗っている。たつやは赤面し，笑いながら「おちたかとおもったー」（3）と言った。ちえはにこっと笑い，たつやも笑う。ちえは「おちてないよー」と言い，赤い実をそっと手のひらで包んで，両手をグーの形にして顔に近付け，「くふふ」（4）と笑う。たつやも笑って，走り出す。ちえも笑いながら追いかけていった。みんながいるところへ追いつくと，先生がちえの持っている実を見て「さくらんぼみたいに，真っ赤だねー！」と大きな声で言う。ちえは笑って，その場を走り出す。たつやも笑いながら，ちえを追いかけていった。

　ちえは，散歩中に赤い実を拾い，かじって，近くにいた筆者に見せた。この赤い実はそれまでの観察中にも担任の先生とともに何度かかじっていたことがあり，筆者はかじってよい実であることを知っていたため，ちえがかじる様子を見守り，「おいしい？　これ，何の実だろう」とちえに尋ねた。ちえがじっと手のひらの赤い実を見ていると，少し先を歩いていたたつやが二人のやりとりを聴いており，走り戻って来て「みせて！」（1）と言った。ちえが赤い実が見えるように手を差し出し，そのまま実についての対話が続くかと思ったが，たつやが実が地面に落ちたと勘違いしたため（2・3），そこで偶発的に話題が変わった。そして「おちてないよー」（4）というちえの応答により，二人は和やかな雰囲気に包まれ，また歩き出した。この場面では，たつやがちえの持っている実について確認しようとしたものの，落ちたと勘違いしたことで実について確認することを忘れてしまい，「落ちたかと思ったが手のひらにあった」ことを確認して対話が終わっていた。その後，

実について話し続けることはなかった。

　このように前期・中期には，他児の保有物や他児に属する情報（性別や保有する知識）について確認し，その場で対話する様子が見られたが，確認した内容についての応答を得たらすぐに対話が終わり，また歩き出すという特徴が見られた（4事例中4事例）。この時期は，他児のこと（保有物を含む）が気になり，確認するが，自らの意図をくんだ応答を得られれば満足し得られなければ（「みせて」に対し拒否される等）は黙って諦めてしまい，いずれも対話がすぐに終わっていた。

　なお，同じ前期・中期の食事場面の"確認する"事例では，他児の確認する発話を模倣し合うものの，確認している内容についてはほとんど言及していなかったのに対し，散歩場面の"確認する"事例では，他児とは異なる自分の言葉で確認していたものの，すぐに対話が終わり，別のものへと関心が移る様子が見られた。いずれの場面でも，確認している内容について詳しく言及せずに対話が終わるという特徴が見られた。

2）確認する発話を模倣することで，三名以上で確認する様子も見られた後期（全6事例）

　一方，後期には，他児の保有物等にとどまらず，他児のより内面の部分に関心を持ち，目の前にいる他児の思いを確認し，それに対する応答を受けて協力したり，他児の思いに寄り添ったりする様子も見られた。例えば事例8のように，後期になると，転んだ他児に対して複数名で言葉をかける場面が見られた。

【後期】　深層）確認する　表層）非模倣

事例8　　　「だいじょうぶー？」「だいじょうぶー？」　　　10月15日
　保育所近くの広い公園に池があり，その周りに作られた木板の遊歩道を歩いていた。先頭集団の最後を歩いていたひろしが，突然転んだ。近くを歩いていたなおが，

112　第Ⅲ部　集団での対話への参入と対話の維持発展

> ひろしの傍へ寄って「<u>たってごらん（1）</u>」と言う。ひろしは地面に倒れたまま泣いている。すると，後方を歩いていたちえが，遠くから「<u>だいじょうぶー？（2）</u>」とひろしに声をかける。ちえの後ろを歩いていたたつやも，ちえの横からのぞいて「<u>だいじょうぶー？（3）</u>」と言う。ひろしは泣き続けていて，二人に答えない。ちえとたつやがさらに三度ずつ，「<u>だいじょうぶー？</u>」「<u>だいじょうぶー？</u>」（4）と交互に尋ねるが，ひろしは何も言わない。その様子を見ていた先生が，ひろしに「痛かったね」と言葉をかけ，立たせている間に，もう一人の先生が「じゃあ行こうか」と言って，また皆歩き出した。

　この事例は，転んだひろしに対し，近くにいたなおが「たってごらん」（1）と言葉をかけ，後方を歩いていたちえとたつやが交互に「だいじょうぶー？」（3・4）とひろしに尋ね，模倣し合う場面である。なおは，食事場面においても他児の間違いを指摘することが多く，他児の言動に対して厳しめの対応をすることの多い女児であった。この事例でも，泣くひろしの下へ近寄るものの，「だいじょうぶ？」と尋ねるのではなく，「たってごらん」と我慢することを求める。それに対し，ひろしはますます泣き続ける。その様子を見ていたちえが数メートル離れたところから「だいじょうぶー？」と尋ね，たつやも真似して「だいじょうぶー？」と言う。ちえとたつやは，ひろしを心配しているが，駆け寄って助けるということはなく，少し離れた場所でひろしを見ながら，互いの発話を模倣し生き生きとした表情をしていた。また，別の事例では，みおが転んだ時に，ちえが「だいじょうぶー？」と尋ね，「ひろし，おこしてあげて！」と隣にいたひろしに手伝うように指示する場面も見られた。

　このように後期には，例えば他児が転んだ時に「だいじょうぶ？」と尋ねたり，次の行動（再び歩き出す）ができるように言葉をかけたりする場面（6事例中2事例）や，他児が何かをしようとしている時に「○○するの？」と確認し（6事例中4事例），「がんばれ！」と言葉をかけて励ましたり，手を繋いで思いに寄り添ったりする様子が見られるようになった（うち2事例）。

具体的な応答連鎖の仕方として、事例8のように確認する発話を模倣し合い、気持ちが高まる様子も見られた。また、前期・中期の事例はいずれも、すぐ近くにいる他児に確認する発話をして対話を行っていたが、後期の事例では、数メートル以上離れたところから駆け寄って言葉をかける、あるいは、数メートル離れた場所から大きな声で言葉をかける様子も見られるようになり（6事例中3事例）、距離を超えて対話が生じるようにもなった。

なお、同じ後期の食事場面の"確認する"事例では、他児の確認する発話に対し、複数名が確認している内容に踏み込んで模倣以外の方法で応答し、対話を維持していた。一方、散歩場面の"確認する"事例では、他児の確認する発話を模倣することで対話を維持しており、確認する内容について深く言及していなかった。それまで思い思いに散歩していた対象児らが、後期には、模倣することで対話してともに散歩を楽しんでいた。すなわち、食事場面の前期・中期のような特徴が、散歩場面では遅れて見られたのだと推察される。

2．「深層構造」が"伝える"事例における時期別の変化 （全13事例）

前期には非模倣が9割を超えたが、時期を経るにつれ模倣が増え、後期には模倣が5割を超えた。模倣が増えた理由は、時期の経過により体力差が縮み、他児が散歩中に何かを見つけた場合にそこに集まり互いの発話を模倣する、あるいはともに歩きながら互いの発話を模倣することで、他児と繋がり、散歩を楽しむようになることが考えられる。

1）他児に伝えるが反論し合うだけか，走り去られすぐに対話が終わった前期 （全3事例）

2歳児クラスの前期には、早く生まれた子どもと遅く生まれた子どもの体力差が大きく、散歩場面では春から夏生まれの子どもたちは集団の先頭から真ん中辺りを、秋から冬生まれの子どもたちは集団の真ん中から後尾の辺り

を歩くことが多かった。そのため，担任の保育者が先頭と後尾にそれぞれ付き，先頭についた保育者は歩くのが早い集団とともに先を歩き，後尾についた保育者は歩くのがゆっくりの子どもたちを歩きたい気持ちにさせることを大事にしていた。場合によっては，先頭集団と後尾集団が何十メートルも離れて，お互いの姿が見えなくなることもあった。その場合は，先頭集団が途中で止まり，遊びながら後方集団を待ち，合流しひとしきり遊んだら再び出発するということが多かった。観察者は二名の保育者の間を歩くことが多かったが，必要に応じて先頭寄りに行ったり，後尾寄りに行ったりした。事例9は，集団の真ん中から先頭辺りを歩いていた時に観察された。

【前期】 深層）伝える　表層）非模倣

事例9　　　　　　　「あい，いちばんなのー」　　　　　　　7月30日
　保育所に戻る途中，ちえ，ひろし，あいの順で走っていた。あいは三番目を走っているが，ひろしに向かって大きな声で「あい，いちばんなのー（1）」と言う。すると，ひろしが振り返って「ちがうよ（2）」と落ち着いた口調で言う。あいは「でも，あい，あしはやいんだよ（3）」と言うと，ひろしはまた正面を向き，ちえの後を追った。あいもひろしの後を追って走って行った。

　先頭集団をちえ，ひろし，あいの順で走っていて，あいがひろしと，その前を行くちえを必死で追っている場面である。あいが「あいちゃん，いちばんなのー」(1)と大きな声でひろしに向かって言ったが，ひろしは冷静に「ちがうよ」(2)と答えて，そのまま走っていく。この時期には，食事場面でも「○○（名前），いちばん/いちばんじゃない」等，子どもたちの間で頻繁に「いちばん」という言葉が発せられていた。実際に一番であるか否かよりも，「いちばん」という2-3歳児にとって特別と思われる言葉によって他児から承認されること自体が重要であると考えられる時期である。食事場面では，他児がひろしに「○○，いちばん？」と尋ね，ひろしが「いちばん」「いちばんじゃない」と答えるという場面が多く観察されたが，散歩場面の

この事例も同様にあいが「いちばんなのー」と話しかけ，ひろしが答える場面であった。あいはひろしに否定されたことに対し，「でも，あい，あしはやいんだよ」（3）と言い返している。「いちばん」ではなくても，足が速いことをひろしに認めてもらいたいという思いが読み取れる。しかし，ひろしは答えずにそのまま走り去り，あいも必死で追いかけて対話はここで終わった。

このように，前期には，走る速さの違いや歩いたり走ったりし続けられる体力差が大きいことから，対話の参加者が同じ場所にいる時間が短く，対話の参加者が少ない，あるいは対話が維持しにくいという特徴が見られた（3事例中2事例）。また，散歩しながら自らの発見した事物について発話し，その事物を話題として共有する場面が見られた（3事例中2事例）が，同じ場所にとどまって対話している場面でも，自らの主張が相手に受け入れられない場合に，同じ発話を繰り返すだけで，互いに納得できないまま対話が終わっていた。応答連鎖の仕方も，食事場面の前期のように，互いに模倣をして対話を楽しむ場面は見られず（模倣は1発話のみ），互いに自分の言いたいことを言うだけという特徴が見られた。このように，散歩場面の前期では，身体面の能力差や，言葉を言い換えたり情報を加えたり話題を展開させたりしないといったことから，対話を発展維持しにくいという特徴が示唆された。

2）他児とは異なる表現で伝える応答を連鎖させ，対話を維持する様子も見られた中期（全4事例）

中期になると，他児とともに歩きながら，目に留まった事物について伝え合う場面が見られるようになった。例えば事例10は，ひろしが自らの見つけた花について，他児の注意を喚起して対話をしていた場面である。

【中期】 深層）伝える　表層）非模倣

事例10　　　　　　　「みつ，おいしいんだよ」　　　　　　9月17日
　道端に，花が咲いていた。日頃からこの前を通ると，その蜜を味わっている花だ。ひろしが花の前で立ち止まり，「なんだこれー！（1）」と大きな声で言った。たつやが駆け寄り，「どれー？（2）」と聞くと，ひろしはたつやと私を振り返り，「みてー！（3）」と言った。たつやが横からのぞき込むようにして花を見て，「みつ，おいしいんだよ（4）」と言うと，ひろしも「そうだよ，ここにさいてるのはいいんだよ（5）」と言う。蜜を吸っていいんだよという意味である。たつやが歩き出すと，ひろしも花をいくつか取り，「ママにおみやげー」と言いながら歩き出した。「いいね，ママきっと喜ぶよ」と私が言うと，ひろしは笑顔で「うん」とうなずいた。

　ひろしは歩いていて道端の花を見つけ，「なんだこれー！」（1）と大きな声で言った。日頃よく前を通り，蜜を吸って皆で味わっている花である。皆にとって既知の物ではあるが，その日に自分が他児よりも前に見つけたことの喜びが，「なんだこれー！」という言葉に現れたのであろう。近くを歩いていたたつやが駆け寄り，「どれー？」（2）と関心を示し，ひろしはさらに嬉しそうに「みてー！」（3）と大きな声で言う。たつやが「みつ，おいしいんだよ」（4）と花の蜜の味について評価を述べると，ひろしは蜜の味から蜜を吸う行為を連想し，「ここにさいてるのはいいんだよ」（5）と異なる評価を述べる。ひろしのこの応答では，「吸っても（いい）」という言葉が足りず，聴き手が内容を補い意味を推測しなければならないが，たつやは満足そうにその場を去り，ひろしも花をいくつか取って嬉しそうに「ママにおみやげー」と言いながら，再び歩き始めた。おそらく両者ともに互いの応答のずれには気付いておらず，同じ話題を共有し，その話題（花・蜜）についての自らの評価を述べ，相手に聴いてもらえたという満足感があり，対話を終えたのだと考えられる。

　このように，中期には，散歩しながら自らの発見した事物について他児の

注意を喚起する発話をし，その事物を話題として共有する場面が見られた（4事例中3事例）。前期と異なるのは，他児の注意を喚起する発話をしている点と，その話題について言葉を変えながら応答し合い，異なる評価を述べている点である。また，移動中も他児と歩調を合わせながら，散歩中に目に留まった物や一人が提示した散歩とは関係のない話題について，互いに評価を言い合い，対話していた。その中で，他児の発話を模倣することで対話を楽しむ様子も見られた（4事例中1事例）。以上のように中期には，身体の能力差はあるものの，歩調を合わせてともに移動したり，他児の注意を喚起し同じ場所に留まったりして，対話を楽しんでいた。また，自分の言いたいことを言うだけでなく，他児の発話を受けて連想した内容を自分なりの言葉を用いて応答したり，他児の発話を模倣して応答したりすることで，互いの応答を関連させながら対話を楽しむ様子が見られた。

なお，中期には，食事場面と散歩場面いずれの"伝える"事例でも，他児の伝える発話を模倣するのではなく，自分の表現で伝え，話題を展開する様子が多く見られた。対話への参入者数も応答連鎖数も両場面とも大差なく（Table 7・8），中期の"伝える"事例では似た特徴が見られた。ただし，散歩場面では他児との距離が離れていることが多いため，他児の注意喚起をする発話をしたり，共同注視したりする必要があり，食事場面とは異なる方法で他児との対話を生じさせる必要があることが示された。

3）伝える発話を模倣することで，三名以上で対話をする様子も見られた後期（全6事例）

さらに後期になると，必ずしも他児の注意を喚起する発話をしていなくても，一人が発話し，近くにいる他児が次々と寄って来て，応答し合う場面も見られるようになった。例えば事例11は，少し離れたところで泣いているみおを見て，ちえがみおの発話を模倣し，さらに周りにいた他児らがちえの応答を次々と模倣していく場面である。

【後期】 深層）伝える　表層）模倣

事例11　　　　　　　「いたかったー，いたかったー」　　　　　　　11月12日
　みおが歩いていたら，なおが運んでいた箱とぶつかった。みおは「いたかったー，いたかったー（1）」と言いながら泣き出した。なおはみおを見るだけで，そのまま箱を持って去って行った。みおが泣きながら「いたかったー，いたかったー」と言い続けると，近くで見ていたちえが，笑いながら「いたかったー，いたかったー（2）」と言う。その場にいたあい，ゆみな，すすむも歩み寄り，みおを見ながらそれぞれ楽しそうに「いたかったー，いたかったー（3）」と真似をして，互いを見て笑った。みおはその様子を泣きながらちらっと見て，悔しくなったのか，さらに大きな声で「いたかったー」と叫んだ。そこへ先生がやってきて対応し，他の子どもたちはしばらくその様子を見ていたが，やがてその場を離れ，小枝を拾ったり走ったりして再び遊び出した。

　みおは，なおが運んでいた箱とぶつかり，痛かったために泣きながら「いたかったー，いたかったー」（1）と周りに訴えた。しかし，当のなおは見るだけで無視してその場を離れ，誰もみおを慰めなかった。泣いているみおを見ていたちえは，みおの「いたかったー，いたかったー」という発話を，少し離れたところで笑いながら模倣する（2）。痛みを訴えるみおを心配したり同情したりするのではなく，誰も相手をしないのに「いたかったー，いたかったー」と大声で泣き続ける様子に，おかしさを感じたのであろう。そして，ちえが笑いながら「いたかったー，いたかったー」（2）と言っているのを聞き，近くにいたあい，ゆみな，すすむも歩み寄り，同じように笑いながら「いたかったー，いたかったー」（3）と言う。ちえは早い時期から他児の様子に目を配り，他児が困っていれば助けようとする様子も見られていた子であった。しかし，みおが日頃から，自分の思いが満たされないと大げさに訴えることが多いことを知っており，この場面ではみおの訴えと周りの雰囲気のギャップを察し，面白く感じたのであろう。その雰囲気をちえ以外の他児も感じ取り，皆，笑いながら模倣したと考えられる。

このように，後期には，一人が目に留まった事物について発話すると，近くにいた複数名の他児が集まり，3名以上で応答し合って対話を楽しむ様子が見られた（6事例中3事例）。散歩中で他児との距離が離れていても，他児が何かに関心を示した時にそこへ自らの関心を向け，近寄って対話へ参加していた。具体的な応答連鎖の仕方として，他児の模倣をすることでその場の楽しい雰囲気や興奮した雰囲気を共有し，応答し合う様子も前期・中期より多く見られた（6事例中4事例）。一方で，中期と同様，自分の言いたいことを言うだけでなく，他児の発話を受けて連想した内容を自分なりの言葉を用いて応答するというように，互いの応答を関連させながら対話を楽しむ様子も見られた（6事例中3事例）。

なお，同じく後期の食事場面の"伝える"事例では，複数名が順に，前の発話から連想したことを伝えることで対話へ参入し，新たな話題に展開させながら対話を維持させていた。その際，自分に宛てられた発話でなくても，積極的に応答し，対話へ参入する様子が見られた。これに対し，散歩場面の"伝える"事例では，前期・中期と比べて対話への参入者数は増えていた（Table 8）ものの，食事場面ほどは増えず，また，他児の伝える発話を模倣することで対話を維持する様子が多く見られた。よって，"確認する"事例と同様，食事場面それまで思い思いに散歩していた対象児らが，後期には模倣することで対話してともに散歩を楽しむようになり，食事場面の前期・中期のような特徴が，散歩場面では遅れて見られたのだと推察される。

3．本節のまとめ

散歩場面の「深層構造」が"確認する"事例では，前期・中期には見られなかった模倣が後期に見られ，発話の相手の心配をしつつも，他児の模倣をすることで対話を楽しむ様子も見られた。これは，前期・中期のように，すぐ近くにいる他児にただ確認し，応答を得て終わりにするのではなく，距離を超えて確認するようになったことで，別の他児が対話に関心を持ち，確認

する発話を模倣し合う面白さ，応答連鎖のリズム感を楽しむ様子も見られたのだと考えられる。

一方，「深層構造」が"伝える"事例では，非模倣により互いに自分の表現で伝えるだけでなく，他児の応答を模倣して伝えることが増えた。事例分析からは，自分の言いたいことを繰り返すだけの時期（前期）から，他児の発話を模倣したり他児の発話から連想して応答したりする様子が見られる時期（中期），積極的に他児の模倣をすることで楽しい雰囲気や興奮した雰囲気を共有したりして対話を楽しむ時期（後期）へと変化していた。

"確認する"事例と"伝える"事例いずれにおいても，後期に模倣が多く見られた理由として，それまで思い思いに散歩していた対象児らが，後期には模倣することで対話してともに散歩を楽しむようになり，食事場面の前期・中期のような特徴が，散歩場面では遅れて見られたと推察された。すなわち，食事場面の座位という状況がもたらす対話の生じさせやすさが，散歩場面の場合は対象児らが自ら他児と思いを共有し，散歩をともにすることで，はじめて可能になると考えられる。

第6節　本章のまとめ

本章では，食事場面と散歩場面の2-3歳児における保育集団での対話の変化の特徴について，どのように対話へ参入し対話を維持しているかという観点から，ブルーナー（1988, 1993）の提唱した「フォーマット」概念の二層構造に着目した。そして，同一の「深層構造」（その対話で実現されている発話の機能）をもつ事例間で，「表層構造」（応答連鎖の仕方，本章では模倣/非模倣の使用）の変化に着目し，場面別・深層構造別・時期別の変化を検討した。

第3節の量的分析から，食事場面では，他児の発話を模倣することで確認や叙述を行うことの多い時期から，他児の発話とは異なる表現で確認や叙述を行うことが増える時期へと変化していたが，散歩場面では逆に，模倣以外

第5章　表層構造としての模倣/非模倣　121

食事	前期	中期	後期
表層構造	**模倣　多/非模倣　少**	→	**模倣　少/非模倣　多**
深層構造	確認する/伝える		

散歩	前期	中期	後期
表層構造	**模倣　少（orなし）/非模倣　多**	→	**模倣　増/非模倣　減**
深層構造	確認する/伝える		

Figure 6　食事場面（上）と散歩場面（下）で観察された「深層構造」が"確認する"事例および"伝える"事例における「表層構造」の時期別の変化

の応答で確認や叙述を行うことの多い時期から，他児の発話を模倣することで確認や叙述を行うことの増える時期へと変化していた。すなわち，対話が生じる場によって，模倣の多く見られる時期が異なっていた。

　また，第4節および第5節の質的分析から，食事場面と散歩場面の類似点として，中期の"伝える"事例で，他児の伝える発話を模倣するのではなく，自分の表現で伝え，話題を展開する様子が多く見られた。しかし，散歩場面では他児との距離が離れているという特徴から，他児の注意喚起や共同注視が必要であり，食事場面とは異なる方法で他児との対話を生じさせる必要があることが示された。一方，食事場面と散歩場面の相違点として，模倣の多く見られる時期が異なっていた。食事場面では，"確認する"事例と"伝える"事例いずれにおいても，模倣の多い時期から非模倣の多い，もしくは非模倣の増える時期へと変化していた（Figure 6 上）。すなわち，2-3歳の時期に，他児の発話を模倣することで叙述や確認を行うだけでなく，他児の発話とは異なる表現で，いわば「自分らしい表現」を使って叙述や確認を行い，様々に話題を展開するようになることが示唆された。一方，散歩場面では，"確認する"事例と"伝える"事例いずれにおいても，応答連鎖の仕方（「表層構造」）が，すべてもしくは大半が非模倣の時期から，模倣も見られる時期へと変化していた（Figure 6 下）。このことから，前期には，体力差や歩く速

さ，走る速さの違い，また思い思いに散歩を楽しむために幼児同士の対話が維持されにくいという特徴が見られたが，体力差の縮まりに加え，歩調を合わせて，あるいは距離を超えて対話できるようになることで，中期・後期と模倣し合って対話を楽しむ様子が見られたと考えられる。

このように，食事場面と散歩場面とでは，対話のあり方の変化において模倣の見られる時期が異なっていた。特に，食事場面では媒介物との関係で，散歩場面では身体との関係で，模倣に異なる特徴が見られたと考えられる。すなわち，食事場面では，食具や食材を全員がはじめから共有しており，模倣しやすい状況があることで，その中で自分なりの表現で伝えたり確認したりするようになる前段階として模倣が機能していた。それに対し，散歩場面では，食具や食材のような全員がはじめから共有する物がないことと，体力差や歩く速さ・走る速さの違いのため模倣をすることが難しいものの，その中で歩調を合わせたり，距離を超えて（近付いたり遠くから大声を出したりすることで）対話できるようになる中で，伝える発話や確認する発話を模倣できるようになり，模倣によって場の雰囲気を共有し，ともに対話を楽しめるようになると考えられる。これらの知見から，食事場面では，模倣が，「対話へ参入し対話を維持する」ことを可能にするという機能を持ち，「対話へ参入し対話を維持する」という経験を積み重ねることで自分なりの発話の仕方を身につけ，集団としての対話経験を豊かにしていくと考えられる。一方，散歩場面では，互いの発話の模倣は，他児とともに対話を楽しむことができるようになったことの現れであり，楽しい雰囲気を共有しながら散歩をすることを支える機能を持つと考えられる。このように，保育集団での2-3歳児同士の対話で模倣が多く見られる時期や，対話における模倣の機能は，場の固有性と切り離せないものであることが示唆された。

また，上記では，食事場面で媒介物と模倣/非模倣の使用が関係することについて考察したが，その点についてさらに詳しく検討すると，深層構造間で異なる特徴が見られた。"確認する"事例では，後期になっても模倣の比

率が5割近くと高かった理由として，フォークや食物など共有しやすい媒介物があり，互いに確認する質問をしやすい，また，〈質問―応答〉等の隣接対によって対話を行いやすく，隣接対を模倣することで対話へ参入しやすい等の特徴が考えられる。このように，全員が同じ道具や食物を持ち，一定時間，同じ空間で食事を楽しみながら自由におしゃべりすることのできる食事場面では，確認という行為によって，互いの発話を模倣しながら，集団としての対話を経験する機会が多いと考えられる。逆に，"伝える"事例では，隣接対のような特定の応答連鎖方法が用いられず，参入者数や応答連鎖数は"確認する"事例ほど多くないものの，より早い時期から模倣に頼らずに，自分の考えや思いを伝えて他児に伝えるかたちで発話を連鎖させやすいと推察される。第3章第4節で，媒介物の有無や話題の特徴と場の固有性について考察したが，本章ではさらに，媒介物と模倣/非模倣の使用の関係についても上記の示唆を得た。

　以上のように，本章の分析結果から，食事場面および散歩場面の，"確認する"事例と"伝える"事例それぞれにおける「対話へ参入し対話を維持する」ための応答連鎖の特徴について，具体的には模倣/非模倣の使用の変化について明らかになった。そして，対話が生じる場によって，また，深層構造（その対話で実現されている発話の機能）によって，幼児同士の模倣が多く見られる時期や，模倣の機能が異なることが示唆された。以上を踏まえ，続く2章では，保育集団での2-3歳児同士の対話において，どのようにして対話を維持発展させているかという観点から，第6章では"確認する"事例について，第7章では"伝える"事例について，それぞれ検討する。

第6章 "確認する"事例における宛先の広がり・話題の共有・話題への評価の共有

　本章では，食事場面および散歩場面で観察された"確認する"事例について，どのように対話を維持発展させているかという観点から，場面別・時期別の対話の特徴について検討する。具体的には，①宛先の広がり，②話題の共有，③話題への評価の共有に着目し分析を行う。

第1節　本章の目的

　本章では，食事場面および散歩場面で，幼児同士が眼前の物の状態や他児の思い等について確認し応答する事例（"確認する"事例）について，対話のあり方がどのように変化するかを明らかにすることを目的とする。
　確認という行為は他児にまつわる事物（他児の状態や他児の保有物，他児の考え等）に関心を持ち，知りたいと思うことから生じる。すなわち，自分とは異なる存在である他児に関心を向けることから生じるものである。他児にまつわる事物について知りたい，"確認したい"という思いは，自分にまつわる事物について他児に"伝えたい"という思いと同様に，大人の足場かけのない幼児同士の対話を生じさせる重要なきっかけであると考えられる。このことは，第3章のTable 6にも示されたように，食事場面・散歩場面ともに前期から"確認する"事例と"伝える"事例がほぼ同数観察されたことからも推察される。本章では，まず2-3歳児同士の"確認する"事例に焦点をあて，対話のあり方の変化について分析する。
　また，"確認する"事例の対話の成り立ちを支える要因の特徴については，第4章で媒介物の有無・話題の特徴・身体の位置について検討した。食事場

面では，第4章のTable 11にも示したように，フォークの持ち方を確認し合う・食材の名前や状態について確認し合うというように，食事場面に特有の具体物を媒介して"確認する"事例が観察された。また，「○○（名前）いい？」「○○いちばん？」というように，自分や他児についての承認を求めて，抽象的な事柄について"確認する"事例も観察された。一方，散歩場面では，第4章のTable 12に示したように，他児が散歩中に見つけた物や作った物といった具体物に加えて，他児の知識や行為の目的，心情等，ともに散歩している他児にまつわる目に見えない物について"確認する"事例も観察された。このように，対話が生じる場によって，媒介物や話題が異なることが示唆された。また，散歩場面の"確認する"事例では，全期を通して「寄り」すなわち他児に近寄って対話する事例が観察された。"模倣する"事例や"伝える"事例の前期には，「寄り」が観察されなかったことから，"確認する"事例では，早い時期から，確認したいという思いが自らの身体を他児の身体へ近付けさせ，対話したいという思いを叶えていることが示唆された。また，後期には「歩調」すなわち他児と歩調を合わせて対話する事例や，「遠く」すなわち遠くにいる他児に遠くから話しかけ対話する事例も観察された。上記で確認した媒介物・話題・身体の位置は，事例単位の特徴として検討したものである。

　さらに，どのように対話へ参入し対話を維持するかという観点から，第5章では応答連鎖の仕方について，表層構造としての模倣/非模倣の使用の変化に着目し検討した。食事場面の"確認する"事例では，他児の発話を模倣することで確認を行うことの多い時期から，他児の発話とは異なる表現で，いわば「自分らしい表現」を使って確認を行う時期へと変化していた。一方，散歩場面の"確認する"事例では，体力差や歩く速さ，走る速さの違いがあり，また思い思いに散歩を楽しむために言いたいことだけを言うことの多い時期から，体力差の縮まりに加えて，歩調を合わせて，あるいは距離を超えて対話できるようになることで，模倣し合って対話を楽しむ様子が見られる時

第 6 章 "確認する"事例における宛先の広がり・話題の共有・話題への評価の共有　　127

期へと変化していた。このように，対話が生じる場によって，模倣が多く観察された時期や，模倣の機能が異なることが示唆された。

　以上のように，第 4 章では「対話の成り立ち」について事例単位の特徴を，第 5 章ではいかに「対話へ参入し対話を維持」させているかについて応答連鎖の特徴を検討した。本章ではさらに，第 5 章と同じく各事例の応答連鎖の特徴に着目する。ただし，模倣/非模倣といった応答連鎖の形式的な特徴ではなく，応答連鎖によりどのように対話が広がり，維持発展されているかに着目する。すなわち，第 1 章第 3 節で述べた①宛先がどのように広がっていくか，②どのように話題を共有し展開しているか，③どのように話題への評価を共有しているかの 3 点を分析視点とし，場面別・時期別の変化を分析する。これらの分析視点に着目し，さらに子どもたちの思いや場の雰囲気等も考慮に入れて，各時期の特徴が表れている事例について質的に分析することで，"確認する"事例の特徴の変化が，より具体的な子どもたちの応答し合う姿を通して見えてくると考える。

第 2 節　方法

　対象児，観察の期間・場面，観察記録の作成方法等は，第 2 章第 1 節で述べた通りである。また，収集した事例の時期別および深層構造別の分類の手順についても，第 2 章第 2 節で述べた通りである。分類した事例のうち，本章では"確認する"事例について，以下の手順で分析を行った。

　まず，全事例について①宛先の広がり方を図示した（例えば Figure 7）。さらに，各事例において②対話の参加者間で話題が共有・展開しているか，③話題への評価を共有しているかを検討した。それぞれの視点から，各時期に多く見られた特徴をよく表している事例を取り上げ，対象児らの思いや場の雰囲気等も考慮に入れ，場面別・時期別の特徴を質的に分析した。なお，食事場面の一部の事例は第 5 章で取り上げた事例と重複しているが，分析視点

や解釈の仕方が異なっている。

第3節　食事場面の具体的な事例にみる"確認する"事例の対話のあり方の変化

　3つの分析視点（①宛先の広がり，②話題の共有，③話題への評価の共有）に着目し，食事場面における"確認する"事例について時期別に分析した。なお，事例中の下線部は対話を特徴づけている発話を，□は話題を提示・展開している発話を，図中の──は発話の宛先の方向を，┈┈▶は視線の方向を示す。散歩場面についても同様である。

1．他児からの承認を順に求めて，連続する二者間対話を行うことの多い前期（全7事例）

　前期には1事例ではあるが，全員が同じ物を共有しているフォークの持ち方について確認し合う場面が見られた。

事例12　　　　　　　「こうだよねー」　　　　　　【前期】6月25日

　ちえがフォークを持った手をかざして，隣のたつやとすすむを交互に見て「こうだよねー」と言った。たつやとすすむは，フォークを持っている手を上げて，「こうだよねー」と答える。フォークの端を親指と人差し指の間に乗せて，箸を持つような格好で持っている。日頃先生たちが子どもたちに教えている持ち方である。ちえ，たつや，すすむが「こうだよねー」とフォークの持ち方を確認しているのを見て，なお，ひろしも順にフォークを持った手をかざし，「こうだよねー」と視線を交わして確認し合う。ともこは5本の指でフォークを握り「こうだよねー」と言うが，誰も間違いを指摘はしない。一方，あいが箸の持ち方でフォークの一番端を持って「こうだよねー」と皆に見せると，なおが「ちがうよ，それじゃなんにももてないんだよ」と言った。あいは真顔でなおを見返すが，なおはそのまま食事を続ける。

第6章 "確認する"事例における宛先の広がり・話題の共有・話題への評価の共有

　この事例は，ちえがたつやとすすむに「こうだよねー」と言ってフォークの持ち方を確認し，二人からの応答を得ることから始まっている。三人の様子を見ていたなお，ひろし，ともこ，あいが順に全員に見えるようにフォークを持った手をかざし，同じく「こうだよねー」と言って持ち方を確認していく。宛先に着目すると，最初のちえ・たつや・すすむの対話以外は，いずれの発話も全員に宛てられている（Figure 7 左）。また，フォークの持ち方という話題を共有しているが，話題への評価に着目すると，誰もともこの間違いを指摘せず，なおのあいへの指摘も的確でないことから，正しい持ち方を厳密に確認しているとは言えない。このように，フォークという食事に関する物を共有することが集団での対話へ参入するきっかけとなっているものの，そのことについて深めていく様子は見られない。

　また，前期に特徴的な話題として，「○○（名前）はいい？」「○○はいちばん？」と特定の他児に尋ね，「いいよー/だめ」や「いちばん/いちばんじゃない」等の応答を得るというやりとりが多く見られた（7事例中5事例）。それらの他児からの承認を順に求める事例では，事例13のような共通する特徴が見られた。

事例13　　　　　　　「いい？」「いいよ」　　　　【前期】6月25日

　なおが，ひろしを見て「いい？」と聞いた。脈絡なく尋ねたので，何について聞いたのかはわからない。しかし，ひろしはなおを見て，「いいよ」と答えた。それを見たちえが，「ちえは？」と聞くと，ひろしが「いいよ」と答えた。さらに，たつやが「たっちゃんは？」と聞き，ひろしは「いいよ」と答える。ちえが「ともちゃんは？」と聞くと，ひろしは「だめー」と言う。続けてちえが「なおは？」と聞くと，ひろしは「だめー」。すすむが「すすむは？」と聞いても，ひろしは「だめー」。さらに，なおが「みおは？」と聞いても，たつやが再度「たっちゃんは？」と聞いても，ひろしは「だめー」。そして，ひろしが胸を張って，「みんな，だめー」と言った。さらに，なおが「ゆみなは？」と聞くが，やはりひろしは「だめー」と答える。

130　第Ⅲ部　集団での対話への参入と対話の維持発展

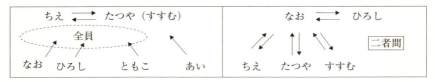

Figure 7　事例12（左）と事例13（右）における宛先の方向

　この事例では，自分や他児が「いい」か「だめ」かを，観察対象児らが次々と特定の他児（ひろし）に尋ね，そのつど応答を得ている。宛先に着目すると，質問をする発話児は次々と入れ替わるが，いずれもひろしとの質問・応答を行っている。すなわち，ひろしとの二者間対話が連続して生じている（Figure 7 右）。また，話題に着目すると，誰が「いい」か「だめ」かという話題そのものは共有しているものの，互いに承認されてもされなくても，そのことについて特に言及し合っておらず，話題への評価を述べる様子は見られない。このことから，話題や話題への評価が重要というより，むしろ自分や他児が「いい」か否かを特定の他児に確認する行為によって対話へ参加すること自体が，この時期の彼らにとって重要であることが読み取れる。

　このように前期には，フォークの持ち方を確認し合ったり，自分や他児の名前を入れ替えながら「いい」か「だめ」か，「いちばん」か「いちばんじゃない」かを特定の他児に確認したりする行為によって，集団での対話へ参入する様子が見られた。しかし，宛先の広がりに着目すると，全員に宛てて発話しているだけであったり，二者間対話が連続して生じているだけであったりと，複数名が相互に発話を連鎖させながら話題や話題への評価について深めていく様子は見られないという特徴が見出された。

2．フォークの持ち方を確認する事例では連続する二者間対話だが，他者からの承認を得る事例では三者間対話へ広がる中期（全6事例）

　中期になると，フォークの持ち方を確認し合う事例が増え（前期1事例→

第6章 "確認する"事例における宛先の広がり・話題の共有・話題への評価の共有　131

中期3事例），入れ替わるように他児からの承認を得る事例が減った（前期5事例→中期2事例）。対話の特徴も，以下のように変化していた。

事例14　　　　　　　　「こう？」　　　　　　【中期】8月6日

　ひろしがフォークを箸と同じ持ち方で持ち，なおの方へかざして「こう？　こう？」と尋ねた。なおは食べ物をもぐもぐと噛みながら，気が乗らない様子で首を左右に振る。ひろしの手元をじっくり見ることもなく，すぐに自分の皿に視線を戻す。ひろしは少しなおを見た後，自分も食事に戻る。二人の様子を横で見ていたすすむも，フォークを持った手をなおの方へかざして，ひろしと同様「こう？」と尋ねる。すすむは5本の指でフォークを握る持ち方をしている。ひろしは食べ物を口に入れながら，すすむとなおを見る。なおはすすむに視線を向け，やはり気が乗らない様子で首を左右に振り，視線を皿に戻す。すすむは少し眉を寄せて悲しそうな表情をし，少しして再びなおに向かって「こう？」と尋ねる。しかし，なおはすすむをじっと見て，また視線を皿に戻した。すすむも数秒間なおを見たが，食事に戻った。

　事例12と同様，フォークの持ち方を確認している事例である。しかし，宛先に着目すると，ひろしとなおの質問・応答のやりとりがあった後，すすむがひろしと同様になおに質問し応答を得ており，他者の承認を得る内容の事例13と同様，二者間対話が連続して生じている（Figure 8左）。また，話題と話題への評価に着目すると，フォークの持ち方という話題は共有しているものの，なおは正しい持ち方のひろしにも間違った持ち方のすすむにも，気が乗らない様子で首を左右に振るだけで，厳密に正しい持ち方については言及していない。このように，中期に多く見られたフォークの持ち方を確認する事例では，宛先については前期の他児からの承認を得る事例と類似の特徴が見出され，話題や話題への評価の共有については前期のフォークの持ち方を確認する事例と同様の特徴が見出された。一方，中期の他児からの承認を得る事例では，前期とは異なる特徴が見出された。

事例15　　　　　　　　「あいちゃん，いちばん」　　　【中期】8月13日
　すすむが，食べている途中のあいを見て「あいちゃん，いちばん」と言った。あいが「あいちゃん，いちばん？」と聞き返すと，ひろしが「ひろしくんも，いちばん」と言った。あいがひろしに「ひろしくんもいちばん？」と聞き返すと，ひろしは笑顔で「あいちゃんとひろしくんが，いちばんだよねー」と言った。あいは見返すだけで，何も言わなかった。すると，たつやがひろしに向かって「たつやは？」と尋ね，ひろしは「たっちゃんは，いちばんじゃない」と答えた。たつやは黙ってひろしの顔を見ていた。ともこがひろしに「ともこは？」と尋ねると，ひろしは「ともこは，いちばん」と答えた。さらに，すすむが相手を威嚇するような声と表情で「すすむは？」と聞くと，ひろしはフォークを立て，すすむを牽制するように持ち，やはり相手を威嚇するような表情で「すすむは，いちばんじゃない」と答えた。

　この事例は事例13と類似しているが，はじめにすすむが「あいちゃん，いちばん」と承認を与え，あいが聞き返すところから始まっている。宛先に着目すると，ひろしが「ひろしくん『も』いちばん」と言って二者間対話へ参入し，あいが応答する。あいの宛先がすすむからひろしへと切り替えられており，三者間対話へ広がっている。一方，たつやとともこは「たつや『は』？」，「ともこ『は』？」と尋ねていることから，それまでの他児と比較して自分はどうかと確認しており，事例13に見られたのと同様に，二者間対話が連続して生じている（Figure 8右）。また，話題や話題への評価に着目すると，まだ誰も食べ終わっていない時点でのやりとりであることから，事例13と同様，実際に一番であるか否かよりも，「いちばん」という2-3歳児にとって特別と思われる言葉によって他児から承認されること自体が彼らにとって重要であったと考えられる。また，ひろしが相手を選んで「いちばん/いちばんじゃない」と答え，この場面では自分と他の男児を区別している。このように，徐々に自他の意識がより強くなってきていることが読み取れる。
　このように中期には，他児からの承認を得る事例と入れ替わるように，フ

第6章 "確認する"事例における宛先の広がり・話題の共有・話題への評価の共有　　133

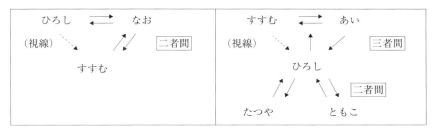

Figure 8　事例14（左）と事例15（右）における宛先の方向

ォークの持ち方を確認する事例が増えた。この中期に多く見られるようになった持ち方を確認する事例では，宛先については，前期に多く見られた他児からの承認を得る事例に類似する特徴が見られ，二者間対話が連続して生じるようになっていた。一方，中期の他児から承認を得る事例では，二者間から三者間へと対話が広がる様子が見られた。

3．食材やフォークの持ち方など眼前の物を話題とする事例でも，三者間対話がさらなる三者間対話へと広がる後期（全9事例）

　後期になると，「○○（名前）はいい？」「○○はいちばん？」というように抽象的な意味で他児からの承認を得る事例は見られなくなった。一方，食材やフォークの持ち方など，眼前の物について確認し合う事例が多く見られた（9事例中7事例）。そのうち事例16は，後期に唯一見られた，（眼前の食材について確認することで）他児からの承認を得る事例である。

事例16　　　　　　　　「すすむの，おっきい」　　　　【後期】10月29日
　すすむが自分の皿の上にあるししゃもを持ち上げて，皆に向かって「すすむの，おっきい」と言った。すると，ゆみなが自分のししゃもを持ち上げて，すすむに見せた。すすむはゆみなを見ると，さらに皆に向かって「ねぇ，おっきい」と言った。今度はなおが「なおのもおおきい？」と尋ね，すすむは真顔でうなずいた。そこへ，

見ていたけいが目を真ん丸に見開き，大きな声で「けいのもおっきい？」と尋ねると，すすむは笑顔で「おっきい！」と答えた。互いに「ひひひー」と笑い合い，食事に戻った。

　この事例は，すすむが自らの食べようとしているししゃもが「おっきい」と全員に向かって言うところから始まっている。さらに他児が順に特定の他児（すすむ）に自分のししゃもが大きいかを尋ね，そのつど応答を得ている。宛先に着目すると，なおが「なおの『も』おおきい？」と尋ねることで前の二者間対話へ参入し，すすむの宛先があいや全員からなおへと切り替えられ，三者間対話へ広がっている。さらに，けいが「けいの『も』おっきい？」と尋ね，聞き手としてなおを意識しながら対話へ参入し，すすむの宛先がなおからけいへと切り替えられることで，さらなる三者間対話へと広がっている。このように，複数の三者間対話が連続して生じていることが読み取れる（Figure 9 左）。また，話題や話題への評価に着目すると，事例15と同様，他児との比較において大きいかというよりも，それ自体として大きいかという意味で用いられている。すなわち，「おっきい」という特別な言葉により特定の他児から承認を得ることが，彼らにとって重要であったと考えられる。このように，後期には，「いい」などの抽象的な言葉ではなく，眼前の食材を用いて他児からの承認を得る事例が見られた。

　また，フォークの持ち方を確認する事例でも三者間対話が連続して生じる

Figure 9 事例16（左）と事例17（右）における宛先の方向

様子が見られた。

> 事例17　　　　「こう？」「そうじゃない，こうもっと……」　【後期】10月15日
> 　あいが右手で持っていたフォークを，フォークの上端が親指と人差し指の間に来るように持ち替えた。そして，隣のゆみなに「ねえ，ゆみな，こう？」と聞いた。ゆみなはあいの手元を見，フォークを持っている自分の右手を見せて「こう」と答えた。お向かいで見ていたちえも「そうじゃない」と言うと，ゆみなの隣から見ていたなおも「そうじゃない」と言い，自分のフォークをあいが持っているようにしたにずらしながら，「こうもっと……」と説明しようとした。しかし，うまく持ち替えられず，「ちょっとまってて」と言ってフォークを扱っている間に，ちえの隣のけいが「こう？」と皆に向かって聞いた。なおは，フォークを持ち替えるのをやめ，けいを見て「そうじゃない」と言い，ちえもけいに「そうじゃない」と言った。再びあいが「こう？」と皆に聞くと，ゆみなが「そうじゃない」と言った。あいもゆみなに「そうじゃない」と言い，ゆみなが再度「そうじゃない」と言うと，食事に戻った。

　この事例では，事例12や事例14と同様，フォークの持ち方を確認している。しかし，宛先に着目すると，あいがゆみなに「こう？」と尋ね，ゆみなからの応答を得るだけでなく，第三者であるちえやなおも「そうじゃない」と言って対話へ参入している。そこへ，さらなる第三者であるけいが「こう？」と聞いて参入し，ちえとなおはけいへと宛先を切り替えている。このように事例17では，事例13や事例14のような二者間対話の連続ではなく，二者間対話が三者間対話へ広がり，そこへ別の第三者が参入して宛先が切り替えられ，さらなる三者間対話へと広がっていた（Figure 9右）。また，話題や話題への評価に着目すると，フォークの持ち方という話題を共有しているだけでなく，例えばあいがわざと間違った持ち方を見せる，ちえやなおが「そうじゃない」と否定する，なおが間違いの理由を説明しようとする，というように持ち方が正しいか否かという話題への評価にまで言及している。すなわち，他児が示した評価を共有した上で自分なりの評価を述べていると言える。前期

の事例12や中期の事例14では話題を共有しているだけであったのに対し，後期の事例17では話題への評価をも共有し，その相違を述べるまでになっていた。

なお，これまでに挙げてきたフォークの持ち方を確認する内容（事例12・14・17）や，他児からの承認を求める内容（事例13・15・16）以外に，後期に特徴的な内容として，食材の名前や状態を確認する事例も観察された（9事例中4事例）。特に食材の名前を確認する事例においては，宛先の広がりについて，以下のような特徴が見られた。

事例18　　　　　　　　「これ，なーんだ」　　　　　　【後期】10月15日

　ゆみながインゲンをフォークで刺し，全員に向かってかざし，大きな声で「これ，なーんだ」と言った。隣に座っていたあいも同じようにインゲンをフォークで刺し，「これ，なーんだ」と大きな声で言った。すると，まず，ゆみなが「ピーマン！」と言い，ちえとひろしが「インゲン！」と言い，さらにけいが「ピーマン！」と言った。あいが答えた皆を見て嬉しそうに笑っていると，再びゆみなが先ほどと同じインゲンを刺したまま「これ，なーんだ」と言った。けいが「ピーマン！」と言い，ちえとひろしが「インゲン！」と言う。ゆみなが笑うと，今度はあいがやはり先ほどと同じインゲンを刺したまま「これ，なーんだ」と言う。今度はちえとひろしが「ピーマン！」と答えるが，あいはニカッと笑って「インゲーン」と答える。さらに，ゆみなが同じフォークをかざして「これ，なーんだ」と言うと，ひろしとちえはそれぞれピーマンをフォークで刺して「これ，なーんだ」と言い，なおはインゲンをフォークで刺して「これ，なーんだ」と言った。互いに見て笑い合い，フォークに刺した食材をそれぞれの口に運んだ。

　この事例では，各自が示した食材について名前をあてっこするという話題を皆で共有し，それぞれに正しいと考えた名前を言い合う様子が見られた。すなわち，他児の話題への評価（正しいと考えた答え）を共有した上で，自分はどう考えるかという自分なりの評価に言及している。このように，話題や話題への評価を共有している点は，事例17と同様である。しかし，宛先に着

第6章 "確認する"事例における宛先の広がり・話題の共有・話題への評価の共有　　137

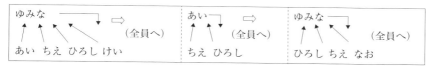

Figure 10　事例18における宛先の方向

目すると，一人が質問をして他児が一斉に答えるという対話を，質問者が変わる中で何度も繰り返していることがわかる。すなわち，事例16や事例17のように次々と第三者が対話へ参入し，三者間対話が連続して生じるというかたちではなく，質問—応答という一名と複数名との対話を繰り返していると言える（Figure 10）。後期に見られるようになった食材の名前を確認するという事例においては，一対多の対話が連続して生じていた。

このように後期には，中期に多く見られたフォークの持ち方に加え，食材の名前や状態など，眼前の物についてより具体的に確認し合う事例が増えた。そのうち食材が大きいか否かを確認することで他児からの承認を得る内容であった事例16も含め，後期に観察された事例では，話題や話題への評価を共有し，特に他児の示した話題への評価を共有した上で自らの評価を述べるという特徴が見られるようになった。また，二者間対話に第三者が参入し，その第三者へ宛先が切り替えられることで三者間対話へ広がり，そこへ別の第三者が参入して宛先が切り替えられ，さらなる三者間対話へと広がっていた。すなわち，三者間対話が連続して生じるようになっていた。また，食材の名前を確認する事例については，一名が複数名に名前を尋ね，一斉に応答を得るというように一対多の対話が連続して生じていた。

4．本節のまとめ

食事場面について，話題の変遷に沿って見てみると，他児からの承認を得る事例では，前期に多かった「いい？」「いちばん？」という食事とは直接関係のない抽象的な言葉で承認を得る場面が減り，後期には，眼前のより具

体的な物について承認を得る事例が見られた。このように他児からの承認を得る事例が減る一方，フォークの持ち方を確認する事例が時期を経るにつれ増えた。さらに後期になると，全員が持っている食材について名前や状態を確認し合う事例も見られた。このように，前期には抽象的な話題について対話を行うことが多かったが，中期・後期と時期を経るにつれ，より具体的な全員が共有している眼前の物を話題として対話を行うようになっていた。また，話題がより具体的になるに伴い，3つの分析視点（①宛先の広がり，②話題の共有，③話題への評価の共有）について下記のような変化が見られ，より多人数での対話を行うようになっていた。

　他児からの承認を得る事例では，前期には二者間対話が連続して起こるという特徴が見られ，「いい」「いちばん」と確認するという話題は共有しているものの，具体的にその評価について言及していく様子は見られなかった。中期になるとこうした事例は減ったが，やはり他児からの承認を得ること自体が重要であり，さらには自他の意識がより強くなっている様子が読み取れた。また，二者間対話が三者間へと広がっていた。そして後期には，眼前のより具体的な食材について他児からの承認を得る事例が見られ，そこでは三者間対話が連続して生じていた。このように，対象児らにとっては，他児からの承認を確認する行為によって対話へ参加すること自体が重要であったこと，また，他児からの承認を得るという内容の事例は減り，そこで話題とするものが，抽象的な言葉から具体的な眼前の物へと変化していたことが示された。

　一方，他児からの承認を得る事例が減ったのに対し，フォークの持ち方を確認する事例が増えた。前期の事例では，対象児らが全員に宛てて発話するという特徴が見られ，フォークの持ち方という話題は共有していたものの，それが正しいか否かという評価については言及していなかった。中期になると，二者間対話が連続して生じるようになったが，やはり評価については的確に言及していなかった。しかし後期になると，他児からの承認を得る事例

第6章 "確認する"事例における宛先の広がり・話題の共有・話題への評価の共有　139

と同様，三者間対話が連続して生じるようになり，また持ち方の正誤についても各々の評価を述べるようになっていた。このように，中期・後期には，共有している話題について他児の評価を共有した上で自分なりの評価を述べていたこと，また，対話も連続する三者間対話へと広がっていたことが示された。さらに，後期には食材の名前や状態を確認する事例も増え，その特徴として，「これ，なーんだ」と全員に名前を聞き，各々が一斉に答えるというように一対多の質問―応答というやりとりを連続して行っている様子が見られた。

第4節　散歩場面の具体的な事例にみる"確認する"事例の対話のあり方の変化

　次に，散歩場面における"確認する"事例についても，3つの分析視点（①宛先の広がり，②話題の共有，③話題への評価の共有）に着目し，食事場面における"確認する"事例について時期別に分析した。

1．散歩中に見つけた物について，二者間で対話を行う前期（全3事例）

　前期には，散歩中に見つけた物が話題となっていた。具体的には，自らが散歩中に見つけたものについて，他児に知識を確認する事例が1事例，他児が散歩中に見つけた物について，「みせて」と言って確認する事例が2事例であった。

事例19　　　　　　　　「わかったかな？」　　　　　　【前期】6月12日
　掲示板の辺りまでやってきて，先に着いて待っていた前の集団に追いついた。掲示板のすぐ近くに，車が通る道があり，そこを渡る時にはクラス全員が揃ってから，左右を確認して渡ることになっている。ともこがあと5メートルほど歩いてくるのを待っている間，ちえが隣にいるみおに「みおー」と話しかけた。みおが「な

に？」と答えると，ちえは少し声を低くして，にこっと笑って「わかったかな？(1)」と言った。みおが「なーに？」と尋ねる(2)と，ちえは再び「わかったかな？(3)」と言う。そして，掲示板に貼ってあるポスターを指差し，「このまえね，これね，あったんだよ(4)」とみおに教える。みおはポスターを見て，「ふーん」と答えたきり，何も言わなかった(5)。ともこが追いついたので，先生が「よーし，渡るよー」と言い，二人ともそちらに注意を引き付けられ，二人のやりとりは終わった。

　この事例は，保育所の行き帰りや散歩中にたびたび通る掲示板の前に立ち止まっていた時に，観察された場面である。ちえは，掲示板に貼ってあるポスターが，数日前にも貼られていたことに気付き，「わかったかな？」とみおに尋ね，そのことをみおも知っているか確認しようとしている(1)。みおは何について「わかったか」を問われたかが分からず，「なに？」と聞き返す(2)が，ちえは自分とみおの理解にずれがあることに気付かず，再び「わかったかな？」と同じ質問をする(3)。みおが何も言わないので，ちえは「このまえね，これね，あったんだよ」と言って，ポスターが前にもあったことを伝える(4)が，みおにとってはあまり面白いことではなかったらしく，「ふーん」という応答を得たのみ(5)であった。

　ちえは，ポスターが前にもこの掲示板に貼ってあったことに気付いたことが嬉しく，みおと共有したかったのだが，その際，すぐに伝えるのではなく，一度「わかったかな？」とみおに確認している。この確認の行為には，きっと他児は気付いていないだろうけれど，私は気付いたという喜びと，私は気付いたの，すごいでしょうという誇らしい気持ちとが現れていると推察される。しかし，ちえの気持ちとは対照的に，みおにとってはそのことは興味を抱く対象とはならず，すぐに対話が終わった。ちえもみおの反応を見て，再度発話することはなく，また，ともこが皆のもとへ辿り着いたタイミングと重なり，そのまま二人は別々に歩き出した。このように，確認された話題を共有する様子は前期のうちから見られていたが，話題への評価に相手が関心

を持たない場合に、対話がすぐ終わるという特徴が見られた。また、ちえとみおの二者間のみで対話が行われており、この場面にはすぐ近くに他児もいたが、第三者が対話へ入ってくることはなかった（Figure 11 左）。

また、前期には、事例20のように他児の保有物を確認する事例も見られた。

事例20　　　　　　　「みせて」「すすむもひろってー」　　　【前期】7月9日
　保育所への帰り道。あいが、梅のような緑色の実が2つ地面に落ちているのを拾って手に持っていた。すすむは、あいが実を拾うところから、その様子を見ていた。二人は近くを歩いていて、すすむはあいが立ち止まっている近くに来ると、自分も立ち止まって「みせて」とあいに言った（1）。あいは両手を背中の後ろに隠し、すすむより先に歩き出して、「すすむもひろってー」と言う（2）。すすむは、歩き出したあいの後ろ姿を黙って見ていた（3）。

　この事例は、散歩中にあいが緑色の実を見つけて拾ったところを、近くを歩いていたすすむが見ていて近寄り、「みせて」（1）と言った場面である。すすむは、歩くのがゆっくりで、散歩中は後尾の集団を歩くことの多い子どもであった。皆で同じ場所にいる場合は、他の男児と遊ぶことが多かった。そのすすむが、自分の前を歩いているあいの姿をじっと見ていて、実を拾ったことに関心を持ち、「みせて」と言った場面である。一方、あいにとって、日頃からよく遊んだり話したりする相手は、他の女児や活発な男児ひろしなどであった。そして、この場面でもすすむに自分の拾った実を見せてあげることなく、さっと背後に隠し、「すすむもひろってー」と言って去って行った（2）。それに対し、すすむは見ているだけであった（3）。このように前期には、自分の持っているものを「みせて」と言われるが、見せたくないという様子が見られた。一方で、同じ前期に、たつやがちえの持っている実を「みせて」と言い、ちえがそれを見せる場面も見られた。たつやとちえは散歩場面で先頭集団を歩くことが多く、よく一緒に遊んだり話したりしていたため、ちえはたつやに対して好意的な応答をしたと考えられる。見せるか否

Figure 11 事例19(左)と事例20(右)における宛先の方向

かは,その子ども同士の親密性も関係すると推察される。

このように,前期には,他児の保有物に関心を持ち,近寄って「みせて」と言って確認しようとする場面が見られた。宛先に着目すると,どちらの事例もすぐ近くに第三者がいなかったため,二者間の対話が行われていた(Figure 11 右)。

2. 他児の性別を確認し,二者間で対話を行う場面の見られた中期(1事例)

中期には,"確認する"事例は1事例が観察されたのみであった。この事例は,2歳児クラスと3歳児クラスが散歩中に合流し,かくれんぼをしていた場面である。はじめに保育者が鬼になり,慣れてきた頃に3歳児クラスのおとこのこ・おんなのこが順に鬼になり,その後に2歳児クラス(すもも組)のおんなのこが鬼になる番になった。

事例21　　　　　「みお,おんなのこ?」　　　　【中期】9月17日
　2歳児クラスと3歳児クラスが一緒にかくれんぼをしていた。周りには,かくれんぼ以外の遊びをしている子どもたちもいる。2歳児クラス(すもも組)の女の子全員が鬼をする番になった。みおはいち早く,鬼が10まで数える場所に来て,柱に手を乗せて目をつぶって待機している。ちえが後からやってきて,みおに「おーきーて」と言うと,みおが目を開ける。ちえがみおに「みお,おんなのこ?」と聞く(1)と,みおは「うん」と答え,また目をつぶった(2)。その様子を見ていた先生が「あれ,ちえ,なんて言ったー?」と聞き,ちえが「すもものおんなのこ」と答えると,先生が「そうだね」と笑顔で答えた。ちえは笑顔になり,みおのその横

第6章 "確認する"事例における宛先の広がり・話題の共有・話題への評価の共有　143

に立て，柱に手を添え目をつぶった。やがて，2歳児クラスの女の子が全員集まり，先生のかけ声とともに数え始めた。

　みおは鬼をやる気に満ちていて，2歳児クラスのおんなのこの番になると，いち早く柱のところへ行き，目をつぶって10を数える体勢になった。そこへ，同じく2歳児クラスのおんなのこであるちえがやってきて，みおに「みお，おんなのこ？」と確認する（1）。みおは「うん」と答え，すぐにまた目をつぶった（2）。この時期の子どもたちは，「おとこのこ」「おんなのこ」という言葉の意味を，徐々に理解しつつあった。先生がこの場面のように「おとこのこ」「おんなのこ」という言葉を用いてグループ分けをしたり，トイレに行く時に「おとこのこ」を立って用を足す便器に促したりしていたため，身近な言葉になりつつあった。この場面でも先生がすかさず「なんて言ったー？」とちえに尋ね，再確認させている。大半の子どもは自分がどちらなのかを理解しているようであったが，この頃には時折，先生が「おとこのこ，手ーあーげてー」と言うと，間違えて手を挙げる女の子もいた。また，自分のことは分かっても，他児がどちらにあてはまるかは分かるような分からないような状態であった。そのような状況で，自分のことだけでなく他児のことも気になり，上記のちえの発話がなされたと考えられる。

　このように，中期には，他児の性別を確認する場面が見られた。話題（おんなのこであること）を確認するだけでなく，言葉には現れていないが，話題への評価（おんなのこだから鬼のところにいることは適切であること）も暗に共有していると考えられる。また，宛先に着目すると，周りに多くの他児がいたが，それぞれに自分の場所への移動（すもものおんなのこであれば柱に集まること，それ以外であれば隠れること）に集中しており，ちえとみおの二者間の対話がなされたのみであった（Figure 12）。なお，ここでは先生がちえに話しかけて参入したが，みおはすでに対話を終えて，自分の世界に戻っていたため，二者間対話が終わった後に，先生とちえとの新たな二者間対話が起きた

Figure 12 事例21における宛先の方向

と解釈する。

3．他児の心情や行為の目的等，他児の内面に関心を持ち，二者間に加えて三者以上でも対話を行うようになる後期（6事例）

さらに後期になると，落ちていた靴を拾って誰の持ち物かを確認する場面（1事例）のほかに，他児の行為の目的を確認する場面（2事例）や，他児の心情を確認する場面（3事例）も観察された。他児の心情を確認する場面では，事例22のように，別の他児と協力して他児を助けようとする場面が見られた。

> 事例22　「だいじょうぶー？」「ひろし，おこしてあげて」　【後期】10月15日
> 　保育所近くの広い公園に池があり，その周りに作られた木板の遊歩道を歩いていた。真ん中の集団を歩いていたみおが転び，うつ伏せに倒れたまま泣いている。すぐ後ろを歩いていたちえが「だいじょうぶー？」と尋ねる（1）。みおは答えずに，泣き続けている。ちえは隣で一緒にみおを見ていたひろしに「ひろし，おこしてあげて」と言い（2），ひろしが「うん」と答えて，みおを抱き上げようとした（3）。すると，みおはひろしを睨みつけ，「ひっぱらないで！」と叫んで（4），再び泣き出した。ひろしは戸惑った様子でみおを見返す。ちえは困った顔でひろしを見て，すぐにその場を去り，ひろしもちえの後に続き，二人は前の集団の後を追って駆けて行った（5）。

　この事例は，散歩の途中でみおが転び，すぐ後ろにいたちえが「だいじょうぶー？」と言葉をかけたところから始まる（1）。みおが泣き続けているので，ちえは隣にいたひろしにみおを起こしてあげるように言い（2），ひ

ろしがみおを抱き上げようとすると（3），みおがひろしを睨みつけて「ひっぱらないで！」と叫ぶ（4）場面である。ちえは自らみおを抱き上げるのではなく，隣で見ていた第三者のひろしにみおを助けるよう求める。ちえはクラスの中でも早く生まれており，身体が大きく，日頃から遊びを主導することの多い子どもであった。一方のひろしは，冬生まれで身体の大きさはクラスの中では中くらい，自分よりも少し大きい他児を真似したり，一緒に遊ぼうと積極的に関わる子どもであった。この場面でも，ひろしはちえの言うとおりにみおを起こしてあげようとする。しかし，ちえとひろしが自分を助けてくれようとしているにもかかわらず，みおは苛立ちを押さえられず，ひろしを睨みつけ，叫んで拒否する。それに対し，ちえもひろしも困惑し，黙ってその場を去り（5），この場での対話は終わった。

　このように，後期になると，目の前に困っている他児がいる時に，隣にいる，その場を共有する第三者とも，話題や話題への評価を言葉にして共有し，困っている他児を助けようとする様子が見られた。宛先の広がりとして捉えると，Figure 13（左）のように表すことができる。

　散歩中には，身体能力の差があることもあり，この場面のみおのように他児に遅れないよう，足元の不安定な場所でも一所懸命歩く様子はたびたび見られる。そして，自分だけが転んでしまった時に，痛さだけでなく，悔しさや自分の行く道を邪魔した他児への憤り等が溢れ，他児が差し伸べてくれる手を素直に受け入れられないことがある。この事例はそのひとつであった。一方，ちえやひろしのように，後期には，他児が転んでしまった時に，積極的にその他児を助けてあげようとする様子も見られるようになった。自分のことだけでなく他児の心情も思いやることができるようになったと考えられる。しかし，この場面のように，思いがけず他児から拒否されてしまった時には，どう応答してよいかが分からず黙って去るというのも，この時期ならではの特徴であると推察される。

　また，同じく他児の心情を確認する場面で，事例23のようにそっと他児の

思いに寄り添う様子も見られた。

> 事例23　　　　　　　　　「こわい？」　　　　　　【後期】11月26日
> 　草が生い茂っている所の斜面を下りながら，ちえがおどけて「こわい，こわい」と言う（1）。後ろから歩いているみおが，隣のなおに「なお，こわい？」と聞き（2），なおは「こわくないよ」と答える（3）。ちえが「こわい，こわい」と同じ口調で言いながら下っていると，みおはさっとちえの横へ行き，ちえの手を取って（4），手を繋いで二人で坂を下りた。

　この事例は，散歩中に草が生い茂っている場所の斜面を，ちえの後にみおとなおが続くかたちで下りていた時に見られた場面である。ちえがおどけて「こわい，こわい」とリズムよく言いながら先頭を歩くと（1），すぐ後ろを付いてきていたみおが，隣を歩くなおに「なお，こわい？」と尋ね（2），なおは「こわくないよ」と答えた（3）。みおとなおのやりとりを背中越しに聞いていたちえは，再び「こわい，こわい」と言う。ちえは斜面を下りるスリルを楽しんでいて，そのスリルを「こわい，こわい」というリズム感のある言葉にすることで他児とも共有していたのであろう。しかし，前を歩くちえの表情は，みおには見えなかったようである。みおは平気そうに歩いており，自分は怖くないが，ちえは「こわい」と言っている，ではもう一人のなおはどうなのだろうと疑問に思ったのであろう。そして，なおは怖がっていないことを確認すると，みおはちえの元へ駆け寄り，手を繋いで（4）一緒に歩いて下りた。このように後期には，他児の心情を確認し，寄り添う様子が見られた。その際，言葉で「大丈夫だよ」と言うのではなく，そっと手を繋いであげることがちえの怖さを和らげるということを分かっており，実際の行動に出ていたと考えられる。必ずしも言葉にするのではなく，身体の接触という方法で他児の心情に寄り添うことができていることからも，日々ともに過ごす他児のために何かしてあげたいという思いが育っていることが読み取れる。なお，この点を事例22と比べると，事例22ではひろしがみおを

第6章 "確認する"事例における宛先の広がり・話題の共有・話題への評価の共有　　147

Figure 13　事例22（左）と事例23（右）における宛先の方向

抱き上げようとし，みおが拒絶するという場面が見られた。その時にみおが苛立っていたということだけでなく，みおはこの時に，ひろしではなくちえに助けてほしかったという思いがあったのかも知れない。特定の他児に対する愛着が芽生えつつある時期だからこそ，こうした場面が見られると考えられる。

　また，みおは「こわい，こわい」と言っているちえに聞くのではなく，なおに「こわい？」と聞いている。ちえと自分だけの二人だけの関係として捉えるのではなく，同じ場所でともに散歩を楽しんでいる第三者のなおにも関心を向けている。そして，「坂道を下るという行為」（話題）について，ちえが述べた「こわい」という評価について，みおはなおとも共有していた。事例22や事例23のように，後期には，目の前の困っている他児だけでなく，隣にいる，その場を共有する第三者とも，話題や話題への評価を言葉にして共有し，困っている他児を助けようとする様子が見られた。このことを宛先の広がりとして捉えると，Figure 13（右）のように表すことができる。なお，後期に観察された6事例中，二者間対話が3事例，三者間対話が2事例，さらに一対多（3名）の対話が1事例観察され，二者間対話のみが観察された前期・中期と比べると宛先の広がりが見られた。これらのうち，他児の心情を話題とする事例では三者以上の対話への広がりが見られたが，他児の保有物について，あるいは他児の行為の目的について確認する事例は二者間対話であった。このことから，後期には，前期や中期に見られなかった特徴として，他児の心情を話題とすることで近くにいる第三者も対話へ参入し，対話

を行うという点が示唆される。

4．本節のまとめ

　散歩場面では，前期には，散歩中に見つけた物が話題となっており，具体的には，自らが散歩中に見つけたものについて他児に知識を確認する事例と，他児が散歩中に見つけた物について「みせて」と言って確認する事例が観察された。他児の知識を確認する事例では，確認された話題を共有していたが，話題への評価に相手が関心を持たない場合に，対話がすぐ終わるという特徴が見られた。また，「みせて」と言って他児の保有物を確認する事例では，相手が保有物を隠してしまって見せない場面と，素直に見せる場面とが見られた。他児に自らの保有物を見せるか否かは，その子ども同士の親密性も関係すると推察される。宛先に着目すると，第三者が近くにいない場合も多かったが，近くに第三者がいた場合でも参入することなく，二者間の対話が行われていた。

　次に，中期には，"確認する"事例は1事例が観察されたのみであった。この事例では，他児の性別を確認する場面が見られた。この時期には「おんなのこ」「おとこのこ」という性による区分は，子どもたちにとって身近なものになりつつあったが，時折自分の性別を間違えたり，自分の性別は分かっていても他児の性別については不確かであったりする様子が見られた。そのため，この事例のように他児の性別を確認する発話が見られたと考えられる。なお，この事例では話題だけでなく，言葉には現れていないものの話題への評価も共有していたと考えられる。また，宛先に着目すると，周りに多くの他児がいたが，それぞれに自分のことに集中しており，二者間対話がなされたのみであった。

　さらに，後期になると，散歩中に見つけた物について確認するだけでなく，他児の行為の目的を確認する場面や，他児の心情を確認する場面も観察された。特に，他児の心情を確認する場面では，別の他児と協力して他児を助け

ようとする様子や，そっと他児の思いに寄り添う様子が見られた。このことは，この時期の2-3歳児が，他児が自分とは異なる意図や心情を持つ存在であることに気付き，自らが他児に積極的にかかわり，他児の困っている状況を良くしようとするようになることを示している。3歳頃までには，悲しんでいるお友達を安心させるための方法について，知識を保有するようになる（Caplan & Hay, 1989）という知見とも一致する。散歩場面においては，前期・中期にはこのような様子は観察されず，後期のみに観察されたことからも，この時期特有の子どもたちの発達の特徴が幼児同士の対話に現れていると言えよう。また，話題だけでなく話題への評価も言葉にして共有しており，宛先も二者間対話だけでなく，三者間対話や一対多の対話も観察された。より多くの他児とともに話題や話題への評価を共有しながら対話をする様子が見られた。

第5節　本章のまとめ

　本章では，食事場面および散歩場面における"確認する"事例の対話のあり方の変化を捉えるため，①宛先の広がり，②話題の共有，③話題への評価の共有という3つの視点に基づき，場面別・深層構造別・時期別に事例分析を行った。その結果を Table 16 にまとめた。食事場面，散歩場面いずれにおいても，話題の特徴によって，宛先の広がり，話題の共有や話題への評価の共有に異なる特徴が見られたため，それぞれの話題ごとに表にまとめた。
　食事場面・散歩場面いずれにおいても，時期によって多く見られる話題が異なり，宛先の広がりや話題・話題への評価の共有の仕方に変化が見られた。
　特に，話題と宛先の広がりの関係に着目すると，以下の特徴が示唆された。食事場面では，抽象的な話題（例えば，「○○（名前）いい？」「○○いちばん？」）の多い時期から，より具体的な物についての話題（例えば，フォークの持ち方や食材）の多い時期へと変化し，二者間対話の連続から，三者間対話

150　第Ⅲ部　集団での対話への参入と対話の維持発展

Table 16 食事場面（上）と散歩場面（下）の"確認する"事例に見られた宛先の方向，話題の共有，話題への評価の共有の仕方の変化

食事場面

話題	分析視点	前期(6-7月)	中期(8-9月)	後期(10-11月)
他児からの承認	宛先の方向	A児 ⇄ B児 C児 D児 E児 【二者間の連続】	A児 ⇄ B児 ↑ C児 【三者間】	A児 ⇄ B児 D児 ← C児 【三者間の連続】
	話題の共有	○	○	○
	話題への評価の共有	△	△	△
フォークの持ち方	宛先の方向	A児 ⇄ B児 (全員) C児 D児 E児 【全員に宛てる】	A児 ⇄ B児 ↑ C児 【二者間の連続】	A児 ⇄ B児 D児 ← C児 【三者間の連続】
	話題の共有	○	○	○
	話題への評価の共有	×	×	○
食材の名前	宛先の方向	—	—	A児 B児 C児 D児 (全員へ) ：【一対多の連続】
	話題の共有			○
	話題への評価の共有			○

散歩場面

話題	分析視点	前期(6-7月)	中期(8-9月)	後期(10-11月)
他児の保有物・属性・目的	宛先の方向	A児 ⇄ B児 【二者間】	A児 ⇄ B児 【二者間】	A児 ⇄ B児 【二者間】
	話題の共有	△	○	○
	話題への評価の共有	?	?	○
他児の心情等	宛先の方向	—	A児 ⇄ B児 【二者間】	A児 ← B児 C児 【三者間への広がり】 ／ A児 B児 C児 D児 【一方向】
	話題の共有	—	?	○
	話題への評価の共有	—	?	○

※「—」は事例がなかったこと，「?」は共有の有無を明確に判断できなかったことを示す。

への広がり，三者間対話の連続という宛先の広がりが観察された。また，前期のフォークの持ち方を確認する事例では，全員に宛てて応答する場面が，また，後期の食材の名前を確認する事例では，一対多のやりとりが連続する場面が観察され，話題の特徴によって宛先の広がりにも異なる特徴が見られることも示唆された。一方，散歩場面では，具体的な物についての話題（例えば，他児が散歩中に発見した物）が多い時期から，より抽象的な話題（例えば，他児の心情）が増える時期へと変化していた。具体的な物を話題とする事例では，全期を通して二者間対話のみが観察されたが，後期に見られた他児の心情を話題とする事例では，三者間対話への広がりや，困っている他児に複数名が一方的に話しかけて応答し合う場面が見られた。食事場面と同様に，話題の特徴によって，宛先の広がりに異なる特徴が見られることが示唆された。

　また，話題の共有と話題への評価の共有に関しては，以下の結果が得られた。食事場面では，話題については，全期を通して共有が認められたが，話題への評価については，抽象的な事柄（他児からの承認の確認）を話題とする事例では全期を通して，共有しているか否かが不明確であった。なぜならば，事例13で見たように，「いい」や「いちばん」という評価が，厳密に対象児が「良い」「一番」であることを表してはおらず，「いい」「いちばん」という言葉で応答を交わし合うこと自体に重きが置かれていたと考えられるからである。また，具体的な物（フォークの持ち方等）を話題とする事例でも，前期・中期には話題への評価を共有している様子は認められなかった。なぜならば，「こう」と示している持ち方が正しくないにもかかわらず指摘しなかったり，持ち方が正しいにもかかわらず指摘したりする様子が見られたためである。一方，後期になると，持ち方に正確に言及する等，話題への評価を共有している様子が認められた。このように，食事場面では，話題は全期を通して共有し，話題への評価は前期・中期には共有が認められず，後期に共有が認められた。一方，散歩場面では，前期に見られた具体的な物（他児の

保有物等）を話題とする事例では，話題を共有する前に他児がその場を離れて対話が終わる場面も見られ，必ずしも共有が認められなかったが，中期・後期には，話題の共有が認められた。また，話題への評価も，具体的な物を話題とする事例でも抽象的な事柄（他児の心情等）を話題とする事例でも，中期までは共有している様子は認められなかったが，後期には共有が認められた。なぜならば，中期までは，相手が言ったことにかかわらず，自分の言いたいことを繰り返す様子が多く見られ，他児の述べた評価をそれとして受け止めた上で自らの評価を述べているとは判断できなかったためである。このように，散歩場面では，前期には対話がすぐ終わるために必ずしも話題の共有が認められなかったが，中期以降は話題の共有が認められ，後期には，話題への評価の共有も認められた。以上より，食事場面・散歩場面ともに，後期になると，話題だけでなく話題への評価も共有して，対話していることが示された。

　以上のように，宛先の広がりと話題の共有，話題への評価の共有に着目すると，食事場面においても散歩場面においても，話題の特徴によって異なる特徴が見られたが，その中でも食事場面では，二者間対話から三者間対話，さらに多くの集団での対話への広がりが見られるのに対し，散歩場面ではほとんどが二者間対話で，後期に他児の心情を話題とする場合にのみ三者間対話への広がりが見られたという特徴が示された。確認するという行為は，他児にまつわる情報に関心を抱き，話しかけて対話を行うものであるが，同じ"確認する"事例でも，場によって確認しやすい話題があり，その話題によって，また時期によって対話への参入のしやすさが異なると考えられる。

　なお，散歩場面の分析結果から，以下の点も示唆される。前期の事例で見られたように，2-3歳期は，「自分のもの」という意識が高まり，簡単に他児に見せたくない，渡したくないという思いを抱くようになると考えられる。Hay et al. (1991) によれば，他児からおもちゃをちょうだいと言われた時に，24ヶ月児に比べて12ヶ月児の方がおもちゃを渡す（share）しやすいという。

実際，本研究の事例20のように，自分が見つけた物を「みせて」と言われて見せたがらなかったり，自分が作っている物について確認されて「やめてー」と関わらないでほしいことを述べたりする場面が少なからず観察された。日々同じ場所で過ごすのではない散歩場面だからこそ，散歩途中に偶然自分が見つけた，あるいは散歩途中に偶然自分が作り始めたという偶然性が，その子にとってのその物の価値を高め，他児に簡単に見せたくないという心理が働いたとも考えられる。一方で，自発的な共有（spontaneous sharing）は3歳までは安定した程度見られるという報告（Hay & Cook, 2007）もある。事例20と同じ前期には，同じように他児が持っている実を「みせて」と言って，他児がそれを見せようとするという場面も見られた。この2つの事例の違いを考えると，後者の事例では，両者とも同じ時期に生まれ，言葉を用いた対話を頻繁に行う相手であり，互いの信頼感が見られるのに対し，事例20ではそうではないという印象があった。3歳児クラス園児が他児との間に親密性を形成していく（高櫻，2013）という知見と合わせて考えると，2-3歳時期は，特定の相手との親密性を形成する前の時期であると考えられるが，相手との特別な親しみを感じているか否かで，相手への応答の仕方を変えている可能性が考えられる。本章の研究では事例数が少ないため，この点はさらなる事例収集を行い検討する必要がある。

　本章では，どのように対話を維持発展させているかという観点から，食事場面および散歩場面の"確認する"事例について，場面別・時期別の特徴を検討した。そこで，次の第7章では，同様の観点から，食事場面および散歩場面の"伝える"事例について検討する。

第7章 "伝える"事例における応答連鎖の維持・宛先の広がり・話題の展開

　本章では，食事場面および散歩場面で観察された"伝える"事例について，どのように対話を維持発展させているかという観点から，場面別・時期別の対話の特徴について検討する．具体的には，①応答連鎖の維持の仕方，②宛先の広がり，③話題の展開に着目し検討する．①応答連鎖の維持の仕方については，❶対話の維持を促すと考えられる「他児の応答を引き出しやすい応答」の使用，❷対話を円滑にし聞き手を話題に引き込む等の機能をもつ終助詞・間投助詞の使用について分析する．

第1節　本章の目的

　本章では，食事場面および散歩場面で，幼児同士が様々な事物について"伝える"事例について，対話のあり方がどのように変化するかを明らかにすることを目的とする．

　子どもは1歳の誕生日までに，他児との相互交渉において向社会的行動（prosocial behaviour）を始めると言われており，例えば，自らが関心を抱いた物を指さしたり，他児に見せたり，渡したりすることが報告されている（Eckerman et al., 1975）．2-3歳の時期には，さらに言葉の発達と相まって，自らが関心を抱いた事物について言葉を用いて他児に伝えるようになる様子が日々の保育の中でも見られる．特に，他者と対話する際，伝え合うこと，すなわち様々な事物や自分の経験等について話題を発展させながらおしゃべりを楽しむことは，対話を生じさせる大事な要素となる．そこで，本章では2-3歳児同士が，様々な事物について具体的にどのように伝え，応答し，

対話のあり方がどのように変化するかを検討する。

"伝える"事例の対話の成り立ちを支える要因の特徴については、第4章で媒介物の有無・話題の特徴・身体の位置について検討した。食事場面では、第4章のTable 11にも示したように、食具等の自分の所持品や食材、食事のマナー等、食事場面に特有の具体物を媒介して"伝える"事例が観察された。また、自分の経験や状況、予定等、目に見えない事柄について"伝える"事例も観察された。一方、散歩場面では、第4章のTable 12に示したように、道端の物や他児が散歩中に拾った物というように、散歩場面に特有の具体物を媒介して"伝える"事例が観察された。また、自分や他児の心情等、目に見えない事柄について"伝える"事例も観察された。このように、対話が生じる場によって、媒介物や話題が異なることを確認した。また、散歩場面の"確認する"事例では、中期・後期になると「寄り」すなわち他児に近寄って対話する事例や、「歩調」すなわち他児と歩調を合わせて対話する事例、また、「遠く」が観察された。上記で確認した媒介物・話題・身体の位置は、事例ごとの特徴として検討したものである。

さらに、どのように対話へ参入し対話を維持するかという観点から、第5章では応答連鎖の仕方について、表層構造としての模倣/非模倣の使用の変化に着目し検討した。食事場面の"伝える"事例では、前期に模倣が5割以上であったが、中期・後期には非模倣が8割以上であった。他児の発話を模倣することで叙述を行うことの多い時期から、他児の発話とは異なる表現で、いわば「自分らしい表現」を使って叙述を行う時期へと変化していた。一方、散歩場面の"伝える"事例では、前期に非模倣が9割以上、中期に非模倣が6割以上であったが、後期には模倣が5割以上になっていた。体力差や歩く速さ、走る速さの違いがあり、また思い思いに散歩を楽しむために言いたいことだけを言ってすぐに対話が終わることの多い時期から、体力差の縮まりに加え、歩調を合わせて、あるいは距離を超えて対話できるようになることで、模倣し合って対話を楽しむことが増える時期へと変化していた。このよ

うに，対話が生じる場によって，模倣が多く観察された時期や，模倣の果たした役割が異なることが示唆された。

以上のように，第4章では「対話の成り立ち」について事例単位の特徴を，第5章ではいかに「対話へ参入し対話を維持」させているかについて応答連鎖の特徴の変化について検討した。なお，伝え合うためには，話し手と聞き手が役割を交替しながら，自らの考えや経験等の情報を与え合い，聴き合い，応答し合うことが重要である。そこで本章では，第5章と同じく各事例の応答連鎖の特徴に着目する。第1章第3節で述べた①応答連鎖の維持のための❶「他児の応答を引き出しやすい応答」の使用と，❷終助詞・間投助詞の使用について分析する。また，対話の維持だけでなく，どのように対話を発展させているかについても検討する。その際，第1章第3節で述べた②宛先の広がり，③話題の展開について検討する。上記の①❶❷の量的な分析結果を踏まえた上で，②③の分析視点も加え，さらに子どもたちの思いや場の雰囲気等も考慮に入れて，各時期の特徴が表れている事例について質的に分析する。以上の手順を踏まえることで，"伝える"事例の特徴の変化が，より具体的な子どもたちの応答し合う姿を通して見えてくると考える。

第2節　方法

対象児，観察の期間・場面，観察記録の作成方法等は，第2章第1節で述べた通りである。また，収集した事例の時期別および深層構造別の分類の手順についても，第2章第2節で述べた通りである。分類した事例のうち，本章では"伝える"事例について，以下の手順で分析を行った。
①「他児の応答を引き出しやすい応答」の使用数（比率）の算出

本研究では，対象児らが，他児の発話に対しどのように応答し，互いの応答を引き出し合い伝え合っているかを検討するため，他児の発話に続く一連の応答を分析対象とした。そして，それらの応答のうち「他児の応答を引き

Table 17 「他児の応答を引き出しやすい応答」の機能別カテゴリー名・定義・例

カテゴリー名		定義	例
情報追加	自他の同異に関する情報追加	自分/他児も同じであることの表明，もしくは自分/他児は異なることの表明	・「なお，フォークもってるよ」→「あいも，フォークもってるよ」→……
	その他の情報追加	自他の同異に関する情報以外の情報の追加	・「おばけきた」→「ゴジラもきた」→…… ・「なお，フォークもってる」→「あいは，スプーンもってる」
質問		質問	・「おばけがきたよ」→「どこに？」→……
反論・否定		反論・否定（除・質問への返答としての否定）	・「われてるね」→「われてないよ」→……
指摘・注意		他児の発話（もしくは発話を伴う行為）に対する指摘・注意	「（指を2本立てて）すすむ，3さい」→「（指を3本立てて）ちがうよ，こうだよ」→……
その他		上記の機能以外で，応答必要性のあるもの（提案，勧誘など）	・「ももはやだ」→「なしにしたらいいじゃん」（提案）→…… ・「あとでおうちごっこしよう」（勧誘）→……

＊下線部はカテゴリーに該当する応答を，□は新たに追加された情報を示す。

出しやすい」機能を持つ応答を6つのカテゴリーに分類した（Table 17）。筆者ともう一名が独立に分類し，一致率は90.4％であった。不一致箇所は，協議の上決定した。

②終助詞「よ」「ね」「の」と間投助詞「ね」「さ」の使用数（比率）の算出

全発話（全対話開始発話＋全応答）について，本研究で多く観察された終助詞「よ」「ね」「の」と間投助詞「ね」「さ」の使用数（比率）を場面別・時期別に算出した。

③具体的な事例分析

①②の結果を踏まえ，各時期の特徴をよく表している具体的な事例を取り上げ，対象児らの思いや場の雰囲気等も考慮に入れ，場面別・時期別の特徴

第7章 "伝える"事例における応答連鎖の維持・宛先の広がり・話題の展開　159

を質的に分析した。なお、食事場面の一部の事例は第5章で取り上げた事例と重複しているが、分析視点や解釈の仕方が異なっている。

第3節　食事場面と散歩場面における"伝える"事例の対話のあり方の量的変化

1．「他児の応答を引き出しやすい応答」の使用の量的変化

まず、食事場面および散歩場面の"伝える"事例における「他児の応答を引き出しやすい応答」の使用の変化について、時期別に分析した。

1）食事場面における「他児の応答を引き出しやすい応答」の使用の量的変化

Table 17 のカテゴリー分類に基づき、食事場面における「他児の応答を引き出しやすい応答」の使用数（比率）を算出したところ、Table 18 のようになった。

「他児の応答を引き出しやすい応答」の内訳を見てみると、前期には、自他の同異に関する情報追加の発話が4割以上だが、中期・後期には減っていた。一方、自他の同異に関する情報以外の情報を追加する発話が、時期の経

Table 18　食事場面における「他児の応答を引き出しやすい応答」の使用数（比率；%）

時期＼種類	情報追加		質問	反論・否定	指摘・注意	その他	計
	自他の同異	それ以外					
前期（6-7月）	15(42.9)	7(20.0)	4(11.4)	3(8.6)	5(14.3)	1(2.9)	35(100)
中期（8-9月）	3(7.1)	16(38.1)	5(11.9)	9(21.4)	8(19.0)	1(2.4)	42(100)
後期（10-11月）	12(12.8)	47(50.0)	11(11.7)	12(12.8)	5(5.3)	7(7.4)	94(100)

※比率は、全「他児の応答を引き出しやすい応答」数に占める比率。

過とともに増えていた。また，質問は全期を通して1割程度を占め，使用頻度に変化はなく，反論・否定と指摘・注意は，時期による変化の特徴は見いだされなかった。これらの結果から，食事場面の2-3歳児同士の対話では，他児の発話に対し，自分や他児が同じ（もしくは異なる）という情報を伝える応答によって対話を維持することの多い時期から，それ以外の情報を追加することで対話を発展させる時期へと移行しつつあることが示唆される。また，質問はどの時期にも一定程度なされ，他児と理解を共有しようとしていることが示唆された。

　なお，各時期の全応答数は前期39，中期54，後期143であり，そのうち「他児の応答を引き出しやすい応答」の使用数（各時期の全応答数における比率）は，前期が35（89.7%），中期が42（77.8%），後期が94（60.3%）と比率が減っていた。そこで，「他児の応答を引き出しやすい応答」以外の応答の内容を検討したところ，中期・後期に，他児への同意（「そうだよね」や他児の「ダンゴムシとか」に対して「ダンゴムシもくるんだよねー」等）が増えていた。すなわち，時期を経るにつれ，他児の発話を一度受け止め，同意する応答が増えていた。このように，中期・後期には，「他児の応答を引き出しやすい応答」をするだけでなく，他児と対話する中で，他児への同意を表明して応答を維持する様子も見られた。

2）散歩場面における「他児の応答を引き出しやすい応答」の使用の量的変化

　Table 17のカテゴリー分類に基づき，散歩場面における「他児の応答を引き出しやすい応答」の使用数（比率）を算出したところ，Table 19のようになった。

　各時期の「他児の応答を引き出しやすい応答」以外の応答の内容を見ると，前期は，模倣（1応答）と，走り去った他児に「まってー」と呼びかけた応答（1応答）であった。中期は，模倣（4応答）と，話しかけてきた他児への

Table 19 散歩場面における「他児の応答を引き出しやすい応答」の使用数（比率；％）

時期 \ 種類	情報追加 自他の同異	情報追加 それ以外	質問	反論・否定	指摘・注意	その他	計
前期（6-7月）	0(0.0)	1(7.1)	0(0.0)	13(92.9)	0(0.0)	0(0.0)	14(100)
中期（8-9月）	0(0.0)	4(57.1)	1(14.3)	1(14.3)	0(0.0)	1(14.3)	7(100)
後期（10-11月）	1(20.0)	3(60.0)	1(20.0)	0(0.0)	0(0.0)	0(0.0)	5(100)

※比率は，全「他児の応答を引き出しやすい応答」数に占める比率。

「うん」という応答（2応答）であった。後期は，模倣（12応答）と，他児に同意し，情報追加等はせずに同様の内容を自分なりの表現で言う応答（6応答，例えばA児「あ，カラス！」→B児「カラスだ！」等，詳細は後述の事例34参照）であった。また，「他児の応答を引き出しやすい応答」の時期別の内訳をみると，前期には，反論・否定が9割を超えていたが，中期・後期は自他以外の情報追加が約6割と最も多かった。

なお，各時期の全応答数は前期16，中期13，後期23であり，そのうち「他児の応答を引き出しやすい応答」の使用数（各時期の全応答数における比率）は，前期が14（87.5％），中期が7（53.8％），後期が5（21.7％）と比率が減っていた。前期に9割弱と比率が高かった理由は，他児に反論する応答が13応答と多かった（うち12応答は，ひとつの事例で2名が，事実の正誤にかかわらず互いへの反論を6回ずつ繰り返したもの，詳細は後述の事例30参照）ためである。この1事例以外では，「他児の応答を引き出しやすい応答」以外の応答が多く見られた。中期・後期には，模倣が増えたとともに，中期には，他児の発話内容を認める「うん」という応答が見られ，さらに後期には，他児に同意し，他児と同様の内容を自分なりの表現で言う応答が増えていた。

3）まとめ

上記1）および2）の分析結果から，食事場面では，全期を通して全応答

に占める「他児の応答を引き出しやすい応答」の比率が高く，特に情報追加が多く，質問も全期を通して1割程度見られた。一方，散歩場面では，前期のみ「他児の応答を引き出しやすい応答」の比率が高かったが，1事例で互いへの反論を繰り返していたために比率が高くなっており，それ以外の事例ではほとんど見られなかった。

以上から，"伝える"事例では，散歩場面よりも食事場面において，「他児の応答を引き出しやすい応答」を使用することが多く，情報追加や質問を多く行うことで，対話を維持発展させていることが示唆された。

2．終助詞「よ」「ね」「の」・間投助詞「ね」「さ」の使用の量的変化

次に，食事場面および散歩場面の"伝える"事例における終助詞および間投助詞の使用の変化について，時期別に分析した。その際，本研究で多く観察された終助詞「よ」「ね」「の」，および間投助詞「ね」「さ」について検討した。

1）食事場面における終助詞「よ」「ね」「の」・間投助詞「ね」「さ」の使用の量的変化

食事場面について，全発話における終助詞「よ」「ね」「の」と間投助詞「ね」「さ」の使用数（比率）を算出したところ，Table 20 のようになった。

食事場面では，終助詞について見てみると，全期を通して「よ」の使用が最も多いが，時期を経るにつれ，「よ」「の」の使用が減り，「ね」の使用が増えた。乳幼児が母親との会話で使用する終助詞「ね」の分析によれば，終助詞「ね」には聞き手からの需要や共感を求めていることを表現する機能がある（Kajikawa et al., 2004）。このことからも，他児に受け入れられ，つながりたいという思いが読み取れる。また，間投助詞の使用頻度の変化を見ると，全期を通して「ね」が「さ」より多く，「ね」「さ」ともに増えていた。間投助詞を多用することで自分のターンを保持し，他児の注意を引きつけながら

第7章 "伝える"事例における応答連鎖の維持・宛先の広がり・話題の展開　163

Table 20　食事場面における終助詞「よ」「ね」「の」・
　　　　　間投助詞「ね」「さ」の使用数（比率；%）

種類と例 時期	終助詞			間投助詞	
	よ あるよ。	ね いるね。	の いいの。	ね ひろしね,	さ あとさ,
前期（6-7月）	22(47.8)	1(2.2)	8(17.4)	1(2.2)	0(0.0)
中期（8-9月）	25(39.1)	9(14.1)	8(12.5)	10(15.6)	1(1.6)
後期（10-11月）	41(26.5)	24(15.5)	7(4.5)	33(21.3)	9(5.8)

※比率は，全発話数（全対話開始数＋全応答数）に占める比率。

発話を続けようとしていたことが示唆された。

2）散歩場面における終助詞「よ」「ね」「の」・間投助詞「ね」「さ」の使用の量的変化

　散歩場面について，全発話における終助詞「よ」「ね」「の」と間投助詞「ね」「さ」の使用数（比率）を算出したところ，Table 21 のようになった。
　終助詞について見てみると，全期を通して「よ」の使用が最も多く，中期・後期と比率が減っていた。また，前期のみ「の」の使用が観察された。「ね」は中期に4割弱使用されており，他児に同意を求めたり，念を押した

Table 21　散歩場面における終助詞「よ」「ね」「の」・
　　　　　間投助詞「ね」「さ」の使用数（比率；%）

種類と例 時期	終助詞			間投助詞	
	よ あるよ。	ね いるね。	の いいの。	ね ひろしね,	さ あとさ,
前期（6-7月）	13(81.3)	0(0.0)	2(12.5)	0(0.0)	0(0.0)
中期（8-9月）	5(38.5)	5(38.5)	0(0.0)	0(0.0)	0(0.0)
後期（10-11月）	3(13.0)	2(8.7)	0(0.0)	1(4.3)	0(0.0)

※比率は，全発話数（全対話開始数＋全応答数）に占める比率。

りする様子が見られたが，後期には1割弱に減った。後期に「よ」「ね」の使用が大きく減り，また，「の」の使用が見られなかった背景には，対話を滑らかにし微妙なニュアンスを加える（佐竹・小林，1987）という終助詞の特性を必要としない，言い切り型の単語（例えば「つめてー！」や「いたかったー」）の模倣が多かったことが挙げられる。すなわち，自らの思いを伝えたり，他児の共感を得ようとしたりするのではない，伝える言葉そのものの模倣によって他児に同意し，対話を楽しむ様子が後期に見られた。一方，間投助詞の使用頻度の変化を見ると，後期に「ね」の使用が1発話見られたのみであった。このことから，2-3歳児同士の散歩場面での対話では，間投助詞を使用して自分のターンを保持し，他児の注意を引きつけながら対話を続けようとする様子はほぼ見られなかった。

3）まとめ

上記1）および2）の分析結果から，食事場面では，すべての終助詞（「よ」「ね」「の」）と間投助詞（「ね」「さ」）の使用が見られた。特に，終助詞「よ」「の」の使用が多い時期から，終助詞「ね」の増える時期へと変化していた。一方，散歩場面では，全体的に使用が少なかったが，前期に終助詞「よ」の比率が高く，徐々に減っていた。このことから，食事場面では終助詞を多用していたが散歩場面ではそうではなかったことが示された。また，両場面とも自分の主張をするだけではなくなり，特に食事場面では，中期・後期に他児に受け入れられ，つながりたいという思いが読み取れた。また，食事場面では間投助詞の使用も観察され，特に中期・後期に「ね」「さ」の使用が増加していた。一方，散歩場面では，間投助詞は後期に「ね」が1発話観察されたのみであった。このことから，食事場面では，特に中期・後期に自分のターンを維持し，発話を続けようとする様子が見られたが，散歩場面ではそうした特徴は見られなかった。

以上から，"伝える"事例では，散歩場面よりも食事場面において，終助

詞や間投助詞を多用して自分の態度を表現しながら，対話を維持発展させていることが示唆された。なかでも終助詞の使用の変化を見ると，食事場面・散歩場面いずれにおいても，自分の主張をすることの多い時期から自分の主張が減る時期へと変化していたが，特に食事場面では，自分の主張が減ると同時に他児とのつながりを志向することの増える時期へと変化していた。このように，食事場面では，散歩場面では見られなかった対話の特徴の変化が見られた。

第4節　食事場面の具体的な事例にみる"伝える"事例の対話のあり方の変化

　第3節の1．と2．の知見を踏まえ，食事場面の"伝える"事例の対話のあり方の変化について事例分析を行う。なお，事例中の下線部および括弧内の番号は対話を特徴づけている発話を，□は話題を展開している発話を，図中の──▶は発話の宛先の方向を示す。散歩場面についても同様である。

1．他児の発話に対し，自他の同異に関する情報を追加して伝え合う事例（前期）

　前期は，他児の発話に対し，自分や他児が同じ/異なるという情報を追加する応答が約4割（8事例中6事例）であった。その特徴をよく表しているのが事例24である。

事例24　　　　「なお，あかちゃんのとき，もってたの」　【前期】6月4日
　なおがフォークを持っている手を胸の高さに持ち上げて，「なおちゃん，あかちゃんのとき，もってたの（1）」と言った。すると，あいが「あいも，あかちゃんのとき，もってたの」と言い，みおも「みおも，あかちゃんのとき，もってたの」と言った。皆，少し得意げな表情をしている。再びなおが「なおも，あかちゃんの

とき，もってたの」と言い，あい，みおと続いた。そこへ，ちえが「ちえも，もってたの」と首を振りながら言い，ゆみなが「ゆみなもね」と言って，両手を頭の上に乗せて，首を左右に傾けて，近くで見ていた私の方を振り向き，おちゃらけたように笑った。それぞれに笑って，満足そうに食事を続けた。

この事例は，なおが提示した「なおちゃん，（フォークを）あかちゃんのとき，もってたの」（1）という話題について，他児が自分も同じであるという情報を順に伝えている場面である。4名の他児が対話へ参入し，それぞれの発話が対話へ参入している全員に宛てられている（Figure 14左）。同じ文章の名前部分のみを置き換えることで応答が容易になることがうかがわれる。「皆，少し得意げな表情」をしていることや，最後も「それぞれに笑って，満足そうに」していたことから，皆で同じであることを言い合い，楽しんでいるようであった。このように，自他の同異を伝えることで対話へ参入する場面が前期には多く見られた。

2．他児の発話に対し，新たな情報を追加して応答するが，対話が続かない事例（前期）

前期には，自他の同異以外の情報を追加し，対話する場面も見られた（8事例中4事例）。

事例25　　　　　「しんかんせん，すきだよ」　　　　【前期】7月9日
　ちえが豆腐を食べながら，突然「ちえ，とうふすきだよ（1）」と言った。誰も返事をせず，食事を続けている。ちえが「しんかんせん，すきだよ（2）」と言うと，今度は乗り物好きのひろしがちえを見て，「ひろし，のりものすきだよ（3）」と応じる。ちえは嬉しそうな笑顔で，「ぴーぽーと，のりもの，すきなんだよ（4）」と言う。すると，ひろしは再度「ひろし，のりものすきなんだよ（5）」と言う。少し沈黙すると，雨が降ってきた。先生が「雨降ってきたよー。早く食べなー」と言い，皆，食事に戻った。

ちえははじめ目の前にある豆腐を話題にし，皆に向かって自分が豆腐を好きであることを伝える（1）が，誰も応答しない。そこで，話題を新幹線に変える（2）。このクラスには，ひろしのように乗り物好きな子どもがいるため，話題を他児の関心に近付けることで他児の応答を引き出そうとしたと推察される。また，ちえは一度目は「しんかんせん」を話題とした（2）が，ひろしの「のりものすきだよ」という応答（3）を受け，「ぴーぽー」という新たな情報を追加した（4）。ちえはひろしに共感されたことが嬉しく，情報を追加して対話を継続しようとしたが，ひろしはちえへの共感を示すものの，繰り返し自分が「のりもの」を好きであることを伝えるだけで（3・5），自らの発話を変化させることはなかった。話題について深まることも新たな話題に展開することもなく，対話はすぐに終わった。また，他児も時折二人を見てはいたが，自ら発話して二人の対話へ参入することはなく，二者間対話から広がらなかった（Figure 14右上）。さらに，終助詞「よ」を多用していることから，この時期には自らの考えを他児に伝えることに重点を置いていたことが推察される。

　このように前期には，対話がすぐに終わったが，新たな情報を追加し対話を維持しようとする場面が見られた。他児との対話を行おうとする意欲が芽生えつつあることが示唆される。

3．他児の発話に対し，質問をし，返答に納得がいかなくても終わる事例（前期）

　さらに，事例26のように，他児が示した話題について質問をすることで，理解を共有しようとする場面も見られた（8事例中2事例）。

事例26　　　　　「ちがう，ふくしまのババ」　　　　【中期】7月9日
　昼食に，ひろしのおばあさんが福島から送ってくれた筍が入っていた。私が「今日の筍は，ひろしが持ってきてくれたんだって」と言うと，みんな「これー？」

「これー?」と言って,筍を持ち上げた。私がひろしに「ひろしのママが持ってきてくれたんだよねー」と言うと,ひろしは大きくうなずいて見せる。少しして,あいが自分の皿にのっていた筍をつまんで,しげしげと見た後に,ひろしに向かって筍を見せて「たけのこ,ひろしのママがもってきてくれたの?(1)」と尋ねた。ひろしは「そう,ふくしまのババ(2)」と答える。ちえが「ひろしのババ(3)?」と聞くと,ひろしは首を左右に振りながら「ちがう,ふくしまのババ(4)」と答える。ちえは「ん?」と少し首をかしげるようにしてひろしを見て(5),「ふくしまのババ?」と言葉を繰り返して尋ねると,ひろしは「そう」と大きくうなずく。そのやりとりを見ていた先生が,「ふくしまのババ!」とその言葉の響きに笑い,「ひろし,ありがとう,おいしかったって言っておいて!」とひろしに言う。ひろしは嬉しそうに「うん」とうなずき,食事を続けた。

　あいは,私の「ひろしのママが持ってきてくれたんだよねー」という発話を聞き,ひろしに「ひろしのママがもってきてくれたの?」と尋ねた(1)。わざわざ本人に尋ねているところに,ひろしとの対話を行おうとする思いが現れている。それに対し,ひろしは「そう」と肯定しながらも「ふくしまのババ」と言葉を変えて答えた(2)。「ひろしのママ」がその日の登園時に一緒に持ってきたことについて「そう」と答えながらも,筍を送ってくれたのは「ふくしまのババ」であるという思いが交錯し,この答えになったのだろう。これに対し,あいは聞き返すこともなく納得したように食事を続けていた。一方,ちえが「ひろしのババ?」と表現を変えて尋ねると(3),正しいにもかかわらず,ひろしは「ちがう」と否定し,「ふくしまのババ」と答えた(4)。これは,ひろしにとって「ふくしまのババ」という表現がおばあさんを表す固有名詞のようなものであるために生じた応答であると考えられる。ちえが「ん?」と首をかしげるようにひろしを見て(5),再度尋ねたことからも,ちえは納得できていなかった様子が読み取れる。しかし,最後は保育者の笑い声と「ありがとう,おいしかったって言っておいて!」という言葉でなんとなく楽しい雰囲気で対話が終わった。

　このように前期には,ある話題について他児の発話を十分に理解できなか

第7章 "伝える"事例における応答連鎖の維持・宛先の広がり・話題の展開　　169

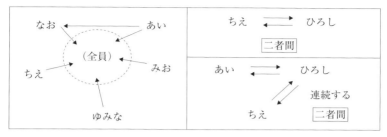

Figure 14　事例24（左），事例25（右上），事例26（右下）の宛先の方向

った際に，質問する様子が見られた。納得できていない部分があっても追究せずそのまま対話が終わるという特徴が見られたが，他児と理解し共有したい，対話したいという思いは表れていた。なお，宛先に着目すると，二者間対話が連続して生じていた（Figure 14 右下）。

4．他児の発話に対し，質問，新たな情報の追加などをし，話題を展開させて対話する事例（中期）

中期になると，事例27のように，一人が話題を展開し，そこへより多くの対象児が対話へ参入する様子も見られた（11事例中 1 事例）。

事例27　　　　　　　「ばかっていったひとは…」　　　　　【中期】9 月10日
　ちえが，けいを見て脈絡なく「おばけ，こわかったねー（1）」と言った。けいが「おばけ？（2）」と聞き返すと，ちえは「さき（先生）が，おばけきたよーっていってたね（3）。ね，さきが，おばけきたよーっていってたね，いってたよ（4）」と，朝の遊び時間に起きた出来事について言う。けいが「おばけとかいじゅうがきたんだよ（5）。おばけとかいじゅう」と言うと，ちえは「たしかにさ，おばけだけきたんだよ。きっと，かいじゅうはね，いないとおもったんだけどねー（6）。ばかっていったひとが，いっちゃったー（7）」と言った。すると，それを見ていたなおが「いっちゃったー（8）」と言って笑った。さらにちえが「ばかっていったひとは，かばとけっこんしちゃうよ（9）」と言うと，けいが「あのね，

まえね，けっこんしたの，けい (10)」と言う。ちえが「じゃあ，あいとひろしがけっこんするならー (11)」と笑顔で話し出すと，あいは怪訝そうにちえに向かって「しないよ (12)」と言う。ひろしは，ちえの言葉に一瞬笑顔になり何か言おうとしたが，あいの否定を受けて黙った。そこへ，なおがちえに向かって「なおは，けっこんやらないよ (13)」と真顔で言った。

　この事例は，ちえが次々と話題を展開させ，対話を主導している場面である。まず，その日の朝のおばけごっこのことを回想し「おばけ，こわかったねー」(1) と対話を開始した。みんなが共有している話題を提示することで，他児の応答が引き出される。けいが「おばけ」が何のことを指すのか聞き返すと (2)，どのような文脈で出た「おばけ」なのか情報を追加し説明する (3)。それに対し，けいは「おばけとかいじゅう」が来たと情報を追加する (5) が，ちえは「おばけだけきた」と反論する (6)。ちえはさらに話題を，おばけに向かって「ばかっていったひと」に変え (7)，「ばかっていったひと」は「かばとけっこんしちゃう」と展開する (9)。それに対し，なおが言葉の響きを面白がって「いっちゃったー」と言ったり (8)，けいが「まえね，けっこんしたの」と自分の空想上の経験を伝えたり (10) と，各々が気になった言葉に乗っかって応答し，対話を継続していく。さらに，けいが身近な経験として述べた「けっこん」の話題を引き継ぎ，ちえが「あいとひろしが…」と他児に話題を引き付け (11)，あいやなおが反論した (12・13)。このように，ちえが対話を主導し，互いに情報を追加しながら話題を次々と展開していく様子が見られた。連想ゲームのように前の発話の一部分を取り込み，次々と異なる話題へ展開する過程で，複数の対象児らがつながった。それぞれの話題の深まりは見られないが，多人数での対話を楽しむ様子が見られた。宛先の広がりに着目すると，二者間対話が連続して生じていた（Figure 15 左）。

　また，前期に比べ，伝え合うための言葉の使い方が巧みになった。例えば，

ちえの「いってたね，いってたよ」(4)のように，はじめは終助詞「ね」を使うことで，他児の共感を得ようとしたり，理解を共有しようとしたりしている。そして，共感を得られなかった際に，「いってたよ」と言い直し語調を強めている。さらに「たしかに」や「きっと」など自分の考えを伝えるために色々な語句を使い，日本語の使い方は誤っていても，自分なりに知っている言葉を駆使し，より思いの込められた発話をしている。また，間投助詞の「ね」が前期よりも多く使われ，ここにも対話を続けようとする思いが読み取れる。

事例27では連想ゲームのように次々と話題が展開していたが，中期には，事例28のように同じ話題を複数名が共有し，質問したり情報を追加したりしながら話題を展開し対話する場面も見られた（11事例中2事例）。

事例28　　　　　　「おばけのせかいにきたら……」　　　　【中期】9月10日

　ひろしがごはんを床にこぼし，椅子に座ったまま手を伸ばして拾うと，そのはずみで今度はフォークが床に落ちた。ひろしが「あ，おちちゃった」とつぶやいてフォークを拾うと，それを見ていたちえが「あのね，フォークおとすと，おばけがくるんだよ」とひろしに言い，さらに「すきまから，おばけがくるからね（1）」と言った。ひろしが「すきまから，おばけがきちゃったー（2）」と言うと，ちえは「え，おばけがきたの？（3）」と驚いたように聞いた。ひろしが再度「すきまから，おばけがきちゃったー」と言うと，ちえは笑顔で「おばけがきちゃうねー（4）」と言った。
　二人のやりとりを見ていたけいが「ゴジラもねー（5）」と笑顔で言うと，ひろしは真顔で「おしし※もきちゃう（6）」と言う。ちえが「おしし？」と聞き返すと，ひろしはうなずいて「そう，おしし」と言う。すると，けいは「なんか，へんなかおのねー，おばけがきたよ（7）」と言い，ちえが「どこに？（8）」と尋ねる。けいが嬉しそうに「おばけのせかいにきたら，おばけがたくさんきて，たべられちゃうよ（9）」と言うと，ちえは顔をこわばらせてけいをじっと見，けいが食べ物を口に入れると，ちえも食事に戻り，それを見ていたひろしも食事に戻った。
※正月に保育所に来る獅子舞のこと。

Figure 15 事例27（左）と事例28（右）における宛先の方向

　ちえははじめ，保育者が日常的に使っている言い回しを真似し，ひろしに注意を促した（1）。それに対し，ひろしは「おばけがきちゃったー」と言って，想像遊びを始める（2）。すると，ちえは驚き「え，おばけきたの？」と遊びの中へ引き込まれ（3），さらに「おばけがきちゃうねー」と同意すると（4），けいやひろしも「ゴジラもねー」「おししもきちゃう」と情報を追加する（5・6）。このように，他児の提示した話題に乗っかって応答する際，同意をしたり次々と情報を追加したりして，想像遊びの世界を広げながらおしゃべりを楽しむ様子が見られた。さらに，けいがより身近な経験として（この場で考えた想像遊びなのか絵本等で経験したことなのかは分からないが），「へんなかおのおばけ」が来たという話題に展開し（7），ちえがその話題に引き込まれ，ちえの質問（8）に対してけいが情報を追加して答える（9）というように，先の話題と関連させながら次の話題に展開する様子も見られた。宛先は，ちえとひろしの対話にけいが加わり，ひろしがけいに応答するというように，二者間対話が三者間対話へ広がっていた（Figure 15右）。

　このように中期には，前期と比べると話題を展開させながら対話することが増え，同意・反論・情報の追加など様々なかたちで応答し，他児との対話を楽しむ様子が見られた。また，二者間対話が連続して生じる，三者間対話へ広がる等，二者以上への広がりが見られた。

5．他児の発話に対し，反論，妥協案の提示などしながら，気持ちに折り合いをつけて対話する事例（後期）

後期になると，自他の主張の違いにこだわり，時には反論しながらも他児が提示した妥協案を受け入れ，折り合いをつけていく様子が見られた（13事例中4事例）。

事例29　　　　　「なしじゃなくて，りんごがいいんだよ」　　【後期】10月29日
　ちえが「ぶどーう，ぶどーう」と言うと，あいがちえを見て「なしー，なしー」と言った。この時は，果物は何も目の前にない。さらに，なおが二人を見て「りんごー，りんごー」と言った。あいが「なしー，なしー」と繰り返すと，なおはあいの肩をポンポンと叩きながら，「なしじゃなくて，りんごがいいんだよ（1）」と真顔で言った。あいが「やだ，なし（2）」と答えると，なおは自分の皿を見ておかずをフォークに乗せながら，「なおはね，なおは，りんごしかやなんだよ（3）」と言って，口にフォークを運んだ。あいは，真顔でなおをじっと見る。今度はちえが「わたしは，ぶどうとなしだよ（4）」と言うと，あいはちえを見て「あいちゃんは，りんごとなしなの！（5）」と言い返した。すると，ちえは笑顔で「いいじゃん，いっしょに，りんごとなしとぶどうにしたらいいじゃん（6）」と提案し，あいも大きな声で「りんごとさ，ぶどうにしよう！（7）」と応じた。ちえが「うへへへへ（8）」と笑い，あいも「りんごとぽほほほほ（9）」と言って笑う。それを見ていたけいも頭を左右に揺らしながら「びびびびび（10）」と言い，三人で楽しそうに笑っている。すると，なおがフォークを持った手で，ダメダメと注意するように空を切り，険しい顔つきで三人を見た。ちえとけいはちらっとなおを見るだけで応じず，何やら違う話を始めた。あいが二人に向かって「ねぇねぇ，きいて！きいて！ちょっとさー」と話しかけるが，相手にされず黙った。やがて皆黙って食事に戻った。

　ちえ・あい・なおの三人は，果物名を同じイントネーションで言う言葉遊びをしていた。しかし，なおはあいの言った果物でなく自分の言った果物がいいと主張し（1），あいが拒む（2）ところから対話が展開する。どちらも

自分の言った果物がよく，表情がこわばっていた。そこへ，ちえが自分の「ぶどう」にあいの「なし」を加えて，落ち着いた口調で「わたしは，ぶどうとなしだよ」と言うと（4），あいは気色ばみ，なおの「りんご」を加えながらも，ちえの「ぶどう」ではなく自分の「りんご」を強調し，「あいちゃんは，りんごとなしなの！」（5）と言い返した。それぞれに自分の考えを曲げられないという思いが，終助詞「よ」や「の」の使用にも現れている。すると，ちえが笑顔で「いいじゃん，いっしょに，りんごとなしとぶどうにしたらいいじゃん」と3つを合作した妥協案を提案した（6）。それに対し，あいも自分の「なし」をやめて（もしくは自分が何をはじめに言ったか分からなくなったのか），ちえとなおが言った「りんご」と「なし」にしようと応じ（7），楽しい雰囲気に変わった。そのまま，ちえ・あい・けいが言葉の響きを楽しむ言葉遊びに変わった（8・9・10）。

　このように，他児の主張を拒み反論することで緊張した雰囲気になっても，別の他児が妥協案を提示しそれを受け入れることで折り合いをつけ，楽しい雰囲気に戻る様子が見られた。前期の事例24と比べると，自分の好きな物を他児へ伝えるという似た内容の場面でも，時期を経ると，その特徴が大きく変化している。また，宛先の広がりに着目すると，三者間対話が継続していた（Figure 16左）。

　一方，なおはあいやちえの提案を受け入れることができず，言葉遊びを始めた三人を注意し険しい表情をしていることからも，最後までつまらない気分でいたことがうかがわれる。そのため，ちえ・あいとの三者間対話に興じられなかったが，泣き出したりすることもなく，諦めて対話から抜け出すことで気持ちを落ち着けて食事を続けていた。

　このように，後期になると，自他の主張が食い違った際，誰かが妥協案を提示すればそれを受け入れることで楽しい雰囲気に戻ったり，どうしても受け入れたくない場合は自分が身を引いて気持ちの安定を保ったりするように，自分の主張ばかりでなく他児との折り合いをつけながら対話するこ

ともできていた。

6．他児の発話に対し，次々と新たな情報を追加し，話題を展開しながら対話する事例（後期）

　さらに，後期には，事例30のように他児の発話に関連させながら次々と自分の経験を思い起こし，伝え合っていた（13事例中4事例）。

事例30　　　　　　「あのね，このまえね，……」　　　【後期】11月12日
　隣の3歳児クラスのテーブルで箸を床に落とした子どもがいた。先生がその子に「ちゃんと拾わないと，（床の隙間から）ナメクジきちゃうよ（1）」と言うと，ちえが「あのね，えっとね，アリンコもきっとね（2）」と同じテーブルの子どもたちに向かって話し始める。すると，あいも「ねぇねぇ，あのね，アオムシも（3）」と言い，さらにちえがイモムシの名前を出す。すると，今度はひろしが「まえね，ひろしのおうちにね，あのね（4）」と話し始め，それを見ていた先生がうなずく。ちえも先生の名前を呼んで注意を引こうとするが，先生はひろしを見ている。ひろしが「あのね，ナメクジいたんだよ（5）」と話し終えると，今度はちえが「きいて！あのね，このまえ，おとうさんとおかあさんがいなかったねー（6）」と言う。突然話題が変わり先生は一瞬戸惑うが，すぐに「あ！運動会の時ね」と応じる。すると，あいも「うんどうかいのときねー（7）」と話し始めるが，ひろしがすぐに「おにけんばい[※1]のとき，あいちゃん（8）」と言葉を重ねて言い，あいとひろしは互いに目を見てうなずき，「ねー」と言い合う。そして，あいが「あいちゃん，パパきたんだよー（9）」と言い，ひろしが「でもね，でもね，こわいね，おにけんばいのね，えっとね（10）」と続けると，あいが「おにだよ！」と言う。ひろしが「おにけんばいは，おにだよね」と応じると，それを見ていたなおが「おにけんばいは，おにだけど，あいのパパだからだいじょうぶ（11）[※2]」と言う。ひろしが「ひろしもね，ママにだっこしてもらってね，こわかったからね，えっとね（12）」と話し続けると，今度はみおが「みおね，おにけんばいのときね，こわかったから，ないちゃった（13）」と言い，笑いながら「おにけんばいね，ちょっとだけみたの」と言った。子どもたちは他児が話している間は互いに見ていたが，先生が「食べないともらっちゃうよー」と言うと，子どもたちは慌てて食べ物を口に入れた。
※1　大人が鬼の仮面をつけて踊る出し物。

※2　運動会当日，あいの父親がおにけんばい役をした。

　この事例は，2歳児クラスの先生と隣のテーブルの子ども（3歳児クラス）との対話を聞いたちえの発話から始まった。ちえとあいは，箸を落とした時に床の隙間から来る虫について，「アリンコも」「アオムシも」と追加して対話を続けた（1・2）。一方，ひろしは，先生の言った「ナメクジ」から連想し，前に家にナメクジがいたことについて発話し参入した（3）。三人とも「あのね，あのね」と必死に自分へ注意を向けさせようとしている。ひろしが話し終えると，今度はひろしの「まえね」という言葉から連想し，ちえが「このまえ」自分の父母がいなかったと話し始める（4）。これまでの虫の話から一転，自分の親の話になったため，一瞬戸惑った雰囲気になったが，先生はすぐに「運動会の時ね」とちえの発話を補てんしてくれた。それを聞いたあいが「うんどうかいのときねー」と自分の思い出したことを話し出そうとし（7），ひろしが運動会の出し物のひとつであった「おにけんばい」について話し出し（8），ふたりは互いに了解したかのように「ねー」とうなずき合った。その内容が，鬼役をしていたあいの父親についてであることは，この後の対話から分かってくる（9以降）。運動会という共通の経験が話題になり，子どもたちは思いがあふれるかのように，次々と応答した。さらに，ひろしが「こわい」存在の「おにけんばい」のことを話し続ける（10）と，なおがあいの父親であるから大丈夫だと言い（11），ひろしが「こわかったから」母親に抱っこしてもらったと話題を展開する（12）と，同じく怖い思いをしたみおも「ないちゃった」けれど「ちょっとだけみたの」と自分の経験を伝えた（13）。

　話し出しに「あのね」と言い注目を集めようとしたり，自分の言いたいことを十分に伝えられるよう間投助詞の「ね」を多用したりしていることから，他者の注意をより長く引きとめようとしていることが読み取れる。このように後期には，自分の経験やその時の思いを他者に伝えたくて，次々と情報を

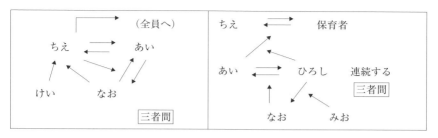

Figure 16 事例28(左)と事例30(右)における宛先の方向

追加しながら，言いたいことを言い終えるまで話し続ける様子が見られた。他者に聞いてもらうことが嬉しくて仕方がない様子であった。

　また，連想ゲームのように話題が次々と展開した事例27とは異なり，この事例では対象児らが同じ話題を共有し，それについて前の発話と関連づけて自分なりに新たな情報を追加しながら話題を展開していた。宛先の広がり方も，はじめの三者間対話へ他児が参加し，次の三者間対話へ発展するというように，三者間対話が連続して生じていた（Figure 16右）。前期・中期と比べ，後期にはより多くの参入者により対話が維持され，話題について深め，展開していた。また，他児とは異なる自分の考えや経験を，他児に伝えようとする様子が多く見られた。

7．本節のまとめ

　食事場面の"伝える"事例では，前期には，他児の発話に対し，自分や他児が同じ/異なるという情報を追加することで応答し，対話へ参入するという特徴が見られた。話題について深めたり展開したりする様子はあまり見られなかったが，自他の同異以外の新たな情報の追加や質問も見られ，他児と対話したいという意欲が芽生えつつあることがうかがわれた。こうした対話の特徴と相まって，複数名が全員に宛てる対話や二者間対話，連続する二者間対話が生じていた。

中期になると，ひとりが連想ゲームのように次々と話題を展開し，他児が同意・反論・情報の追加など色々なかたちで対話へ参入するというように，複数名での対話を楽しむ様子が見られた。言葉の使い方も前期と比べると巧みになり，自分なりに知っている言葉を駆使して，自分の思いを相手に伝えようとしていた。こうした対話の特徴と相まって，連続する二者間対話に加え，三者間対話へ広がる場面も見られた。

さらに後期になると，他児の発話に関連付けて自分なりの新たな情報を追加し，さらに関連する話題に展開するというように，話題の深まりや展開も見られた。また，自他の主張が食い違った場合に誰かが妥協案を提示しそれを受け入れる，自分が身を引いて気持ちの安定を保つというように，他児との折り合いをつけながら対話していた。他児からの同意を求める終助詞「ね」や自分のターンを保持する間投助詞「ね」を多く使う，他児の注目を喚起する「あのね」を何度も言うなど，自分の考えや経験を他児に伝えたくて仕方がないという様子も見られた。こうした対話の特徴と相まって，三者間対話に別の他児が参入して次の三者間対話へ発展するというように，三者間対話が連続して生じていた。

第5節　散歩場面の具体的な事例にみる"伝える"事例の対話のあり方の変化

　第3節の1．と2．の知見を踏まえ，散歩場面の"伝える"事例の対話のあり方の変化について，食事場面と同様，具体的な事例分析を行う。

1．他児の発話に対し，互いに反論・否定し続けるのみで，最後に泣き出して対話が終わる事例（前期）

　前期は，事例31のように，反論し合うだけで言い合いが平行線を辿るだけという場面が見られた（3事例中1事例）。

第7章 "伝える"事例における応答連鎖の維持・宛先の広がり・話題の展開　179

事例31　　　　　「われてるよ」「われてないよ」　　　【前期】6月12日
　原っぱで遊んでいる時に，みお，ひろし，なおの三人が，柵をつなぐ鎖に寄りかかり，「ぶらーん，ぶらーん」といい動きながら遊んでいた。ふと，ひろしが遠くの柵の足元を見て，「あれ，われてるの」と言った（1）。見ると，十メートルほど離れたところに立っている∩型の柵が，片方の足が折れており，もう片方の足で立っている状態であった。すると，なおが「われてないよ」と反論した（2）。ひろしが「われてるよ」（3），なおが「われてないよ」（4）と三度ずつ言い合い，さらにひろしが「われてるよ」と言うと，なおは「われてないよ？」と語尾を上げて言い返した（5）。ひろしは「われてるのー！」とむきになり（6），なおも「われてないよ！」と声を荒げた（7）。ひろしは堪えきれず，「われてるの〜」と泣き出した（8）。みおは，隣で黙って二人の様子を見ているだけだった。

　芝生の広場を通りかかり，ひろし・なお・みおの三人が，広場に並んでいた∩字型の柵をつなぐ鎖に寄りかかって遊んでいた。ひろしが，離れたところにある柵を見て，「あれ，われてるの」と言うと（1），なおが「われてないよ」と反論する（2）。互いに三度ずつ反論し合い（3・4），なおが「われてないよ？」と語尾を上げて言うと（5），ひろしは自分の意見が相手に受け入れられないことに堪えきれず，「われてるのー！」と言い（6），さらになおが声を荒げて反論する（7）と，ついにひろしが泣き出した（8）。互いに自分の主張を譲ることができず，最後は片方が泣き出して終わるという場面であった。

　ひろしもなおも，自分と他児の意見が対立した場合に，譲ることができなかったこと，また，どちらが正しいかを柵の近くまで行って確認しようとはしなかった。この場面では，柵が「われてる」か「われてない」かの言い合いであったため，実際に見に行ってどちらが正しいかを確認することはできたはずである。しかし，互いに反論し合うことに必死になり，ひろしはなおに反論され続けたことで感情を抑えることができなくなり，また，なおは意地を張って最後までひろしに反論し続け，並行線を辿っただけであった。

180　第Ⅲ部　集団での対話への参入と対話の維持発展

Figure 17　事例31（左）と事例32（右）における宛先の方向

　2-3歳児であるため，他者の視点で物事を考えることは難しく，また自分の主張を繰り返す以外の方法が思い浮かばなかったと考えられる。その際，終助詞「よ」が多用されていることからも，自らの意見を主張することに重点が置かれていたことが読み取れる。また，言葉を補う，なぜそう思うかの情報を加えて伝える，あるいはなぜそう思うかを相手に尋ねるというように，言葉を様々に使って応答の仕方を工夫する様子は見られなかった。よって，話題が展開する様子も見られなかった。また，宛先に着目すると，この場面では，すぐ隣に第三者のみおがいたが，みおは二人の様子を見ているだけで，対話に参入することはなかった（Figure 17左）。

2．他児と対話したいが，他児が走り去ってしまい対話を続けることができない事例（前期）

　同じく前期に，事例32のように，遠くにいる他児に話しかけるが，他児が走り去ってしまい対話が続かない場面が観察された（3事例中2事例）。

事例32　　　　　　　　「くるまがきたー！」　　　　　　【前期】7月9日
　近くの店で荷降ろしを済ませた大きなトラックが，私たちのいる方とは反対側に向かって，ゆっくりと走り出した。それを見たたつやが，「くるまがきたー！」と私たち最後を歩く4人に知らせに来た（1）。ひろしもたつやの後を追って戻ってきて，「くるまがちたよ」と教えにくる（2）。そして，トラックが向こうへ行ってしまったのを確認し，私の「うん，もう大丈夫だね」という言葉を聞くと，たつやがまたロケットのように走り出した。ひろしは，先に走り出したたつやの背中に向

第 7 章 "伝える"事例における応答連鎖の維持・宛先の広がり・話題の展開　　181

> かって「まってー」と呼びかける（3）が，たつやは2，3度振り返りながらもひたすら走っていく（4）。ひろしは「たっちゃん，まってー，まってー」と言いながら，必死で走っていく（5）。その後ろを，すすむはゆっくりとマイペースに歩いている。少し疲れているようだ。

　この事例は，散歩中に大きなトラックが来たことに気付いたたつやが，後方を歩く4人に（おそらく，その中で唯一大人であった筆者に宛てて）「くるまがきたー！」と教えに来て（1），それをひろしが真似て「くるまがちたよ」と言いに来た（2）ところから始まった。ひろしは，たつやと同じように走って来て，同じように4人に話しかけている。そして，筆者の「うん，もう大丈夫だね」という言葉を聞くと，たつやが走りだし，ひろしも置いていかれないように「まってー」と叫びながらたつやを追いかけて行った（3・5）。それに対し，たつやは数回振り返るが，ひろしを待つことなく先に走って行った。この場面では，ひろしのたつやと「ともに」散歩したいという思いが読み取れる。そのため，たつやが言った言葉や行動を模倣し，たつやが走りだすとひろしも追いかけていた。しかし，たつやはひろしのことを数回見るものの，ひろしの思いを受け止めて待つことはなかった。このように，他児とともに対話したい，他児とともに散歩を楽しみたいという思いから他児に話しかけるが，すぐに相手が走り去ってしまい，対話がすぐに終わるという場面が見られた。他児と対話しようとする様子は見られたが，話しかけられた他児の関心を引きとめることができず，結果，それぞれに走って行くだけという場面であった。よって，話題の展開もほとんど見られなかった。また，宛先に着目すると，たつやが最後を歩く4人（おそらく主に筆者）に話しかけ，それを模倣してひろしが4人に話しかけ，筆者がまとめて二人に応答するというように，二者間対話が連続して生じていた（Figure 17 右）。
　以上のように前期には，近くで対話していた場面では，互いに自分の主張を繰り返すだけで，意見の対立を解消することができず，最後は片方が泣い

て対話が終わっていた。また，他児に話しかけても，他児がすぐに走り去ってしまい，対話が継続しなかった。このように，散歩場面では，前期には2-3歳児同士の対話が維持発展する様子が見られなかった。また，対話が三者以上に広がる様子は観察されなかった。

3．他児の発話を聴き，近付いて対話へ参入するが，相手の応答を得られず対話が終わる事例（中期）

　中期になると，他児の発話を聞き，同様の話題について，言葉を変えて発話するという場面が見られた（4事例中3事例）。例えば，事例33は，ひろしがあいに向けて行った言葉を聞き，たつやもあいに話しかけていた場面である。

事例33　　　　　　　　「あかくなるんだねー」　　　　　【中期】8月13日
　一人ひとつずつペットボトルやビニール袋を手に持ち，水を入れ，道端で摘んだ花を入れて振ったり揉んだりして色水を作っていた。水道の近くへ行くと，あいが，ペットボトルに入った真っ赤に染まった色水を，無言で私に見せにきた。すると，近くにいたひろしが「みて，ひろくんのもきれいだよ，みどりのがきれいでしょ」と言って，自分のビニール袋をあいに見せる（1）。あいは，じっとひろしのビニール袋を見る。そこへたつやがあいの後ろからやってきて，あいのペットボトルを見て「あかくなるんだねー」と言う（2）。あいは，今度たつやをじっと見たが何も答えなかった。

　この事例は，散歩中に花や葉を摘み，持ってきたビニール袋やペットボトルに入れて，色水を作っていた時に観察された場面である。あいがペットボトルに入れた赤い花と，真っ赤に染まった水を筆者に見せに来た。その様子を見ていたひろしが，あいに向かって「みて，ひろしくんのもきれいでしょ」と自分のビニール袋に入った色水を見せに来る（1）。ひろしのビニール袋には，緑色の葉っぱが入っていて，太陽の光で葉っぱの色が反射して，

水がうっすらと緑色に見えていた。ひろしは，あいのペットボトルの色水が赤いのを見て，それとは異なる自分の色水（緑色）を見せている。それに対し，あいはじっと見るだけであった。その様子を見ていたたつやが，今度はあいの後ろから近づいてきて，あいのペットボトルを見て「あかくなるんだねー」と言った（2）。今度は，たつやはあいの色水そのものを話題としている。もともとあいは筆者に自分の色水を見せていたため，たつやがあいの色水を話題にしたことは嫌なことではなかったと推察される。しかし，あいは何も答えなかった。そして，そのまま対話が終わった。

この場面では，あいの色水に対して自分の色水を話題としたひろしと，あいの色水そのものを話題としたたつやによる，あいへ宛てた発話が観察された。ひろしは，「ひろしくんのも」の「も」からも分かるように，あいの色水に関心を寄せた上で自分の色水について述べている。一方，たつやはあいの色水そのものを話題としていた。あいが筆者に色水を見せた様子や，ひろしがあいに話しかけた様子を見ており，筆者に色水を見せたあいの思いをくみとって，敢えて話題をあいの色水にしたと考えられる。たつやは散歩場面で，他児に関心を向けることが多く，他児の行動の目的を尋ねる様子や，他児が「みて！」と言ったものに対してすぐに反応を示す様子が観察されていた。この場面でも，たつやはあいの思いをくんで，話題をあいの色水に戻し，「あかくなるんだねー」と述べて，自分があいの色水に関心を持っていることを伝えたかったと推察される。また，終助詞「ね」の使用から，あいの色水が赤くなったことへの同意を示していたことも読み取れる。しかし，あいはどちらにも応答せず，話題が展開することもなかった。

このように中期には，他児の思いに寄り添う言葉かけが見られた。しかし，その思いが必ずしも相手には伝わらず，対話が維持していなかった。また，他の事例でも，他児の発話を聞いて自分なりの考えを伝えて応答する場面が見られたが，1，2回応答し合うと，すぐに対話が終わっていた。しかし，前期にはほとんど見られなかった話題の展開が，中期には少し多く見られた。

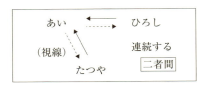

Figure 18　事例33における宛先の方向

なお，事例33では，あいの応答は言葉を伴っていないが，無視するのではなく，見返すという応答をしていたと考えると，宛先について以下のように読み取ることができる。すなわち，ひろしからあいへ宛てた発話（とあいからひろしへの見るという応答）と，ひろしの発話を受けた，たつやからあいへ宛てた発話（とあいからたつやへの見るという応答）という，二者間の対話が連続していた（Figure 18）。中期には，他には二者間対話が観察され，幼児同士の三者間対話への広がりは見られなかった。

4．一ヶ所に集まり，他児の発話の模倣，新たな情報追加，質問等，それぞれの仕方で応答し合い対話を楽しむ事例（後期）

さらに後期になると，事例34のように，それぞれに表現を変えながら，同一の話題について伝え合う場面が見られた（6事例中3事例）。

事例34　　　　　　「こんなところにいるのは……」　　　【後期】10月15日
　散歩していたら，カメが水槽に入って置いてある建物の前を通った。先頭を歩いていたちえが，水槽の前へ行ってしゃがみ，「かめさーん？」と大きな声で言った（1）。すると，後ろを歩いていたひろしがちえの隣にしゃがみ，同じ口調で「かめさーん？」と言う（2）。
　続いてなおが来て，二人の後ろから大きな声で「こんなところにいるのは，もうやだ！」と叫ぶ（3）と，ちえが同じように「こんなところにいるのは，もうやだ！」と言う（4）。そこへみおがやってきて，なおとちえに向かって「なんでこんなところにいるの？」と尋ねる（5）。さらにゆみもやってきて，「こんなとこ

ろにいるのは、やだー！」と大きな声で叫ぶ（6）。ちえも「やだー！」と言って（7）、皆で笑っていると、遅れて歩いてきた子どもたちも到着し、また歩き出した。

　この事例は、散歩中にカメが水槽で飼われているのを見つけ、次々とそこへ集まって、言いたいことを表現を変えて言っていた場面である。この場所はすでに何度か通っており、前にもこのカメを見たことがあった。まず、カメを見つけたちえが、「かめさーん？」と大きな声でカメに話しかけた（1）。その後を他児らが続々と歩いてきて、ひろし・なお・みお・ゆみなの順に加わっていく。ひろしは、ちえと同様に「かめさーん？」とカメに話しかけた（2）。一方、その後に来たなおは、「こんなところにいるのは、もうやだ！」とカメの心情を代弁するかのように言い（3）、それを聞いたちえも、真似して同じ言葉を言った（4）。すると、なおとちえの言葉を聞いたみおがやってきて、「なんでこんなところにいるの？」とカメになのか、なおとちえになのか尋ねた（5）。そこへすぐにゆみながやってきて、「こんなところにいるのは、やだー！」と再びカメの心情を代弁するかのように言い（6）、なおもちえもみおの質問に答えることなく、ちえが「やだー！」と言って（7）、皆で笑って、この場の対話が終わった。

　この場面では、ひろしがちえの「かめさーん？」という言葉を模倣したり、ちえがなおの、また、ゆみながちえの「こんなところにいるのは、（もう）やだー！」という言葉を模倣したりと、他児の発話を模倣して同意する様子が見られた。一方で、みおが、なおとちえの「こんなところにいるのは、もうやだ！」という発話を聴き、「なんでこんなところにいるの？」とカメの心情に対する質問を述べている。このみおの応答は、なおやちえの発話内容を踏まえ、さらに自分の考えを発展させて述べたものである。このように、他児の模倣、あるいは他児の発話内容から連想した考えを述べて、次々と応答を連鎖させる様子が見られた。その中で、話題がカメへの呼びかけからカメの心情の代弁、その理由への問いかけというように、関連しながら展開し

ていた。また，宛先に着目すると，皆がカメに宛てながらも他児に宛てた応答をし，三者以上で対話を行っていた（Figure 19左）。

　以上のように後期には，同一の話題について表現を変えながら考えを伝え合い，複数名で話題を共有し，展開して対話を楽しむ様子が見られた。事例34では，模倣も見られたが，上記のように他児の発話を受けて自分なりの考えを伝える様子が他の2事例でも見られた。

5．走りながら発話する他児に同意し，他児を追いかけながら，情報追加等せずに同じ内容を自分なりの表現で言う事例（後期）

　事例34では，他児と異なる表現で自分の考えを述べる様子と，他児の発話を模倣する様子と両方が観察された。後期には，同じように他児の発話を模倣して伝え合う事例も見られた（6事例中4事例，うち1事例は事例34）。

事例35　　　　　　　　「カラスー！」　　　　　【後期】11月26日

　散歩の途中，広場の一角に荷物を置き，それぞれに走ったり落ち葉を拾ったりして広場で遊んでいた。そこへカラスが飛んできて，荷物へ近付いてきた。先生や他児と一緒に走って遊んでいたひろしがカラスに気付き，「あ，カラス！」と叫んだ(1)。同じくひろしらと走り回っていたたつやも立ち止まり，振り返ってカラスがいるのを見て，「カラスだ！」と叫んだ(2)。もう一人の先生と他児らと落ち葉を拾って遊んでいたなおも，振り返って「カラス！」と叫ぶ(3)。ひろしが「カラスー！カラスー！」と叫びながら荷物の方へ走っていく(4)と，たつやがひろしを追って駆け出し，なおもひろしとたつやを追って駆け出した。たつやとなおは無言のまま走っている。ひろしが「カラスー！カラスー！」と叫び続けながら走っていく(5)と，カラスが飛び去って行った。ひろしは立ち止まり，両手を交差させて「じゅわっち！じゅわっち！」とカラスに向かって叫ぶ(6)。たつやも立ち止まり，カラスが去っていく様子を見ている。なおは立ち止まり，ひろしがカラスに向かって「じゅわっち！」と叫んでいるのを見た後，すぐさま走って戻りながら先生に向かって「あのねー！カラスがきたー！」と言う(7)。その間，先生方は，特にカラスに対して関心を持たなかった他の子どもたちとの遊びを続けながら，時折三人の

第7章 "伝える"事例における応答連鎖の維持・宛先の広がり・話題の展開　187

> 様子を目で追っており，なおの言葉を聞いて「カラス来たねー」と言ってうなずいた。たつや，ひろしともに，気が済むと戻って来て，また皆と遊び始めた。

　この事例は，広場で遊んでいた時にカラスが飛んできて，ひろしが「あ，カラス！」と叫び（1），たつやも「カラスだ！」と叫んで（2）カラスを追いかけ出したところから始まった。さらに，なおも「カラス！」と叫んで（3）二人の後を走り，カラスを追いかけた。ひろしは「カラスー！カラスー！」と叫びながら走り（5），たつやとなおは無言でひろしの後を走っていた。カラスがいよいよ遠くに飛び立って行ったので，ひろしは立ち止り，カラスに向かってポーズを決め，「じゅわっち！じゅわっち！」と叫ぶ（6）。その数メートル後ろでたつやも立ち止まり，さらに数メートル後ろでなおも立ち止まった。カラスが飛んでいき，なおはすぐさま引き返して来て先生にカラスが来たことを伝え（7），たつやとひろしも気が済んだのか，やがて戻ってきた。

　事例34と同様，事例35でも散歩中（あるいは散歩の途中で遊んでいた時）に見つけた動物に向かって，それぞれに言葉をかける様子が見られた。事例34ではその場にとどまっているカメを対象としていたため，幼児らも一ヶ所に集まり，互いの発話に関連づけて言葉を変えたり模倣したりして，応答を連鎖させていた。一方，事例35では，対象が飛び去ろうとしているカラスであったため，幼児らもそれを追いかけるかたちで走りながら，カラスの名前を呼ぶという行為を模倣し，連呼して応答を連鎖させていた。模倣のため話題は転回していなかった。また，宛先に着目すると，ひろしがカラスに向かって発話したのを聞き，たつやがひろしの発話を踏まえて同様に応答し，さらになおがたつやの応答を踏まえて同様に応答していた。すなわち，宛先を第三者に切り替えて互いに応答し合うのではなく，一方的に他児の発話に続くかたちで応答し，対話を維持していた（Figure 19 右）。

　以上のように後期には，他児の"伝える"発話を模倣することで，他児へ

Figure 19 事例34（左）と事例35（右）における宛先の方向

の同意を示したり，場の雰囲気を共有したりして，対話する様子も見られた。

6．本節のまとめ

　散歩場面の"伝える"事例では，前期には，他児と意見が対立した場合は，互いに自分の主張を繰り返すばかりで譲らず，実物を確かめに行ったり言葉を補って説得したりするといった工夫も見られず，最後は片方が泣き出して対話が終わっていた。また，他児と意見が対立していなくても，他児に話しかけるが，すぐに他児が走り去ってしまい，対話が維持されず話題の展開していなかった。また，終助詞「よ」がよく使用されていたことからも，自分の考えを主張することに重点が置かれていたことが示唆された。こうした対話の特徴と相まって，二者間対話のみが生じていた。

　中期になると，他児の発話を聞き，同一のもしくは関連する話題について，自分なりの考えを伝えて応答する様子も見られた。また，前期にはほとんど見られなかった話題の展開が，中期には少し多く見られた。いずれも1，2回ずつ応答し合うだけで，対話が長くは維持していなかったが，終助詞「ね」の使用が増えたことからも，他児に同意を求めたり，念を押したりすることが増えたことが示唆された。こうした特徴と相まって，二者間対話もしくは連続する二者間対話が生じていた。

　さらに後期になると，同一の話題について，それぞれに表現を変えながら，話題を展開して伝え合う場面が見られた。その一方で，他児の"伝える"発

話を模倣して，他児に同意したり，場の雰囲気を共有したりして，対話を楽しむ様子も見られた。模倣の場合，話題は展開していなかった。終助詞「よ」「ね」「の」の使用が前期・中期と比べると少なかったことから，自分の考えを主張したり，他児の同意を求めたりすることが減ったことが示唆された。その一方で，他児の心情を代弁したり，見つけた物を他児に伝えたりする際に，言い切り型の発話が多く見られた。こうした特徴と相まって，二者間対話だけでなく，複数名が同じ対象（他児や動物等）に宛てて応答を連鎖させるというように，三者以上の対話も生じていた。

第6節　本章のまとめ

本章では，食事場面および散歩場面における"伝える"事例の対話のあり方の変化を捉えるため，その際，①応答連鎖の維持の仕方（「他児の応答を引き出しやすい応答」の使用，終助詞・間投助詞の使用），②宛先の広がり，③話題の展開に着目して分析した。その結果を Table 22 にまとめた。

①応答連鎖の維持（「他児の応答を引き出しやすい応答」と終助詞・間投助詞の使用）

前期には，食事場面では，自他の同異に関する情報を追加する応答が多く見られた。自分や他児が同じ/異なるということを伝えることで，対話へ参入する経験を重ねていたと考えられる。また，終助詞「よ」が多く使用されていたことから，自分の意見を主張する様子が見られた。

一方，散歩場面では，他児への反論が多く，終助詞「よ」を使用し自分の意見を主張する様子が多く見られた。共通点として，終助詞「よ」が多用され，自分の考えを相手に伝えることに重点が置かれていたことが示唆される。

中期になると，食事場面では，自他の同異以外の情報を追加する応答が多く，他児の発話と関連する新たな情報を追加し対話へ参入していた。また，

Table 22 食事場面（上）と散歩場面（下）の"伝える"事例に見られた宛先の方向，「他児の応答を引き出しやすい応答」の使用，終助詞の使用，話題の展開の有無の変化

食事	前期（6-7月）	中期（8-9月）	後期（10-11月）
宛先の方向	A児 ⇄ B児　全員　C児 D児 E児　【全員に宛てる】 A児 ⇄ B児　【二者間】 A児 ⇄ B児　↓　C児　【二者間の連続】	A児 ⇄ B児　↓　C児　【二者間の連続】 A児 ⇄ B児　↕　C児　【三者間】	A児 ⇄ B児　↓　C児　【三者間】 A児 ⇄ B児　↕　D児 ← C児　【三者間の連続】
「他児の応答を引き出しやすい応答」	自他の同異に関する情報追加 多	その他の情報追加 多	その他の情報追加 多
終助詞・間投助詞	終助詞「よ」「の」多	終助詞「よ」多 「ね」増加　間投助詞「ね」増加	終助詞「よ」多 「ね」増加　間投助詞「ね」増加
話題の展開	×	○（一人で）	○（複数名で）

散歩	前期（6-7月）	中期（8-9月）	後期（10-11月）
宛先の方向	A児 ⇄ B児　【二者間】 A児 ⇄ B児　↓　C児　【二者間の連続】	A児 ⇄ B児　【二者間】 A児 ⇄ B児　↓　C児　【二者間の連続】	A児 ← B児　↖　C児　↑　D児　【同一方向の三者以上】 A児 ← B児　↖　C児　↑　D児　【一方向に連なる三者以上】
「他児の応答を引き出しやすい応答」	反論・否定 多	その他の情報付加 多	その他の情報付加 多
終助詞	終助詞「よ」多	終助詞「よ」「ね」多	―
話題の展開	×	○（少し）	○（模倣の時は無）

終助詞「よ」が最多であったが，終助詞「ね」の比率も増え，多く使用されていたことから，他児の同意を求めたり念を押したりする様子が見られた。さらに，間投助詞「ね」が多く使用されていたことから，自分のターンを保持し，他児の注意を引きつけながら対話を続けようとする様子が見られた。一方，散歩場面では，自他の同異以外の情報を追加する応答が多く，また，食事場面ほど多くはないが，終助詞「よ」「ね」を使用し自分の意見を主張したり他児の同意を求めたりしていた。共通点として，自他の同異以外の情報を追加する応答が多く使用されていたことが示唆された。

さらに後期には，食事場面では，中期と似て，自他の同異以外の情報を追加する応答が多く，他児の発話と関連する新たな情報を追加し対話へ参入していた。また，比率は下がったものの終助詞「よ」の使用が最多で，次いで終助詞「ね」も多く使用されていたことから，他児の同意を求めたり念を押したりする様子が見られた。さらに，間投助詞「ね」の比率が中期よりも増え，自分のターンを保持し，他児の注意を引きつけながら対話を続けようとする様子が見られた。一方，散歩場面では，終助詞・間投助詞ともに使用数・比率が大幅に減り，ほとんど使用されていなかった。このことから，食事場面では，終助詞の種類が変わったことから，発話児の他児への発話意図が変化したこと，また，間投助詞の使用が増えたことから，発話を維持するようになっていたのに対し，散歩場面では逆に，終助詞・間投助詞ともに使用が減っていた。散歩場面で使用が減った背景に，第5章で検討したように，終助詞をともなわない言い切り型の単語の模倣が増えたことがあると考えられる。

②宛先の広がりと③話題の展開

前期には，食事場面では，全員に宛てた応答か，二者間対話，もしくは二者間対話の連続が見られ，話題の展開が見られない事例がほとんどであった。散歩場面でも，二者間対話，もしくは二者間対話の連続が見られ，話題の展

開は見られなかった。そして,互いに譲ることができず片方が泣くことで対話が終わる,あるいは話しかけられた他児がすぐに走りだしてしまい対話が終わっていた。このように,前期には,両場面ともに三者以上への宛先の広がりも,話題の展開も見られず,対話が維持発展する様子があまり見られなかった。

中期には,食事場面では,二者間対話の連続と三者間対話が観察され,第三者へ対話が広がった様子が観察された。また,ひとりが話題を次々と展開し,他児がそこへ応答して対話へ参入していた。一方,散歩場面では,前期と同様,二者間対話,もしくは二者間対話の連続が観察された。また,食事場面の中期のように次々とではないが,話題を展開する様子も見られた。このように,食事場面では宛先の広がりが見られたものの,散歩場面では見られず,また,両場面とも話題の展開が見られたが,食事場面ではひとりが次々と展開していたのに対し,散歩場面では食事場面ほどは展開していなかった。

さらに後期には,食事場面では,三者間対話,もしくは三者間対話の連続が見られた。また,複数名が話題を展開して対話を楽しむ様子が見られた。一方,散歩場面では,同一方向の(すなわち,皆が一人に宛てた)三者以上の対話,もしくは一方向に連なる(すなわち,前の発話児に宛てた)三者以上の対話が観察された。また,食事場面の後期ほどではないが,他児の応答に関連させ,話題を展開しながら伝える様子も見られた。

以上のように,食事場面では,中期・後期になると,様々に情報を追加しながら,ただ主張するだけでなく互いの発話に関連する内容の応答を連鎖させ,話題を展開していた。そうした応答連鎖の特徴の変化と相まって,全員に宛てている場合と二者間対話,二者間対話の連続から,三者間対話,さらには三者間対話の連続というように,宛先が広がっていた。一方,散歩場面では,前期・中期には二者間対話と二者間対話の連続が観察されたが,後期には同一方向の応答の見られた三者以上の対話や,一方向に応答が連なって

いく三者以上の対話へと宛先が広がっていた。応答連鎖の特徴も，宛先の広がりも，話題の展開も，いずれも食事場面ほどの変化ではないものの，散歩場面でも上記のように変化していた。これらの知見から，食事場面・散歩場面いずれにおいても，宛先の広がりや話題の展開が後期に見られたが，食事場面では，散歩場面よりも早い時期に見られ，また，後期にはひとりだけでなく複数名で次々と話題を展開するというように，より対話が維持発展する様子が見られた。

　本章では，保育集団の食事場面および散歩場面における"伝える"対話を分析し，これまで多く行われてきた幼児同士の二者間対話分析や親子の二者間対話分析では見られなかった対話の特徴について示唆を得た。例えば，幼児同士の二者間対話では，2歳後半から3歳頃は互いの発話を模倣し合うことで対話を維持することが多く（山本，2007），また，幼児が母親にその日の出来事を語る場面では，3歳児は複数の出来事を自発的に連続して述べることは少ない（仲野・長崎，2012）ことが述べられてきた。しかし，本章の分析結果から，食事場面での集団での対話では，後期に，複数の出来事（情報）について互いに関連付けながら応答し，伝え合う様子が観察された。保育所の食事場面では，必ずしも一人が話し続ける必要はなく，複数名により対話が維持される。そのため，より多くの対象児が互いの応答を引き出し合いながら，対話する姿が見られるようになったと考えられる。また，散歩場面においても，食事場面ほど多くはないものの，他児と同じ物に関心を寄せ，他児の発話と関連する内容の応答をしたり，話題を展開したりして伝える様子が観察された。このように，保育集団での2-3歳児同士の対話場面では，秋頃に，互いの応答を関連させて対話を維持する様子が見られた。

　上記のように，食事場面と散歩場面で，宛先の広がりや応答連鎖の特徴の変化の仕方が異なった（食事場面の方が宛先の広がりが見られ，話題も展開していた）理由として，食事場面では一定の時間，同じ空間にて座位で過ごすとい

う身体の位置の問題があると考えられる。すなわち，食事場面では，集団で過ごす時間が確保され，食事が終わるまでそこにいなくてはならないという移動の制約があるために，他児同士の対話を見る時間が確保される。そこでは，一対一の対話と異なり，対話へ参入する自由だけでなく，他児らの対話をそばでただ見聞きしているという自由がある。そうした緩やかな場で，子どもたちはそれまで用いてきた身振りや表情に加え，言葉を用いて伝え合い，応答し合い，つながる喜びを知っていくと考えられる。一方で，散歩場面では，自由に思い思いに散歩を楽しむことができるという特徴から，他児同士が対話していても，そこに関心を寄せて注視しなければ，見ていることはできない。他の関心を引く物があれば，そこへ移動することができる。そのため，集団での対話が生じる機会は少ないと考えられる。しかし，他児が関心を向けた物に対して自らも関心を向けた場合に，積極的に他児へ話しかけて対話する様子も見られた。その中で，移動できる散歩場面ならではの，他児と同じ物に関心を寄せ対話するという一体感が生じていたと推察される。

なお，4歳児50名のペア遊び場面での会話の特徴を検討した深田ら(1999)は，他児の陳述発話に対して，単に返答するだけでなく，新情報を提供し相手の反応を引き出すような発話の増加により，幼児がより長い発話連鎖を維持する能力が獲得されるのではないかと述べているが，4歳児ペアで示唆されたこのような特徴が，2-3歳児同士の特に食事場面における集団での対話でも見られた。すなわち，4歳頃には幼児ペアの遊び場面において見られる変化が，2-3歳児の場合は，10名という多人数が一定の時間，同じ空間で向かい合って過ごす食事場面だからこそ見られるようになることが示唆される。

さらに本章では，クラス集団を単位として対話の変化を分析したが，具体的な事例を通して，一人ひとりのその子らしさが浮かび上がってきた。例えば，ちえは，話題を展開する発話，他児への質問，その場の雰囲気を和らげる発話が多く，対話を促進する役割をよく担っていた。そのため，集団での

対話の特徴の変化と，ちえの対話への参加の仕方の特徴には，重複する部分が多かった。一方，ひろしは，自らの関心のある話題（例えば車や虫の話題）に対して積極的に応答し，他児との対話を楽しんでいた。必ずしも対話を主導するわけではなかったため，集団での対話の特徴として見られたものとは異なる特徴もあった。このように，対話の変化においては，一人ひとりの対話する能力が発達していくというよりも，その子のその子らしさを保ったまま，皆で対話するという行為が発展変化していくことが示唆される。そして，一人ひとりが互いに影響しながら，対話への参加の仕方が変化することで，集団としての対話のあり方の特徴も変化していくと考えられる。そこで，続く第8章では，集団を構成する個人に着目し，一人ひとりの「その子らしい」対話への参加の仕方が，どのような特徴を持ち，またどのように変化するかに焦点をあて，検討を行う。

第Ⅳ部　個人の集団での対話への参加

第 8 章　異なる 2 名の対話への参加の仕方

　本章では，食事場面および散歩場面で，他児への応答の特徴が異なる 2 名の対話への参加の仕方がどのように変化するかを検討する。具体的には，どのように応答を連鎖させ対話へ参加しているかについて，①「話題を共有・展開する応答」の使用，②「他児の応答を引き出しやすい応答」の使用について分析する。

第 1 節　本章の目的

　本章では，集団を構成する個人が「その子らしい」対話への参加の仕方をしていると想定し，具体的にどのように他児へ応答し対話へ参加しているか，応答の仕方が時期によって異なるか，異なるとすればどのように異なるかを明らかにすることを目的とする。
　第 3 章から第 7 章までの研究は，2 歳児クラスの集団での対話の特徴を描き出したものである。一方で，集団を構成する個人の対話への参加の仕方には個性があり，それぞれの子どもが「その子らしい」方法で対話へ参加すると考えられる。第 1 章第 5 節で述べたように，2-3 歳頃に，向社会的な相互交渉の仕方に個人差が現れるとともに，言語能力ひいては他児との言葉を用いた対話の仕方にも個性が現れると推察される。そこで本章では，2 歳児クラスの食事場面および散歩場面における，集団を構成する個人の対話への参加の仕方に焦点を当てる。具体的には，観察当初の他児への応答の仕方が異なり，異なる個性をもつと考えられた計 3 名について，他児への応答の仕方の特徴，そこに現れる対話への参加の仕方の特徴の変化について検討する。
　分析手順は，以下の通りである。まず，①各場面 2 名ずつの応答について，

前の他児の発話と話題を共有あるいは展開しているかに着目し,「話題を共有・展開する応答」の使用について検討する。これに着目した理由は,第1章第3節で述べたように,対話を維持発展させるためには,前の発話との話題の関連性が重要であり,話題が展開することでさらに対話が発展すると考えられるためである。次に,②各場面2名ずつの応答について,第7章でも着目した「他児の応答を引き出しやすい応答」の使用について検討する。これに着目した理由は,第1章第3節で述べたように,他児の発話に対して応答するだけでなく,さらなる他児からの応答を引き出しやすい応答をすることで,対話をさらに維持発展させやすいと考えられるためである。最後に,③①②の結果を踏まえて,各時期の分析対象児が参加していた具体的な事例について,各分析対象児の様子や場の雰囲気も含めて解釈し,各場面2名ずつの対話への参加の仕方の変化を分析する。

第2節　方法

　対象児,観察の期間・場面,観察記録の作成方法等は,第2章第1節で述べた通りである。また,収集した事例の時期別および深層構造別の分類の手順についても,第2章第2節で述べた通りである。さらに,1.に示すように,各場面2名ずつ分析対象児を選出した後,各対象児が参加していた対話事例("確認する"事例と"伝える"事例)について,2.に示すように,以下の手順で分析を行った。

1．分析対象児（各場面2名ずつ）の選出

　個人の対話への参加の仕方の変化について検討するため,食事・散歩両場面について,他児への応答の特徴が異なる2名ずつを分析対象児として選出した。

　対象児の一人目は,男児ひろし（冬生まれ,一人っ子）である。ひろしは,

食事・散歩両場面とも対話へ積極的に参加しており，応答数が多く観察された。女児ちえも両場面とも応答数が多かったが，ちえはいずれの場合も対話を主導していることが多く，第5章から第7章の事例分析の結果と特徴が重複するため，対話を主導することがちえほど多くなかった男児ひろしを選出し，両場面共通の分析対象児とした。ひろしは，食事場面では前期から積極的に対話へ参加していた。また，散歩場面では，自らが発見した物について他児に伝えたり，確認したりする様子が見られ，他児の注意を喚起して，対話へ引き込む様子も多く見られた。

　二人目は，男児すすむ（冬生まれ，上にきょうだいが一人）である。すすむは，食事場面で観察された応答数は多かったが，散歩場面で観察された応答数は極めて少なかった。その理由として，散歩場面では，小柄で歩くスピードがゆっくりで，散歩の際は一人だけ遅れて集団の最後を歩くことが多かったため，観察された対話場面も少なかった。一方，食事場面では身体能力の差にかかわらず対話へ参加することができたと考えられる。また，食事場面においても，前期・中期は対話へあまり参加していなかったが，後期には積極的に参加していた。

　三人目は，男児たつや（夏生まれ，一人っ子）である。たつやは食事場面ではほとんど対話へ参加せず，散歩場面では積極的に対話へ参加する様子が見られた。食事場面では，食事中はおしゃべりをしないということを真面目に実行する子どもで，他児の対話している様子は見ているものの，対話へ参加することが少なかった。一方，散歩場面では，先頭集団もしくは真ん中の集団を歩くことが多く，他児に話しかけて対話していた。また，散歩場面では，他児のことを気にかけ，他児に同意したり他児を励ましたりするというように，他児の思いに寄り添う様子が多く見られた。

　以上を踏まえ，食事場面では，前期から積極的に対話へ参加していたひろしと，前期・中期はあまり積極的に対話へ参加していなかったすすむとで異なる特徴が見られると考え，この2名を分析対象児とした。一方，散歩場面

では，他児を自らの始めた対話へ引き込んでいたひろしと，他児のもとへ歩み寄り，対話へ参加していたたつやで異なる特徴が見られると考え，この2名を分析対象児とした。参加事例数・応答数・対話開始数・語彙理解数をTable 23 に示した。なお，語彙理解テストには，芝ら（1985）を用いた。当該尺度の作成時より20年以上が経っており，使用されている語彙の中には現在の子どもたちに馴染みの薄いと考えられるものも含まれていたが，乳幼児用の日本語の語彙理解尺度は芝らの研究グループによるもの以外に適切な尺度が見つからなかったため，これを用いた。語彙理解テストは9月と12月の2回実施した。具体的には，午睡後からおやつの間の自由遊びの時間に，体調も機嫌も良く，テストを受けることができると保育者が判断した幼児を一名ずつ別室（日頃は相談室として用いられている）に呼び，筆者と一対一の状況で実施した。おおよその実施時間は，一人8分程度であった。幼児が継続困

Table 23　第8章分析対象児の場面別・時期別の
参加事例数・応答数・対話開始数・語彙理解数

名前	場面	参加事例数	応答数	対話開始数	語彙理解数
全員 （総数/平均）	食事	54(15,17,22)	452(115,100,237)	50(14,16,20)	74.6 (70.8→78.3)
	散歩	23(6,5,12)	88(27,16,45)	23(6,5,12)	
ひろし	食事	26(8,10,8)	70(27,16,27) [15.6(14.7/16.0/11.6)]	7(1,5,1) [14.0(7.1/31.3/5.0)]	73.0 (69→77) 〈6→6〉
	散歩	12(3,4,5)	21(9,6,6) [23.9(33.3/6.3/13.3)]	7(2,4,1) [30.4(33.3/80.0/8.3)]	
すすむ	食事	21(4,4,13)	46(3,6,35) [10.3(2.6/6.0/14.8)]	8(2,1,5) [16.0(14.3/6.3/25.0)]	58.5 (41→76) 〈10→7〉
	散歩	3(1,1,1)	4(0,3,1) [4.5(0.0/18.8/2.2)]	1(1,0,0) [4.3(16.7/0/0)]	
たつや	食事	4(3,1,0)	6(5,1,0) [1.3(4.3/1.0/0.0)]	0(0,0,0) [0(0/0/0)]	86.5 (85→88) 〈1→1〉
	散歩	8(2,2,4)	13(2,3,8) [14.8(7.4/18.8/17.8)]	4(2,0,2) [17.4(33.3/0.0/16.7)]	

※各セルの上段（　）内は時期別の数，下段［　］内は全員の総応答数もしくは総対話開始数に占める比率，〈　〉内はクラス内順位。

難と判断された場合（例えば「もうやめる」と言われる等）は，テストを中止した。実際に中止したのは，すすむの一回目のみであった。なお，語彙理解と発話数（対話開始発話数と応答数の計）に相関は見られなかった（$r=0.297$, $n.s.$）。

2．分析の手順

各2名の応答について以下の①から③の手順で分析した。

① 「話題を共有・展開する応答」の使用数（比率）を時期別に算出した。具体的には，話題を共有せず新しい話題に展開する「無共有・展開」，話題を共有しているが新しい話題には展開しない「共有・無展開」，話題を共有し新たな話題に展開する「共有・展開」の3カテゴリーに分類した（Table 24）。

② 「他児の応答を引き出しやすい応答」のカテゴリー別使用数（比率）を時期別に算出した。カテゴリーは，第7章"伝える"事例の分析に用いたものと同じものを使用した（Table 17）。

③ ①②を踏まえて，各時期の特徴をよく表している具体的な事例を取り上げ，対象児らの思いや場の雰囲気等も含めて，各々の対話への参加の仕方の変化を分析した。なお，散歩場面で取り上げた事例の一部は，第5章から第

Table 24 「話題を共有・展開する応答」のカテゴリー名・定義・具体例

カテゴリー名	定義	具体例
無共有・展開	話題を共有せず，新たな話題に展開する応答	「おばけがいたよ」→「このまえ，おかあさんがいなかったね」
共有・無展開	話題を共有し，新しい話題には展開しない応答	「おばけがいたよ」→「そうだよ，おばけがいたんだよ」
共有・展開	話題を共有し，新たな話題に展開する応答	「おばけがいたよ」→「おばけのせかいにきたら，たべられちゃうよ」

※下線部はカテゴリーに該当する発話を，□が新しい話題を示す。

7章で取り上げた事例と重複しているものがあるが，分析の視点や解釈の仕方は異なっている。

第3節　食事場面の2名の対話への参加の仕方の変化

1．すすむとひろしの対話への参加の仕方の量的変化

1）応答数・対話開始数の変化

　Table 23で応答数を見ると，すすむは総数46で時期を経るごとに増え，クラス全体の総応答数に占める比率も時期を経るごとに増加した。一方，ひろしは総数70で中期に減ったが，前期と後期は同数で，クラス全体の総応答数に占める比率は，時期による一律の変化は見られなかった。対話開始数は，総数は両者に差はほぼなかったが，すすむは中期に減り，後期に大きく増えたのに対し，ひろしは中期に大きく増え，後期に減っていた。応答数と対話開始数を合わせて考えると，すすむは，中期・後期と他児への応答・対話開始ともに数が増え，クラス全体に占める比率が後期に最多であった。一方ひろしは，応答数は前期と後期で数は差がなく，比率は後期に前期よりも低く，中期に対話開始の比率が高かった。

　さらに語彙理解数は，すすむは，一回目は唯一途中で「もうやめる」と言い継続困難と判断したため，他児と比べ大幅に少なかったが，二回目は最後まで回答できたため増加した。一方ひろしは，二回ともクラス平均より少し低かったが，一回目から二回目で理解数は増えた。なお，各個人の語彙理解数と応答数に関して，クラス全体での有意な相関は見られなかった（$r = 0.297$, $n.s.$)。

2）発話の宛先の量・方向の変化

　また，第3章Figure 5のソシオグラムから，すすむは，前期は他児から

の発話は多いが他児への発話は少なく，積極的に対話へ参加していなかったことが読み取れる。中期は他児からの発話も他児への発話も，矢印の本数が少なかった。しかし後期には，他児からの発話も他児への発話も矢印の本数が多くなり，特になおやちえへ宛てた発話が多く，積極的に対話へ参加していた。一方ひろしは，前期は他児からの発話も，他児への発話も多く，積極的に対話へ参加していたことが読み取れる。特にちえやすすむへ宛てた発話が多かった。中期には，他児からの発話も他児への発話も矢印の本数は減ったが，ちえやあいとの相互の発話は増えていた。そして後期には，前期とほぼ同程度に他児への発話，他児からの発話が増え，ちえだけでなく，あいやけいへ宛てた発話も増えていた。前期・後期ともに多くの他児と積極的に対話へ参加していた。

　以上のように，観察当初，すすむは対話への参加が消極的で他児から話しかけられることが多いが応答することは少なく，ひろしは積極的に他児と言葉を交わし合っていた。後期には，両者ともに多くの他児と積極的に発話を交わし合っていた。

3）「話題を共有・展開する応答」の使用の変化

　すすむとひろしの応答を，「無共有・展開」「共有・無展開」「共有・展開」の3カテゴリーに分類した結果，「無共有・無展開」の応答数は両者とも0であった[17]。そこで，「共有・無展開」と「共有・展開」に絞り，すすむとひろしの使用数（比率）を示したものが，Table 25である。筆者ともう一名が独立に分類し，一致率は94.7％，不一致箇所は協議の上決定した。

　両者とも，全期を通して「共有・無展開」が8割以上であったが，すすむは中期・後期に，ひろしは後期に「共有・展開」が見られた。すなわち，両者の共通点として，中期もしくは後期になると，話題を展開していた。

206　第Ⅳ部　個人の集団での対話への参加

Table 25　すすむとひろしの「話題を共有・展開する応答」のカテゴリー別，時期別の使用数（比率）

	すすむ		ひろし	
	共有・無展開	共有・展開	共有・無展開	共有・展開
前期（6-7月）	3(100)	0(0)	27(100)	0(0)
中期（8-9月）	5(83.3)	1(16.7)	16(100)	0(0)
後期（10-11月）	29(82.9)	6(17.1)	23(85.2)	4(14.8)

※（　）内は，対象児の全応答に占める比率。

4）「他児の応答を引き出しやすい応答」の使用の変化

　すすむとひろしの「他児の応答を引き出しやすい応答」使用数（比率）を示した（Table 26）。筆者ともう一名が独立に分類し，一致率は97.4％，不一

Table 26　すすむとひろしの「他児の応答を引き出しやすい応答」の時期別の使用数（比率）

	時期	自他の同異の情報追加	その他の情報追加	質問	反論・否定	指摘・注意	その他
すすむ	前期（6-7月）	0(0)	0(0)	2(66.7)	0(0)	0(0)	0(0)
	中期（8-9月）	0(0)	0(0)	2(33.3)	1(16.7)	1(16.7)	0(0)
	後期（10-11月）	2(5.7)	4(14.3)	11(31.4)	1(2.9)	0(0)	0(0)
ひろし	前期（6-7月）	5(18.5)	2(7.4)	0(0)	0(0)	3(11.1)	0(0)
	中期（8-9月）	1(6.3)	3(18.8)	2(12.5)	1(6.3)	0(0)	0(0)
	後期（10-11月）	2(7.4)	10(37.0)	1(3.7)	0(0)	0(0)	0(0)

※（　）内は，対象児の全応答に占める比率。複数のカテゴリーに該当する発話はすべてカウントした。

致箇所は協議の上決定した。

　すすむは全期を通して「質問」が最も多かったが，その比率は時期を経るにつれ減り，「反論・否定」「指摘・注意」「情報追加」も見られるようになった。一方ひろしは，全期を通して複数の種類が見られたが，特に「情報追加」が多く，その比率は後期に増えた。他に，前期に「指摘・注意」，中期に「質問」「反論・否定」，後期に「質問」が見られた。また，情報追加の内訳をみると，前期は「自他の同異に関する情報追加」が約2割，中期・後期は「その他の情報追加」がそれぞれ約2割と約4割であった。以上から，すすむは「質問」を，ひろしは「情報追加」をし対話へ参加することが多いという異なる特徴が見られたが，いずれも後期には，三種類以上の「他児の応答を引き出しやすい応答」を行っていた。

2．具体的な事例にみる，すすむの対話への参加の仕方の変化

1）他児から宛てられた発話に応答せず，他児の発話を模倣して応答するのみで，他児同士の対話を聴いていることの多い前期（全応答数3，対話開始発話数2）

　すすむは前期には，他児から自分へ宛てて発話されても，見返すだけで応答しない場面が多く見られた。例えば，事例36は，すすむの発話が対話を開始させる発話となったものの，その対話にすすむ自身は参加しなかった事例である。

事例36　　　　　　　「たべたー」　　　　　　【前期】7月30日
　すすむが食べ終わり，「たべたー」と先生に知らせた（1）。なおが「すすむ，いちばーん」と言い，ちえも「すすむ，いちばーん」と言った（2）。すると，なおが「ちえもいちばーん」と言う（4）ので，あいが「あいは？」と尋ねる。なおは「あいもいちばーん」と言い，みおが「みおは？」と尋ねると「みおはいちばんじゃない」と答える。みおは「たべてるじゃん！」と反論した。すすむは何も言わずに時折他児らの話している様子を見ていたが，そのまま食器を片付けに行った。

この事例は，食事を終えたすすむが，先生に向かって「たべたー」と言った（1）のに対し，なおとちえが「すすむ，いちばーん」と皆に向かって言う（2）ところから始まった。この発話はすすむにも宛てられていたが，すすむはちらっと二人を見るだけで，何も言わない。すぐさま，なおが「ちえもいちばーん」（3）と言って対話は引き継がれ，すすむはそのまま対話へ参加することなく食器を片付けに行った。すすむにとっては，先生に食べ終えたことを伝える目的は果たされており，それに対する他児からの「すすむ，いちばーん」の発話は，この時は関心を抱く対象とならなかったようである。そのため，応答せず対話に参加することもなかった。

　以上のように前期には，自分の発話に対し他児から応答されても関心を抱かず，見返すだけで応答しなかった。別の事例では，他児がフォークの持ち方を「こうだよねー」と確認し合っている場面ですすむも「こうだよねー」と言う，他児が別の他児に「○○（名前）はいい？」と確認し相手が「いいよ／だめ」と応答している場面で，同様に「すすむは？」と尋ねるというように，他児の模倣をしていた。このように，他児から宛てられた発話には応答せず，他児の模倣をして対話へ参加するのみで，他児同士の対話を聴いていることが多かった。

2）他児への応答が少なく，応答しても対話が継続せず，他児同士の対話を聴いていることの多い中期（全応答数6，対話開始発話数1）

　中期には，自ら他児に宛てて発話する様子も見られたが，やはり他児同士の対話を聴いていることが多く，時折対話へ参加する程度であった。例えば，事例37では，他児に宛てて発話し，再び他児に応答して対話へ参加していた。

事例37　　　　　　「あいちゃん，いちばん」　　　　　【中期】8月13日
　すすむが，食べている途中のあいを見て「あいちゃん，いちばん」と言った（1）。あいが「あいちゃん，いちばん？」と聞き返す（2）と，ひろしが「ひろし

第 8 章　異なる 2 名の対話への参加の仕方　209

くんも，いちばん（3）」と言った。あいがひろしに「ひろしくんもいちばん？」と聞き返す（4）と，ひろしは笑顔で「あいちゃんとひろしくんが，いちばんだよねー」と言った。あいは見返すだけで，何も言わなかった。すると，たつやがひろしに向かって「たつやは？」と尋ね（5），ひろしは「たっちゃんは，いちばんじゃない」と答えた。たつやは黙ってひろしの顔を見ていた。ともこがひろしに「ともこは？」と尋ねる（6）と，ひろしは「ともこは，いちばん」と答えた。さらに，すすむが相手を威嚇するような声と表情で「すすむは？」と聞く（7）と，ひろしはフォークを立て，すすむを牽制するように持ち，やはり相手を威嚇するような表情で「すすむは，いちばんじゃない」と答えた。

　この事例は，すすむがあいに「あいちゃん，いちばん」と話しかけ（1），あいがすすむに「あいちゃん，いちばん？」と聞き返す（2）ところから始まった。すすむが応答する前にひろしが「ひろしくんも，いちばん」と言って対話へ参入し（3），あいがひろしに「ひろしくんもいちばん？」と尋ね（4），対話が引き継がれた。たつややともこも加わり（5）（6），やりとりの模倣が続いた。すすむはその様子をじっと見ており，最後にひろしを威嚇するように「すすむは？」と強い口調で言い（7），ひろしがすすむを牽制する様子で応答して対話が終わる。このすすむの威嚇する姿にどのような思いが込められていたのか，本人に確認できていないが，突然口調や表情が険しくなったことから，この対話の最中に威嚇したい気持ちになったことが推察される。これまで他児の対話を聴いている場面がよく見られたすすむにとって，自分があいに話しかけて対話しようとしたのに，その後ひろしを中心に対話が進んだことが面白くなかったのかも知れない。あるいは，戦いごっこ好きなすすむが，対話がどんどん進むことが面白くなく，抑制するために戦いごっこの口調で言っただけかも知れない。ひろしにとっては，そうしたすすむの口調や表情は不快なものであり，結果的に対話を終わらせることとなった。

　以上のように中期には，自ら発話し応答を得て対話を開始しても，その後

は他児同士の対話を聴いている場面がよく見られた。再び対話へ参加しても応答の仕方が他児に受け入れられず対話が継続しなかった。別の事例では，前期と同様，他児の模倣をして応答する場面もあったが，他児への応答は少なく，積極的に対話へ参加する様子は見られなかった。

3) 他児の発話に対して様々な仕方で応答し，積極的に対話へ参加する後期
（全応答数35，対話開始発話数5）

　後期になると，他児の気を引いて応答を得ようとする，話題を展開するというように，積極的に対話へ参加する様子が見られた。例えば，事例38は，他児の提示した話題について応答し，すすむ自身も話題を展開させていた場面である。

事例38　　　　　　　「おおかみだー！」　　　　　　【後期】10月29日

　ゆみながフォークを床に落とし，拾った。なおが，「ゆみなのやつ，すきまにおとしちゃった」と言う（1）と，ゆみなが「おとしてないよ」と反論する。(中略) みおが「みおは？　みおは？」となおに尋ねた（2）。なおはみおを振り返り，「みおはおとしてないから，だいじょうぶ」と言う（3）と，みおは「ゆみなは？」と尋ねる。なおが左手で床を指しながら，「ゆみなはおとしたから，だめでしょ」と言う（4）と，みおが机の下をのぞいた後，顔を上げてニカッと笑い，低い声で「すーきーまーのーおーばーけー*がー」と言った。すると，すすむも両手を広げ，低い声で「うぃーーー」と言う（5）。なおが確認するかのように，机の下をのぞきこむと，すすむも机の下をのぞきこんだ。みおが大きな声で「ねぇ，すきまのおばけに，とりつかっちゃったー」と言う（6）と，すすむが再度両手を広げて「うぃーーー」とうなる（7）。すると，それまで食べながら皆の様子を見ていたちえが，すすむに合わせるように「わぁ，こわーい！」と言い，さらに裏声で「あー，こわーい！」と言った（8）。すすむは嬉しそうに低い声で「うぉー！」とうなり，椅子から立って「おおかみだー！」と言った（9）が，今度は誰も応じなかったので，再度「ねぇ，おおかみだ！」と言う。なおが机の下をのぞきこむと，ひろしも机の下をのぞきこんだ。なおは真顔，ひろしは嬉しそうな表情である。すすむが再度「おおかみだー！」と言う（10）と，なおとひろしも再度机の下をのぞきこむ。

さらに，あいが机の下をのぞきこみ，顔を上げてちえを見て笑うと，ひろしが「あ！かいじゅう！」と言う (11)。なおは慌てて「ないないない」と否定する (12) が，すすむが「おおかみだー！」と言う (13)，今度はひろしもすすむを見て「あ，おおかみだー！」と笑いながら言う (14)。あいもちえを見ながら，笑顔で「おおかみだー！」と言う (15)。すると，すすむが机の下をのぞきこみ，顔を上げて「しんだー！」と言った (16)。そこへ，先生が「ねぇ，フォークで遊んでるなら，フォークもらうけどー」と言い，皆静かになり食事に戻った。
※食べ物や食具を床に落とした時に，床の木板のすきまから出てくるおばけ。

　この事例は，ゆみながフォークを床に落としてしまい，なおが「ゆみなのやつ，すきまにおとしちゃった」と指摘し (1)，ゆみなが反論するところから始まった。そして，みおが自分は？となおに尋ねて対話へ参入し (2)，なおから「みおはおとしてないから，だいじょうぶ」(3)「ゆみなはおとしたから，だめでしょ」(4) という応答を引き出した。さらに，みおが「すきまのおばけ」になりきり，その様子を見ていたすすむも「うぃー」とすきまのおばけになりきって対話へ参入する (5)。すきまのおばけとは，この保育所で食べ物等を床に落とした時に出てくると言われているものである。先生が日頃から面白い口調で言って食べ物をこぼさないように意識させており，この事例のように幼児同士の対話でも話題になることがあった。すすむが両手を広げ，おばけになりきって「うぃー」と言う (5) と，なおが机の下をのぞき込み，みおが「すきまのおばけに，とりつかっちゃったー」と言い，応答する (6)。さらにすすむが「うぃー」と言う (7) と，ちえも「うわぁ，こわーい」と応じる (8)。すすむは嬉しくなり，今度は「うぉー！おおかみだー！」と狼になりきる (9) が，これには誰も応じない。すきまのおばけが急に狼に変わったことを，他児はすぐには共有できず，即座に反応できなかったのであろう。すすむが他児からの応答を得るため再度狼であることを皆に伝えると，なおが真顔で応答し，ひろしが嬉しそうな表情を見せて応答する。すすむはまた嬉しくなって「おおかみだー！」と言い (10)，

なお・ひろし・あいが応答する。さらに，ひろしが「かいじゅう」という新たな恐怖の対象を追加（11）し，なおが慌てて「ないないない」と応じる（12）というように，対話に熱が帯びてくる。その雰囲気の中で，すすむ・ひろし・あいが笑顔で「おおかみだー！」と言い（13・14・15），最後にすすむが机の下をのぞき込み，満足したように「しんだー！」と言って（16），対話が終わった。

　以上のように後期には，前期や中期とは異なり，自ら話題を展開する，同じ話題で新たな情報を次々と足すというように，積極的に対話へ参加し，他児との対話を楽しむ様子が見られた。また，他児からの応答を引き出そうと，他児の応答がなかった場合に前の発話を繰り返す，他児の関心を引きそうな新たな情報を追加するといった様子も見られた。別の事例でも，他児の所有物が何かを確認する，他児を午睡後の遊びに誘い，断られても何度も交渉する，自分の発話に対し他児から指摘を受けた場合に反論する等，対話への参加の仕方が多様になっていた。前期・中期には，他児同士の対話を聴いていることが多かったが，その他児の対話を聴くという経験を蓄積したことで，後期により積極的に対話へ参加するようになったと考えられる。

3．具体的な事例にみる，ひろしの対話への参加の仕方の変化

1）他児の発話に積極的に応答し，情報追加をすることも多いが，他児からの応答が少なく，対話が維持発展しにくい前期（全応答数27，対話開始発話数1）

　ひろしは，前期から他児への応答数が多く，対話開始発話は1発話のみであった。他児への応答では，他児から「○○（名前）いい？」と尋ねられ「いい/だめ」と応答することや，それ以外の内容でも他児から質問され応答することが多かった。質問への応答以外では，乗り物のように特に関心のある話題にのみ応答し対話へ参加するといった特徴が見られた。例えば，事例39は，関心のある話題と関連する他児の言動に言及する様子が見られた場面

である。

> 事例39　　　　「すすむ，ベタベタこぼしてる」　　【前期】7月30日
> 　先生が，同じ縁側で食事中の4歳児の子に「あー，こぼしてる！」と言った。<u>それを聞いたひろしが，「ひろしはこぼしてない」と言う（1）</u>と，なおが「なおもこぼしてない」と言った（2）。ひろしは隣のすすむを見て「すすむ，こぼしてる」と言った（3）。すすむは口をとがらせ，ひろしを見る。ひろしが「<u>すすむ，ベタベタこぼしてる」と言う（4）</u>と，すすむは皿とお椀を手前にずらし，こぼしているところを隠す。<u>ひろしは再度「すすむ，ベタベタこぼしてる」と言い（5）</u>，少し見て食事に戻った。

　この事例は，他クラスの先生の「あー，こぼしてる！」という発話を聞き，ひろしが自分はこぼしていないことを同じクラスの他児らに伝える（1）発話から始まった。それに対し，なおも自分もこぼしていないと応答し（2），ひろしは別の他児らを見る。すると，隣に座っていたすすむが皿の回りにこぼしながら食べていたため，ひろしは「すすむ，こぼしてる」と指摘する（3）。この発話は，自分やなおとは異なるすすむについての情報を追加すると同時に，すすむのこぼしている行動を指摘・注意するものである。すすむが口をとがらせ不服そうにひろしを見返すと，ひろしは「ベタベタ」という表現を加え（4），すすむのこぼしている行動を指摘する。ひろしはすすむからの言葉を用いた応答を得られず，再度同じ発話を繰り返す（5）が，すすむからの応答はなく，食事に戻った。

　以上のように前期には，質問への応答以外では，関心のある話題について，自他の同異に関する情報やそれ以外の情報を追加する応答がよく見られ，他児の行動を指摘・注意する様子も見られた。しかし，他児からの応答がない場合も多かった。また，応答を得ても，前の自分の発話をそのまま繰り返すか，一語を加えて繰り返すかした後，黙って食事に戻っていた。ひろし自身は他児へ応答することが多く，自らの考えや思いを他児に伝えたいという思

いが読み取れるが，他児からの応答が少なく，互いの発話の変化も少ないために対話が維持発展しにくいという特徴が見られた。

2）他児の発話に積極的に応答するが，他児と意見が異なる場合に自らの発話を繰り返すのみで，対話が発展しにくい中期（全応答数16，対話開始発話数5）

中期にも，ひろしが自らの発話をほぼ変えずに繰り返す場面が見られた。例えば事例40は，他児と異なる意見を言い合うが，自らの発話を言い換えたり補ったりせず，互いにほぼ同じ発話を繰り返すだけで対話が終わった場面である。

事例40　　　　「ちがうよ，ナメクジだよ」　　　　【中期】9月17日

　なおがフォークで冬瓜を刺して持ち上げ，近くで見ていた先生に向かって「ほら」と言った。先生が笑顔で「冬瓜食べてるんだねー，落とさないようにね」と返す（1）と，なおの斜め向かいで見ていたひろしが「おとすと，アリさんくるんだよ」と言った（2）。すると，なおはひろしを見て「ちがうよ，ナメクジくるんだよ」と言い（3），ひろしが「おとすと，アリさんくるよ」と言い返す（4）。なおが再度「ちがうよ，ナメクジくるよ」と言う（5）と，それまで二人を見ていたちえが，なおに向かって「ちがうよ，ナメクジこないんだよ」と言った（6）。なおはちえを見て，「くるよ」と言う（7）。ちえが「こないんだよ」と言う（8）と，二人は互いを見て黙った。腑に落ちない雰囲気のまま，どちらも食事に戻った。

　事例38の「すきまのおばけ」同様，食べ物等を落とすと虫が来るという話題が食事中に出ることがしばしばあり，この事例はそのひとつであった。先生がなおに言った「落とさないようにね」という発話（1）を聴き，ひろしは「おとすと，アリさんくるんだよ」と言い，自分の知識をなおに伝えようとする（2）。すると，なおは「ちがうよ，ナメクジくるんだよ」と反論する（3）。ひろしは「おとすと，アリさんくるよ」と口調を強めて反論し（4），なおも「ちがうよ，ナメクジくるよ」と語尾を合わせて反論する（5）。

二人とも他児とは異なる自分の意見を持ち，互いに譲らず主張し合っている。そこへ二人の様子を見ていたちえが「ちがうよ，ナメクジこないんだよ」となおの意見を否定し，対話へ参入する（6）。ちえにとって，アリは日頃の散歩中にも出会う親しみのある虫であるのに対し，ナメクジはあまり来て欲しくない虫で，なおの意見を否定したくなったのかも知れない。あるいは，日頃からひろしと遊んだり話したりすることが多く，ひろしの味方をしたくなったのかも知れない。それに対し，なおは「くるよ」と言い（7），ちえは「こないんだよ」と言い（8），やはり互いに譲らない。どちらも納得していない様子であったが，埒があかなくなり，二人とも黙って食事に戻った。ひろしもちえがなおに反論したところで自らはなおに反論することを止め，二人を見ながら食事を続けていた。このように他児と意見が対立した場面では，ひろしも他児も互いに譲ることなく反論し続けるが，同じ内容の発話を繰り返すのみで，解決策や妥協案が提案されることもなく，並行線を辿った後にどちらともなく諦め，すぐに他児との対話を終えていた。

　以上のように中期には，関心のある話題について，情報追加や反論・否定をし互いの応答を引き出す様子が見られた。しかし，自らの発話を繰り返すだけで対話が終わっていた。

3）他児の発話に積極的に応答し，他児と意見が異なる場合に，自他の意見を統合する等，対話を維持発展させる後期（全応答数27，対話開始発話数1）

　一方，後期には，話題を展開する応答が見られ，自他の同異以外の情報を追加する応答が増加した。その中で，情報の追加・統合，発話の一部の置き換え等，様々な応答をして対話を楽しむ様子が見られた。例えば事例41は，事例37や事例39と類似の「食事のマナーをやぶると虫等が来る」という内容の対話場面であるが，応答の仕方が異なっている。

事例41　　　　　　「ケムシも，カブトムシもくるよ」　　　【後期】10月1日
　ひろしがおもむろに「おくちあらわないとさ，ヘビとかさ，ナメクジとかさ，アリとかくるよ」と皆に向かって言った（1）。ちえが「ちがうよ，ケムシとかさ，アリとかくるよ」と言い（2），ひろしが「ケムシもくるよ」と返す（3）。ちえが「カブトムシもくるよ」と言う（4）と，二人を見ていたけいが「そう，カブトムシもくるよ」と二人に向かって言った（5）。ひろしが「ケムシも，カブトムシもくるよ」と言う（6）と，ちえが「そうなんだよねー」とうなずきながら言った。再びひろしが「おくちあらわないと，ケムシとか，ナメクジとかくるよ」と言う（7）と，ちえが「アリンコとかねー」と加え，ひろしは「ケムシとか，ナメクジとか，アリンコとか」と言った（8）。それに重なるように，けいが「ダンゴムシとか」と言い，ちえが「そう，ダンゴムシとか」と応じ，ひろしも「ダンゴムシとかねー」とうなずきながら言った（9）。すると，三人のやりとりを見ていたすすむが「ヨウチュウとかねー」と加わり，みおも「ヘビもくるんだよ」と言って加わった。けいが「ダンゴムシもくるんだよ」と言うと，みおが「ダンゴムシ，ダンゴムシとかねー」と首を横に傾けながら言い，皆に笑顔を見せた。それぞれに言いたいことを言い切ったのか，再び食事に戻った。

　事例40同様，ひろしが「おくちあらわないと，ヘビとかナメクジとかくるよ」と言い（1），他児が応答して対話が始まった場面である。ひろしの発話に対し，ちえが「ちがうよ，ケムシとかアリとかくるよ」と反論する（2）ところも，事例40のなおの反論と類似している。しかし，この事例では，ひろしはちえに反論せず，「ケムシもくるよ」と言って，ちえの意見を受け入れている（3）。ちえが「カブトムシもくるよ」と新たな情報を追加し（4），けいが賛同する（5）と，ひろしも「ケムシもカブトムシもくるよ」と言い，先にちえ示した意見と統合し応答する（6）。さらに，「おくちあらわないとさ」と最初の発話と同じ話し出しをした後，「ケムシとか，ナメクジとか」と言い（7），続く応答でも「アリンコ」（8）や「ダンゴムシ」（9）を取り入れて，ちえやけいの意見と自らの意見とを統合し応答していた。このように，他児と意見が対立したが，ひろしは他児の意見も受け入れ，

自分の意見と統合して応答していた。また，別の事例では，ひろしが新たな話題を提示し話題を展開する場面も見られた。

以上のように後期には，話題を展開するようになり，他児と意見が対立した場合に，他児の意見を受け入れ自分の意見と統合する等，前期・中期には見られなかった仕方で他児へ応答していた。ひろしは，前期から積極的に他児と対話していたが，後期には自分と異なる他児の応答を受け入れ，その一部を自分のものと統合したり，一部を置き換えたりして，様々に対話を楽しんでいた。前期にも「〇〇（自他の名前）はいい/だめ」や「〇〇はいちばん/いちばんじゃない」という内容の対話を主導することがみられ，早い時期から自他の違いの面白さを対話の中で経験していた。中期には，他児と意見が対立した時に，互いに譲らなかったが，この時期にはひろしの応答数が減っており，他児同士の対話を聴くという経験もしたと考えられる。そうした経験を経て，後期に上記のような特徴が見られたと考えられる。

4．本節のまとめ

食事場面での2名の対話への参加について，応答数・対話開始数を見ると，すすむは他児への応答・対話開始ともに数が増え，クラス全体に占める比率が後期に最多，ひろしは全期を通し応答数が多く，対話開始数は中期に最多であった。宛先の方向・量のソシオグラムからは，すすむは，前期は他児からの発話は多いが他児への発話は少なく，対話へ積極的に参加していなかったが，後期に他児からの発話も他児への発話も本数が多くなり，対話へ積極的に参加していた。一方ひろしは，中期に量が減ったものの，前期・後期ともに他児からの発話も他児への発話もすすむと比べて多く，対話へ積極的に参加していた。

また，2名の応答が対話をどのように発展させているかについて，直前の他児による発話と2名の応答との関連性を検討したところ，話題の共有・展開の仕方は，全期を通して両者とも「共有・無展開」が8割以上であったが，

すすむは中期・後期に，ひろしは後期に「共有・展開」が見られた。すなわち両者の共通点として，後期になると，話題を展開するようになっていた。「他児の応答を引き出しやすい応答」の使用を見ると，全期を通して，すすむは「質問」を，ひろしは「情報追加」をすることが多いという異なる特徴が見られたが，両者の共通点として，後期になると，複数の種類の「他児の応答を引き出しやすい応答」を行うことが示された。

さらに，具体的な事例解釈から，すすむは，前期には，他児から宛てられた発話に応答せず，他児の模倣をするかたちで対話へ参加するのみで，他児同士の対話を聴いていることが多かった。中期には，他児に宛てて発話し応答を得て対話を開始した場合でも，その後は他児同士の対話を聴いていることが多く見られ，ふたたび対話へ参加しても応答の仕方が他児に受け入れられにくく対話が継続しない場面が見られた。このように他児への応答は少なく，積極的に対話へ参加する様子は見られなかった。しかし後期になると，前期や中期とは異なり，自ら話題を展開したり，同じ話題で新たな情報を次々と足したりするというように，言葉を用いて積極的に対話し，他児と対話することを楽しむ様子が見られた。他児からの応答を引き出そうと，他児の応答がなかった場合には前の発話を繰り返したり，他児の関心を引きそうな新たな情報を追加したりする様子も見られた。前期・中期には他児同士の対話を聴いていることが多かったが，その他児の対話を聴くという経験を蓄積したことで，後期により能動的に対話へ参加するようになったと考えられる。一方，ひろしは，全期を通して，自分の関心のある話題について応答することが多かったが，前期には，自他の同異の情報を追加したり，それ以外の情報を追加したりする等，情報追加が多く，他児の行動を指摘・注意する様子も見られた。しかし，他児からの応答がない場合も多く，応答があった場合でも，数回応答を繰り返した後に黙って食事に戻る様子が見られた。中期には，情報追加に加えて他児の意見に反論・否定するかたちで互いの応答を引き出し合う様子も見られるようになったが，自らの発話を同じ内容で繰

り返すだけで並行線を辿るのみで対話が終わっていた。しかし後期には，話題を展開する応答が見られ，他児と意見が対立した場合には，他児の考えを受け入れ自分の考えと統合する等，前期・中期には見られなかった仕方で他児へ応答していた。すなわち，自分とは異なる他児の意見を取り入れ，その一部を自分のものと統合したり，一部を置き換えたりしていた。早い時期から自他の違いの面白さを対話の中で進んで経験していたが，中期に自他の意見の対立を経験するとともに，他児同士の対話を聴くという経験もしたことで，上記のような特徴が後期に見られるようになったと考えられる。

　以上のように，すすむとひろしとは，観察当初から他児への応答の仕方や対話への参加の仕方が異なり，その変化の仕方も異なっていた。一方で，後期になると話題を展開するようになることや，「他児の応答を引き出しやすい応答」の種類が複数になること等，共通点もあることが分かった。

第4節　散歩場面の2名の対話への参加の仕方の変化

1．ひろしとたつやの対話への参加の仕方の量的変化

1）応答数・対話開始数の変化

　Table 23で応答数を見ると，ひろしは総数21で前期が最も多く，中期・後期は同数で，クラス全体の総応答数に占める比率は，時期による一律の変化は見られなかった。一方，たつやは総数13で時期を経るごとに増え，クラス全体の総応答数に占める比率も中期・後期に増加した。対話開始数は，ひろしが総数7，たつやが総数4で，クラス全体の総対話開始数に占める比率を見ると，特にひろしはクラスの中でも比較的対話を開始することが多かった。さらに語彙理解数は，ひろしは，二回ともクラス平均より少し低かったが，一回目から二回目で理解数は増えた。一方，たつやは，二回ともクラスで最も理解数が多かった。なお，各個人の語彙理解数と応答数に関して，クラス

全体での有意な相関は見られなかった（γ = 0.297, *n.s.*）。

2）発話の宛先の量・方向の変化

また，第3章 Figure 5 のソシオグラムから，ひろしは，クラス全体の中で見ると，全期を通して比較的積極的に対話へ参加していたことが読み取れる。また，たつや・なお・ちえ・みおとの相互の発話が見られた。一方，たつやは，ひろしよりは少ない人数で，他児との対話が全期を通して観察された。

3）「話題を共有・展開する応答」の使用の変化

ひろしとたつやの応答を，「無共有・展開」「共有・無展開」「共有・展開」の3カテゴリーに分類した結果，「無共有・無展開」の応答数は両者とも0であった。そこで，「共有・無展開」と「共有・展開」に絞り，ひろしとたつやの使用数（比率）を示したものが，Table 27 である。筆者ともう一名が独立に分類し，一致率は88.2％，不一致箇所は協議の上決定した。

両者とも，前期と後期は全応答が「共有・無展開」で，中期に1応答ずつ「共有・展開」が見られた。食事場面の Table 25 では，すすむもひろしも，中期もしくは後期になると，話題を展開していたが，散歩場面のひろしとたつやについては，そうした特徴は見られなかった。

Table 27　ひろしとたつやの「話題を共有・展開する応答」のカテゴリー別，時期別の使用数（比率）

	ひろし		たつや	
	共有・無展開	共有・展開	共有・無展開	共有・展開
前期（6-7月）	9(100)	0(0.0)	2(100)	0(0.0)
中期（8-9月）	5(83.3)	1(16.7)	2(66.7)	1(33.3)
後期（10-11月）	6(100)	0(0.0)	8(100)	0(0.0)

※（　）内は，対象児の全応答に占める比率。

Table 28 ひろしとたつやの「他児の応答を引き出しやすい応答」の時期別の使用数（比率）

	時期	自他の同異の情報追加	その他の情報追加	質問	反論・否定	指摘・注意	その他
ひろし	前期（6-7月）	0(0.0)	0(0.0)	0(0.0)	7(77.8)	0(0.0)	0(0.0)
	中期（8-9月）	0(0.0)	2(33.3)	0(0.0)	0(0.0)	0(0.0)	1(16.7)
	後期（10-11月）	0(0.0)	2(33.3)	0(0.0)	0(0.0)	0(0.0)	0(0.0)
たつや	前期（6-7月）	0(0.0)	1(50.0)	0(0.0)	0(0.0)	0(0.0)	0(0.0)
	中期（8-9月）	0(0.0)	2(66.7)	1(33.3)	0(0.0)	0(0.0)	0(0.0)
	後期（10-11月）	0(0.0)	1(12.5)	1(12.5)	0(0.0)	0(0.0)	0(0.0)

※（ ）内は，対象児の全応答に占める比率。複数のカテゴリーに該当する発話はすべてカウントした。

4）「他児の応答を引き出しやすい応答」の使用の変化

　ひろしとたつやの「他児の応答を引き出しやすい応答」使用数（比率）を示した（Table 28）。筆者ともう一名が独立に分類し，一致率は91.2％，不一致箇所は協議の上決定した。

　ひろしは，前期に「反論・否定」のみが見られたが，中期・後期には「その他の情報追加」（自他の同異以外の情報追加）が見られた。すなわち，前期にはただ他児の発話に反論するのみであったのが，中期・後期になると，他児の発話に対して新たな情報を加えて応答する様子が見られた。ひろしは，食事場面でも「情報追加」が多く見られたことから，ひろしの特徴的な応答の仕方であることが示唆される。また，中期には「その他」が見られた。これは他児の注意を喚起する応答（別の発話の後の「みてー！」，詳しくは事例46参

照）であった。一方たつやは，全期を通して「その他の情報追加」（自他の同異以外の情報追加）が見られ，中期・後期には「質問」も見られた。すなわち，たつやは他児の発話に対して新たな情報を加えて応答すること，また，中期・後期には他児に質問することで他児との対話を行うという特徴が示唆された。食事場面では，すすむ・ひろしともに，後期に三種類以上の「他児の応答を引き出しやすい応答」を行っていたが，散歩場面では，ひろし・たつやともに，三種類以上の「他児の応答を引き出しやすい応答」の使用は見られなかった。

2．具体的な事例にみる，ひろしの対話への参加の仕方の変化

1）身体が大きく走るのが速い他児と対話したいが，他児が走り去ってしまい，追い付けずに対話がすぐに終わっていた前期（全応答数9，対話開始発話数2）

　ひろしは，前期には，散歩中に見つけた物について他児と意見が対立し，反論し合う場面（1事例）と，他児の後を走って追いかけていく場面（2事例）が見られた。事例42は，他児の後を追って話しかけるが，追い付けなかった場面である。

事例42　　　　　　　「くるまがきたー！」　　　　　　【前期】7月9日
　近くの店で荷降ろしを済ませた大きなトラックが，私たちのいる方とは反対側に向かって，ゆっくりと走り出した。それを見たたつやが，「くるまがきたー！」と私たち最後を歩く4人に知らせに来た（1）。ひろしもたつやの後を追って戻ってきて，「くるまがちたよ」と教えにくる（2）。そして，トラックが向こうへ行ってしまったのを確認し，私の「うん，もう大丈夫だね」という言葉を聞くと，たつやがまたロケットのように走り出した。ひろしは，先に走り出したたつやの背中に向かって「まってー」と呼びかける（3）が，たつやは2，3度振り返りながらもひたすら走っていく（4）。ひろしは「たっちゃん，まってー，まってー」と言いながら，必死で走っていく（5）。その後ろを，すすむはゆっくりとマイペースに歩

いている。少し疲れているようだ。

　この事例でひろしは，車が来たこと（すなわち，危ないということ）を筆者らに伝えるたつやの発話（1）を聞き，自らもたつやの後を追って戻って来て，車が来たことを筆者らに伝えて（2）対話へ参入した。その後もたつやに「まってー」と呼びかけるが，たつやは振り返りながらも走り去り，追い付けず，対話が維持発展しなかった。

　ひろしは冬生まれで体格も特別に大きくはなかったが，他児とおしゃべりすることが好きで，積極的に話しかけていた。散歩中も，自分が他児の前を行き，引っ張っていくことは少なく，先を行く他児に置いていかれないように，必死で走っていた。特に，春生まれで身体が大きい他児（女児も男児も）と気が合い，一緒に遊びたいようで，後を追いかける様子がよく見られた。こうしたひろしの特徴は，事例42の最後にも書かれている同じく冬生まれのすすむの様子と，特に対照的であった。すすむは身体も小さく，前期は体力が他児と比べてなかったため，散歩中には集団の最後を歩き，走るのが速い子についていく様子はほとんど見られなかった。一方，ひろしは頑張れば付いて行けることもあり，必死で追いかけていた。しかし，他児がひろしに関心を持たないことも多く，別のことに関心を持って走り去っていくため，ひろしは追い付けずに，すぐに対話が終わっていた。また，他児と意見が対立し，反論し合っていた場面（1事例）では，自分が散歩中に見つけた物について他児に話しかけるが，他児から反論され，互いに譲らず，最後はひろしが泣きだして対話が終わっていた。

　以上のように，ひろしは前期から，自分から他児に話しかける様子が見られたことから，他児と対話したいという思いがすでに読み取れるが，他児が走り去ってしまったり，他児と意見が対立し譲歩できなかったりと，対話が円滑に維持されなかった。

2）他児とともに歩調を合わせて，あるいは他児に近付いたり，他児を呼び寄せたりして対話するが，対話が長くは続いていなかった中期（全応答数6，対話開始発話数4）

　中期になると，走るのが速い他児と歩調を合わせて歩きながら対話する場面（2事例）や，他児の元へ近付いて自分から話しかける場面（1事例），また，他児の注意を喚起し，他児がひろしの元へ駆け寄って来て対話する場面（1事例）が見られた。事例43は，他児とともに歩調を合わせて対話していた場面のひとつである。

事例43　　　　　　　「おべんとうのひだよ！」　　　　【中期】9月17日
　昼食をとるために，保育所へ戻っている途中，ちえの後ろをひろしが歩いていた。ひろしが歩きながら，大きな声で「きょう，おべんとうのひだよ！」と言った（1）。お弁当の日は，今日ではなく明日である。すると，ちえがひろしを振り返り，真顔で「あしただよね」と言った（2）。ひろしも真顔で「うん」と答え（3），そのまま二人とも黙って，元気よく歩いて行った。

　この事例は，先生が「お昼ごはん食べに帰ろう」と皆に呼びかけ，保育所に向かって歩いている途中で観察された。ひろしは興奮気味に，大きな声で「きょう，おべんとうのひだよ！」と言う（1）。すぐ近くには，目の前を歩くちえ以外に他児はいなかった。ちえも，自分に宛てて言われたことに気付き，振り返って「あしただよね」と言う（2）。実際に，お弁当の日は，観察日の翌日に予定されていた。ひろしは，ちえの反論を受け，言い返すこともなく，すぐさま「うん」と答えた（3）。そして，二人とも何も言わずに，元気いっぱいに歩いて保育所へ帰って行った。
　このように，中期には，他児とともに歩調を合わせて対話する場面が見られた。散歩中に見つけた物を話題とするだけでなく，明日の予定という目に見えない事柄も話題としていた。その際，ひろしが述べた内容は事実とは異なり，他児から反論を受けるが，ひろしは深く考える様子は見られず，すぐ

さま「うん」と他児の応答に同意していた。前期の反論し合った事例では，自分の意見が正しいという思いにこだわり，譲り合わなかったが，事例43では，指摘されて自分の間違いに気付いたからか，今日であろうと明日であろうと特にこだわりがなかったからか，すんなりと他児の意見を受け入れている。他児とともに歩調を合わせて散歩できること，また，他児が自分の発話に応答してくれることが嬉しかったと推察される。また，自ら他児に近寄って話しかけたり，他児の注意を喚起して呼び寄せたりする様子が見られたことからも，ひろしが積極的に他児と対話しようとしていたことが読み取れる。いずれの場面でも，他児との対話は長くは続かなかったが，他児からの応答があったことだけでも満足していたようであった。

　以上のように，ひろしは中期には，他児と歩調を合わせたり，他児に近付いたり，他児を呼び寄せたりして，対話を楽しむ様子が見られた。他児からの応答を得ること自体に喜んでいるようで，対話は長くは維持していなかったものの，満足している様子であった。

3）他児とともに歩調を合わせて，あるいは他児に近付いたり，他児を巻き込んだりして対話し，他児とは異なる意見を伝える様子も見られた後期
　　（全応答数6，対話開始発話数1）

　さらに後期になると，他児の元へ近付いて自分から話しかける場面（1事例）や，走るのが速い子以外とも歩調を合わせて歩きながら対話する場面（1事例），他児がひろしの発話に関心を持ち，ひろしを追いかけて対話が生じる場面（1事例），また，他児から助けを求められて応じようとする場面（1事例）が見られた。中期のように，他児からの応答を得ることだけで満足するのではなく，事例44のように，他児とは異なる自分の意見を述べる様子も見られた。

第Ⅳ部　個人の集団での対話への参加

> 事例44　　　　　　　　「おはながながーい」　　　　【後期】11月26日
> みおの斜め後ろをひろしが歩いている。みおが、左手で鼻の前にげんこつを作り、「おはなが、ながーーーい」と周りに聞こえる程度の声の大きさで言った（1）。ひろしはみおを見て、両手で鼻の前にげんこつを作り、「こういうのだよね」と言う（2）。みおは斜め後ろを振り返りひろしを見て、右手を左手の前に持ってきてげんこつを作り、真顔で「こういうのだよ」と言う（3）。ひろしが嬉しそうに「うん、こういうのだよね」と言う（4）と、二人は両手で鼻の前にげんこつを作ったポーズのまま、楽しそうに歩いて行った。

　この事例は、何をするのでもなく、散歩を楽しんでいる時に観察された。みおがおもむろに左手を鼻の前に持っていき、げんこつを作って「おはなが、ながーーーい」と「長い」を強調して言った（1）。すぐ斜め後ろにひろしがいたが、ひろしに宛てて言ったのか、自分の世界で楽しんで言ったのかは分からなかった。ひろしはみおを見て、両手のげんこつを鼻の前でつなげて「こういうのだよね」と言った（2）。みおは片手で、ひろしは両手でげんこつを作っている。みおはひろしを見て、自分も両手に直して「こういうのだよ」と言う（3）。ひろしの「おはな」の方が格好良く見えたのか、みおはあたかもはじめから両手で作っていたかのように、すんなりとひろしの案を受け入れ、自分のげんこつを修正した。ひろしは、自分の提案が受け入れられて嬉しかったようで、笑顔で「うん、こういうのだよね」と言い（4）、二人ともそのままの格好で歩いて行った。

　ひろしは、前期・中期ともに自分から他児に話しかけて対話しようとする場面が多く観察されたが、後期には、他児から話しかけられ、応答して対話する様子も見られた。その際、ひろしが他児とは異なる自分の意見を伝えて応答し、他児がひろしの意見を受け入れ、楽しく散歩を続けていた。また、前期には、身体が大きく走るのが速い子を追いかける様子が見られたが、後期には、他児がひろしを追いかけて対話が生じる場面も見られた。秋頃になり、子どもたちの体力差や走る速さの違いが縮まってきたことも影響してい

たと推察される。また，他児がひろしに助けを求め，ひろしが応じようとする等，言葉を交わすことを楽しむだけでなく，言葉を交わして共通の目的を達成しようとする様子も見られた。

　以上のように，ひろしは後期には，他児と異なる自分の意見を伝え，同じイメージを共有して対話を楽しんだり，他児から助けを求められて応じようとしたりするというように，言葉（とそれに伴う身体の動き）を媒介して，共通のイメージや目的を持って対話する様子が見られた。

3．具体的な事例にみる，たつやの対話への参加の仕方の変化

1）他児にまつわる事物に関心を寄せ対話するが，先を行く他児に置いていかれないよう，すぐに走り出して対話を終わらせていた前期（全応答数2，対話開始数2）

　たつやは，数が多くはなかったが，全期を通して他児との対話が観察され，その中で他児の発話に情報を追加して応答する様子や，中期・後期には質問する様子も見られた。自分のことを聞いて欲しくて他児に話しかけるというよりも，他児の状況に合わせて他児の思い（関心や目的）に寄り添って応答することが，たつやの特徴として観察された。例えば，事例45は，ちえが見つけた赤い実に関心を抱き，話しかける場面である。

事例45　　　　　「みせて！」「おちたかとおもったー」　　【前期】7月9日
　ちえが，道端の木に生っている赤い実を一粒取った。それをかじって，私に見せる。私が「おいしい？これ，何の実だろう」と言って，ちえの手のひらに乗せられた実を見ていると，先を行っていたたつやが走り戻ってきて，「みせて！」と勢いよく言った（1）。ちえが笑顔で，手のひらをたつやの方へ差し出して見せると，たつやはじっとその実を見た後，「あれ？」と言って突然慌てて地面を見始めた（2）。ちえはたつやを見ている。たつやがちえの手を見ると，赤い実が乗っている。たつやは赤面し，笑いながら「おちたかとおもったー」と言った（3）。ちえはにこっと笑い，たつやも笑う。ちえは「おちてないよー」と言い，赤い実をそっと手

のひらで包んで，両手をグーの形にして顔に近付け，「くふふ」と笑う（4）。たつやも笑って，走り出す。ちえも笑いながら追いかけていった。みんながいるところへ追いつくと，先生がちえの持っている実を見て「さくらんぼみたいに，真っ赤だねー！」と大きな声で言う。ちえは笑って，その場を走り出し，たつやも笑いながら，ちえを追いかけた。

　たつやは，ちえの数メートル前にいて，前方の先生や他児を追って歩いていた。また，ちえの少し後ろに筆者がいて，さらにその後ろを数メートル離れて，他児が道端の物を拾ったり眺めたりして歩いていた。ちえは赤い実を見つけて筆者に見せ，筆者が「何の実だろう」と言って二人で赤い実を見ていたが，筆者の声がたつやの耳に届いたようであった。そして，たつやが振り向いて，駆け寄ってきて，「みせて！」と言った（1）。ちえが見つけた物を自分も確認して，共有したいという思いが読み取れる。また，赤い実が落ちたと勘違いし（2・3），落ちていなかったと分かると（4），互いに笑って，駆け出した。たつやは，ちえが見つけた赤い実を自分の目で確認できたこと，また，落ちたと勘違いしたことに対して，ちえが「くふふ」と笑って柔らかい雰囲気で受け止めてくれたことで，照れとともに嬉しい気持ちでまた駆け出したようであった。また，ちえも，たつやが自分の見つけた赤い実に関心を寄せたため，嬉しそうであった。

　以上のように，たつやは前期から，他児にまつわる事物に関心を寄せ，話しかける様子が見られた。事例45では，話題について「おちたかとおもった」「おちてないよ」という応答をし合っただけで，すぐにまた走り出していた。先を行く他児に置いていかれないようにという気持ちがあり，ひとつの話題について様々に話すのではなく，すぐに対話を終わらせていたと考えられる。同様の特徴は，事例42（ひろしの前期の事例）におけるたつやの様子からも読み取れる。

2）他児にまつわる事物に関心を寄せ，互いの考えを伝え合って対話していた中期（全応答数 3，対話開始発話数 0）

　中期にも，前期と同様に，他児の状況に合わせて他児の思い（関心や目的）に寄り添って応答する様子が見られたが，中期には，話題について他児とは異なる自分の考えを伝えて対話する場面が見られた（2 事例）。

事例46　　　　　　　「みつ，おいしいんだよ」　　　　【中期】　9 月 17 日
　道端に，花が咲いていた。日頃からこの前を通ると，その蜜を味わっている花だ。ひろしが花の前で立ち止まり，「なんだこれー！（1）」と大きな声で言った。たつやが駆け寄り，「どれー？（2）」と聞くと，ひろしはたつやと私を振り返り，「みてー！（3）」と言った。たつやが横からのぞき込むようにして花を見て，「みつ，おいしいんだよ（4）」と言うと，ひろしも「そうだよ，ここにさいてるのはいいんだよ（5）」と言う。蜜を吸っていいんだよという意味である。たつやが歩き出すと，ひろしも花をいくつか取り，「ママにおみやげー」と言いながら歩き出した。「いいね，ママきっと喜ぶよ」と私が言うと，ひろしは笑顔で「うん」とうなずいた。

　たつやは，ひろしから数メートル離れたところを，棒切れを拾って地面にあてたり，道行く人を見たりして歩いていた。ひろしが花の前で「なんだこれー！」と言うと（1），たつやはひろしを見て駆け寄り，「どれー？」と聞いた（2）。さらに，ひろしの「みてー！」という呼びかけ（3）に応じ，花が咲いているのを確認すると，「みつ，おいしいんだよ」とひろしに伝えた（4）。ひろしの「なんだこれー！」の言葉には，すごい物（花）を見つけたという喜びが表れていた。それに対して，たつやは過去に皆で蜜を吸った経験に基づき，蜜が美味しいという知識をひろしに伝えた。また，ひろしも同様に蜜を吸った経験があるため，「そうだよ」と同意し，さらにここに咲いている花の蜜は吸ってよいという知識をたつやに伝えた（5）。たつやは，ひろしが見つけた花という話題について関連する知識（蜜が美味しいこと）をひろしに伝え，また，ひろしも，たつやの提示した蜜が美味しいという情報

に関連する知識（ここの花は蜜を吸ってよいこと）をたつやに伝え返した。ただし、たつやは花を摘むこともなく、互いの知識を伝え合うと、満足したように歩き出した。

　以上のように、たつやは中期に、他児の見つけた物に関心を寄せ、その話題に関連する知識を他児に伝える様子が見られた。また、別の事例でも、他児の作った色水に対して、「あかくなるんだね」と言って、発見した知識（花を水に入れて揉むと水が赤くなること）を他児と確認し、共有している。このように、話題となっている物についての知識を伝えたり確認したりして、共有していた。そして、他児と共有できると満足して、また歩き出す様子が見られた。

3）他児の行為の目的にも関心を寄せ、思いを尋ね、励ます様子が見られた
後期（全応答数8，対話開始発話数2）

　さらに後期になると、他児にまつわる事物に関心を寄せた際、話題となっている物について知識を共有するだけでなく、他児の行為の目的にも関心を寄せ、思いを尋ね、励ましたり手伝ったりする様子が見られた。すなわち、他児の内面に寄り添い応答する様子が見られた。

事例47　　　　　　「もってかえるの？」　　　　　【後期】11月26日
　広場で遊んだ後、先生が「そろそろ帰ろうかー」と言い、子どもたちはそれぞれに自分の靴を履いたり、バッグを背負ったりして準備を始めた。あいは道端で見つけた長さ約60cm、直径約1.5cmほどの棒切れを両手で持ち、右足で押さえて折ろうとしていた。そこへ、たつやが駆け寄り、のぞき込んで「もってかえるの？」と尋ねた（1）。あいは目線を棒切れに向けたまま「うん」と答え、両手と足に力を入れ続けている（2）。たつやが「がんばれ！」と大きな声で言う（3）と、あいが「どうやってやるの？」と言って、棒切れをたつやの方へ差し出した（4）。たつやは棒切れを受け取り、「これは、かたいとおもうけどねー」と言いながら、両手と足で折ろうとする（5）。しかし、棒切れは折れない。あいは、たつやから棒

切れをもらい，「あいちゃん，ここおさえてるから」と言って，先ほどと同じように足で棒切れを押さえる（6）と，少しして棒切れが折れた。二人は互いを見て，ふふふ〜と笑った。先生が遠くから「おーい，行くよー」と言ったため，二人は走りだし，皆の方へ向かった。

　この事例は，広場で保育所へ帰る準備をしている時に観察された場面である。たつやは，先生の「そろそろ帰ろうかー」という言葉を聞き，自分も帰る準備をしようと動き出した。そこへ，あいが棒切れを折ろうとしていることに気付き，駆け寄って「もってかえるの？」と尋ねた（1）。帰る準備をしている時に，あいが棒切れと格闘している様子を見て，あいが棒切れを追って小さくして持って帰りたいが，うまくできないという状況を推測したのであろう。あいが「うん」と答えて（2），棒切れを折ろうとし続けるのを見て，たつやは「がんばれ！」と応援する（3）。しかし，あい一人の力では棒切れを折ることができず，あいがたつやに助けを求めた（4）。たつやは，「これは，かたいとおもうけどねー」と自分の考えを口にしながらも，自分も棒切れを折ろうとしてみる（5）。しかし，たつやにも折ることができず，再びあいが挑戦する（6）。最後は，あいが棒切れを折ることができて，先生の言葉かけを受けて二人とも走りだして，対話が終わった。

　以上のように，たつやは後期に，他児の行為の目的に関心を寄せ，思いを尋ねて他児を応援したり，助けを求められて応じたりする様子が見られた。その際，中期と同様に自分の考えを伝えながら，さらに他児の思いに応えようとしていた。他児がたつやに助けを求めた背景には，たつやが日頃から他児の様子を気にかけ，他児の思いに寄り添って対話していたことがあると考えられる。たつやは他児に関心を寄せて，相手に押し付けることなく関わる様子がよく見られた。そのため，他児もたつやに助けを求めやすかったと推察される。

4．本節のまとめ

　散歩場面での2名の対話への参加について，応答数・対話開始数を見ると，ひろしは，全期を通して応答数も対話開始数も比較的多く，他児との対話が安定して観察された。時期による一律の変化は見られなかった。一方，たつやは，応答数が中期・後期と増え，後期に最多であった。ひろしより総数は少なかったものの，全期を通して他児との対話が観察された。宛先の方向・量のソシオグラムからは，ひろしは，全期を通して比較的積極的に対話へ参加していたことが読み取れる。また，たつや・なお・ちえ・みおとの相互の発話が見られた。一方，たつやは，ひろしよりは少ない人数で，他児との対話が全期を通して観察された。

　また，2名の応答が対話をどのように発展させているかについて，直前の他児による発話と2名の応答との関連性を検討したところ，話題の共有・展開の仕方は，両者とも前期・後期に全応答が「共有・無展開」で，中期に1応答ずつ「共有・展開」が見られた。すなわち両者の共通点として，時期によって，話題の展開の仕方に変化は見られなかった。「他児の応答を引き出しやすい応答」の使用を見ると，全期を通して，ひろしは前期に「反論・否定」が多く，中期・後期に「その他の情報追加」（自他の同異以外の情報追加）が見られた。また，たつやは全期を通して「その他の情報追加」が見られ，中期・後期には「質問」も見られた。このように，両者ともに，同時期に三種類以上の「他児の応答を引き出しやすい応答」を使用していなかった。

　さらに，具体的な事例解釈から，ひろしは，前期には，自分から他児に話しかける様子が見られたが，他児が走り去ってしまったり，他児と意見が対立し譲歩できなかったりと，対話が円滑に維持されなかった。中期には，他児と歩調を合わせたり，他児に近付いたり，他児を呼び寄せたりして対話していた。他児からの応答を得ること自体を喜んでいるようで，対話は長くは維持していなかったものの，満足している様子であった。さらに後期には，

他児と異なる自分の意見を伝え，同じイメージを共有して対話を楽しんだり，他児から助けを求められて応じようとしたりするというように，言葉（とそれに伴う身体の動き）を媒介して，共通のイメージや目的を持って対話する様子が見られた。一方たつやは，前期から，他児にまつわる事物に関心を寄せ，話しかける様子が見られた。しかし，先を行く他児に置いていかれないようにという気持ちがあり，ひとつの話題について様々に話すのではなく，すぐに対話を終わらせていた。中期には，他児の見つけた物に関心を寄せ，その話題に関連する知識を他児に伝える様子が見られた。話題となっている物についての知識を伝えたり確認したりして他児と共有し，満足してまた歩き出す様子が見られた。さらに後期には，他児の行為の目的に関心を寄せ，思いを尋ねて他児を応援したり，助けを求められて応じたりする様子が見られた。その際，中期と同様に自分の考えを伝えながら，さらに他児の思いに応えようとしていた。

　以上のように，ひろしとたつやとは，観察当初から他児への応答の仕方や対話への参加の仕方が異なり，それぞれに変化していることが示唆された。

第5節　本章のまとめ

　本章では，保育所2歳児クラスの食事場面および散歩場面での対話において，それぞれ他児への応答の特徴が異なる2名の対話への参加の仕方がどのように変化するかを検討した。その際，各2名の他児への応答について①「話題を共有・展開する応答」の使用の変化，②「他児の応答を引き出しやすい応答」の使用の変化を分析し，③2名の対話への参加の仕方の変化について，対象児らの思いや場の雰囲気も含めて分析した。

　そして，食事場面・散歩場面におけるひろしの対話への参加の仕方を比較し，共通点として1），相違点として2）の示唆を得た。さらに，食事場面のすすむとひろしの対話への参加の仕方の変化から，3）の示唆を得た。

1）自他の同異への気付き・言及と対話の仕方の変化

　ひろしは，食事場面でも散歩場面でも，前期から積極的に他児と対話していた。特に食事場面では，「○○（名前）はいい/だめ」や「○○はいちばん/いちばんじゃない」という内容の対話を主導する様子が多く見られ，早い時期から自他の同異に関心を持ち，自分と他児が同じであったり違ったりするということの面白さを対話の中で経験しているようであった。また，食事場面の中期にも散歩場面の前期・中期にも，他児と意見が対立し，互いに譲らない様子が見られた。このように，ひろしの特徴として，前期・中期には，自他の同異への関心やこだわりが対話の中にも見られた。一方，食事場面でも散歩場面でも，後期になると，他児と意見が対立したり異なったりした場合に，他児の意見を受け入れ自分の意見と統合する等の姿が見られた。このことから，ひろしの場合，自他の同異への関心やこだわりが前期・中期の対話の中に見られ，その時期を経て，後期の，自他の違いを踏まえた円滑な対話へとつながったと推察される。こうした特徴は，食事場面においても，散歩場面においても見られた。

　なお，自他の同異について他児と共有することは，2-3歳児同士ならではの対話の楽しみ方のひとつであると同時に，自分と他児が異なる存在であることに気付き，視点取得（perspective taking）や4歳頃に見られるとされている「心の理論」の発達につながる原初的な経験であると考えられる。また，自他の同異に関心を抱くということは，やがて性別の同異に気付くことへとつながると考えられる。例えば，保育所2歳児クラスの秋頃から年度末頃になると，「○○ちゃんはおんなのこ。△△ちゃんは？」といった性別への言及や，（「○○と△△はおとこのこチームー！」「××はおとこのこだから，おんなのこチームにはいれないんだよ」といった性別による自発的なチーム分けを行う様子等が見られる。本研究では11月までの事例を分析対象としたが，この頃以降に，そうした性別の違いへの気付きや言及が多く見られるようになると推察され，実際に他の年度の2歳児クラスでもそうした場面

が見受けられる。今後，幼児期ならではの保育集団のあり方の変化を見ていくためには，本研究で観察された自他の同異への言及の仕方がどのように変化するか，その中で性別の同異への言及がどのように現れ，実際のグループ分けや遊び方の変化等にどのように反映されるか等，2-3歳期ならではの特徴について詳細に分析する必要があるだろう。

2）対話のしやすさ，他児の関心を引くアプローチの仕方の違い

　食事場面と散歩場面の両方について，対話への参加の仕方を検討したひろしの分析結果から，対話のしやすさや他児の関心を引くためのアプローチの仕方に違いがあることが示唆された。ひろしは食事場面では，全期を通して積極的に他児と対話していた。話しかけたい相手がつねに近くにいるために，Table 23でも見たように，対話開始数も応答数も多かったと推察される。一方で，散歩場面では，前期には，身体が大きく走るのが速い他児を追いかける様子が見られた。他児と話したいと思っても，相手がいなくなってしまい，対話ができないという場面もあった。一方で，後期になると，他児がひろしを追いかけて対話が生じる場面も見られ，必ずしもひろしが一方的に他児を追いかけるばかりではなくなった。秋頃になり，子どもたちの体力差や走る速さの違いが縮まってきたことも影響していたと推察される。

　また，食事場面でも散歩場面でも，大きな声で発話することで他児の関心を引く様子が見られたが，散歩場面では，事例46にもあったように，「なんだこれー！」や「みて！」等，声の大きさだけでなく，他児の関心を引く言葉を用いて，他児との対話を開始していた。このように，散歩中は他児との間の距離が大きく，別の方向を見ている他児の関心を引くために，「みて」等の言葉を用いる必要がある。

　以上のように，同じテーブルを囲んで向かい合っているために視線を交わらせやすい食事場面と，身体と身体の間の距離があり，それぞれに異なる物に視線を向けている散歩場面とでは，他児との対話のしやすさが異なること

が示唆された。すなわち，他児と対話するためには，同じ場にとどまり，互いの視線を交わらせたり同じ物を共同注視したりする必要がある。そうした状況の違いが，対話のしやすさの違いを生じさせており，他児の関心を引くためのアプローチの仕方も異なるということが示唆された。

3）他児同士の対話を聴く経験の意義

食事場面におけるすすむとひろしの対話への参加の仕方の分析から，以下の示唆を得た。すすむは，前期・中期にはあまり積極的に対話へ参加せず，他児間の対話を聴いていることが多かった。この他児間の対話を聴くという経験を蓄積したことで，後期になってより能動的に対話へ参加するようになったと考えられる。また，ひろしも，中期になると他児同士の対話を聴くという経験をしたことで，後期になって自分とは異なる他児の意見も取り入れた対話をするようになったと考えられる。

このように，直接他者と言葉を交わして対話に参加する経験に限らず，他者間の対話を傍で聴く経験によって，言葉や対話の仕方を学びうることは，他の研究でも示されている。例えば，Akhtar et al. (2001) や Akhtar (2005a) は，大人との一対一の会話をすることが少ない非西欧圏（主に非産業国）において，大人同士の会話を傍で聴いていた2歳児が，会話に出てきた初めて聴く言葉を学んでいたことを明らかにした。また，Rogoff et al. (2003) の，他者間の相互作用を注意深く見て「聴きこむ（"listening in"）」ことが，言葉の学習や他の社会認知的スキルの習得において重要であるという指摘も踏まえ，Akhtar (2005b) は，言葉を学ぶ上では，当事者として会話に参加することが最も重要なのは生後の早い段階であり，生後24ヶ月までには他者同士の相互作用を見て学ぶことができるほどに成熟するのではないかと推察している。

これらの知見を合わせると，本研究で対象とした2歳児クラスでも，他児同士（あるいは保育者と他児）の対話を聴く経験を重ねる中で，言葉や他者と

の対話の仕方を学んでおり，それはすすむやひろしに限られたことではない
と言えよう。特に2-3歳児の場合，一定の時間，同じ空間に留まる食事場
面だからこそ，二者や三者という少人数ではなく，より多人数の集団での対
話を経験し，集団での対話への参加の仕方を学ぶことができると考えられる。

第Ⅴ部　総合考察

第9章　総合考察

　本研究は，保育所2歳児クラスの幼児同士の対話のあり方について，集団での対話のあり方の変化，個人の対話への参加の仕方の変化，そして対話が生じる場の固有性という3つの異なる次元（Figure 2）から，時期別の特徴の変化を描き出すことを目的とした。

　第1章では，第1節で日常の保育場面における集団での対話―すなわち二者間対話や三者間対話に限定せずに，集団の中で生じる対話―について検討することを述べた。特に，先行研究で対象とされることの少なかった食事場面と散歩場面を対象とすることを述べた。そして，第2節から第5節で，具体的な分析視点を整理した。第2節では，「対話への参入」を捉えるための視点として，ブルーナー（1988）の「フォーマット」概念の二層構造に着目し，同一の深層構造をもつ事例間における，表層構造としての模倣/非模倣の使用の変化に着目することを述べた。第3節では，「対話の維持発展」を捉えるための視点として，語用論的研究の分析単位を踏まえ，バフチン（1988，1989，2002）の発話論に基づく分析単位を採用することを述べた。具体的には，①話者交代にともなう宛先の広がり，②発話の直前直後の発話内容の関連性を捉えるための応答連鎖の特徴と発話意図，③文脈レベルでの発話内容の関連性を捉えるための話題と話題への評価，④②と関連し，応答連鎖の特徴を捉えるための「他児の応答を引き出しやすい応答」の使用，⑤②と関連し，終助詞・間投助詞の使用，の諸視点である。さらに第4節では，対話が生じる場の固有性を捉える視点として，①身体の位置，②媒介物の有無，③話題の特徴に着目することを述べた。最後に第5節では，対話へ参加する個人の変化に着目することを述べた。以上の分析視点と対応する章との関係については，Table 1にまとめた。

上記の分析視点を踏まえ，第2章では，研究協力園や観察の期間・場面の詳細について説明した後，参与観察を行うこと，また観察記録の方法として「エピソード記述」を採用することを述べた。そして，分析部分にあたる第3章から第8章に共通する分析の方法として，事例の分類の仕方について説明した。具体的には，時期による分類と，深層構造（その対話で実現されている発話の機能）による分類をすることを述べた。

以下では，第1章で述べた分析視点に基づき，保育集団での2-3歳児同士の対話分析をした第3章から第8章の知見を部ごとに整理し，意義を述べた上で，総合的考察を行う。

第1節　各章の総括

1．第Ⅱ部のまとめと考察

第Ⅱ部では，食事場面と散歩場面における保育集団での2-3歳児同士の「対話の成り立ち」について明らかにすることを目的とした。そこで，第3章では①事例数，②対話への参入者数，③応答連鎖数，④クラス内の発話の宛先の量と方向の変化について分析した。さらに，第3章で示唆された場面間・深層構造間の特徴の違いをもたらした要因について検討するため，第4章では，①身体の位置，②媒介物の有無，③話題の特徴について検討した。いずれも場面別・深層構造別・時期別に検討し，比較考察した。

1）第3章のまとめ

第3章の結果から，場面別の特徴を見ると，事例数・対話への参入者数・応答連鎖数いずれにおいても，散歩場面よりも食事場面で多かった。このことは，クラス内の発話の宛先の量・方向を図示したソシオグラム（Figure 5）にも表れていた。食事場面で散歩場面よりも，より多い人数でより長く対話

を維持させ，より多く対話している様子が観察された理由として，以下のことが予想された。すなわち，食事場面は，一定の時間，同じ空間で同一（もしくは類似）の物を共有しながら座位で向かい合って過ごすという特徴がある。一方，散歩場面は移動の自由があり，様々な事物に注意が向きやすく，すぐに移動してまた別の事物について対話することができる。そのため，散歩場面よりも食事場面で，幼児同士の対話が生じやすいと推察された。この点については，次の第4章で詳しく検討した。

　また，深層構造別の特徴を見ると，両場面とも"伝える"事例が"確認する"事例よりも多く，"確認する"事例は"伝える"事例の3分の2程度観察された。すなわち，2-3歳児同士の対話では，他児に属する情報を確認することも，自らに属する情報を相手に伝えることも対話の契機となっていたが，特に伝えることが対話をより多く生じさせていた。このことから，保育集団での2-3歳児同士の対話は，自分に属する情報を相手に伝えたいという志向性と，相手に属する情報を確認したいという志向性の両方が，幼児同士の対話を成り立たせていることが分かった。このことは，幼児間の「共に遊ぶことへの志向性」に，"自分の好きな遊びを相手に知ってもらいたい，その遊びを好きになって欲しい"という自己から他者への志向性と，"相手の好きな遊びを知りたい，その遊びを同じようにやってみたい"という他者を基点に自己に向かう志向性という，2つの方向性があること（高櫻，2013）とも通ずる特徴である。両者の量を比べると，自分に属する情報を相手に伝えたいという志向性が対話を生じさせることの方が多かった。

2）第4章のまとめ

　第4章では，第3章で明らかになった場面別・深層構造別の対話の特徴について，その違いをもたらす要因を検討した。その結果，①身体の位置の分析から，座位の食事場面は，体力差や歩調を合わせられること等にかかわらず，誰でもが集団での対話に参加できる可能性があるのに対し，散歩場面は，

体力差や歩く速さの差の縮まりに加えて，他児と歩調を合わせたり一ヶ所に集まったりするというように，他児と思いを合わせて散歩できるようになることが，幼児同士の対話において重要であることが示された。また，散歩場面では，前期に「近く」が多く，時間が経過すると「寄り」「歩調」も見られ，後期には「遠く」も含めたすべての位置関係が観察された。すなわち，散歩場面で見られた身体の位置の変化に，上記の2-3歳児の心身の発達の特徴，すなわち体力の向上や他児に関心を持ち関わろうとすること，他児と思いをひとつにすること等が反映されていたことが推察された。

　さらに，②媒介物の有無の分析から，食事場面の"確認する"事例のみ，媒介物無の事例が多い時期から，媒介物有の事例が多い時期へと変化していた。一方，食事場面の"伝える"事例と散歩場面の"確認する"事例，"伝える"事例では，先行研究（山本，2007等）の指摘と同様，媒介物有の事例が多い時期から，媒介物有と無の事例が同数の時期へと変化していた。このことから，対話が生じる場や対話の目的によって，媒介物の機能が異なることが示唆された。

　このことについて，さらに③話題の特徴を分析したところ，媒介物有の事例が多い時期から媒介物有と無の事例が同数の時期へと変化していた，食事場面の"伝える"事例と散歩場面の"確認する"事例，"伝える"事例では，先行研究（外山・無藤，1990；外山，2000）の指摘と同様，食事あるいは散歩に関連する具体的な事物を話題とすることの多い時期から，必ずしも食事あるいは散歩に関連しない抽象的な事柄（例えば，自分や他児の心情等）をも話題とする時期へと変化していた。すなわち，後期には，媒介物がなくても幼児同士で対話する様子が見られるようになった。一方で，上記の事例とは逆に，媒介物無の事例が前期に多かった食事場面の"確認する"事例では，他児の承認を得るという抽象的な事柄を話題とする場面が多く見られた。このことは，他児の承認を確認する行為で対話へ参入するという経験を重ねたことで，中期や後期に，より具体的な事物について確認する対話へ参入するこ

とができるようになったと推察される。すなわち，事例中に見られた「いい？」「いちばん？」といった2-3歳児にとっても分かりやすく言いやすい言葉を媒介することで，対話への参入経験を重ねていたと考えられる。

3）第Ⅱ部の意義

以上のように，第Ⅱ部では食事場面および散歩場面における2-3歳児同士の対話の特徴について，深層構造別・時期別の特徴を明らかにした。先行研究や予想されたこととの比較において，以下の3点の意義があったと考えられる。

第一に，「クラス全員が顔を合わせ，色々な話を楽しむ場」（外山，1998）であるとされ，直感的にも集団での対話が生じやすいと予想される食事場面について，散歩場面との比較を通して，なぜ集団での対話が生じやすいかを明らかにした点である。特に，散歩場面の前期には，主に身体の位置が「近く」の事例が観察されたことから，2歳児クラスの夏頃までは，もともと他児と近くにいることが対話の成立に必要な条件であり，その条件をつねに満たしている食事場面は，2-3歳児同士の対話を経験しやすい場であることが確認された。

第二に，移動の自由があるために集団での対話が生じにくいと予想された散歩場面について，心身の発達が身体の位置に反映され，対話の生じる状況に変化が見られることを示した点である。すなわち，身体的側面として，前期にはまだ大きかった体力差や歩く速さの違いが，中期・後期に徐々に縮まるといった2-3歳期ならではの発達が影響していたと考えられる。また，心理的側面として，前期には思い思いに散歩し，もともと近くにいた他児と対話することが多かったが，中期・後期には自分から他児に近寄ったり，歩調を合わせたり，あるいは遠くにいる他児に話しかけたりと，離れたところにいる他児にも関心を抱き，思いを合わせて対話するようになっていた。このように，座位の食事場面では必ずしも見られなかったと考えられる心身の

発達の特徴を，散歩場面の対話に反映されたものとして捉えることができた。

　第三に，対話の目的の違いによって，対話の特徴が異なることを示した点である。本研究では「深層構造」（その対話で実現されている発話の機能）に着目し，事例を"模倣する"事例，"確認する"事例，"伝える"事例の3種類に分類した。先述のように，"確認する"事例は，他児に属する情報を確認したいという志向性をもつもの，"伝える"事例は，自分に属する情報を相手に伝えたいという志向性をもつものと考えられる。これに着目すると，2-3歳児同士の対話では，"確認する"事例と"伝える"事例の両方が多く観察されたことから，両方の志向性が対話を生じさせていたこと，さらに，"伝える"事例の方が多かったことから，自分に属する情報を相手に伝えたいという志向性がより多く対話を生じさせていたことが分かった。また，先述のように，従来の先行研究による知見が，対話の目的によっては必ずしもあてはまらないことも示した。

2．第Ⅲ部のまとめと考察

　第Ⅲ部では，第Ⅱ部で明らかになった「対話の成り立ち」に関する特徴を踏まえ，食事場面および散歩場面における「対話への参入」の仕方，および「対話の維持発展」の仕方について検討した。第5章では，「対話への参入と対話の維持」という視点から，第1章第2節で述べた表層構造としての模倣/非模倣の使用の変化を検討した。第6章および第7章では，「対話の維持発展」という視点から，それぞれ"確認する"事例と"伝える"事例について，第1章第3節で述べた分析視点に基き検討した。

1）第5章のまとめ

　第5章では，同一の深層構造（すなわち"確認する"と"伝える"）をもつ事例間で，表層構造としての模倣/非模倣の使用がどのように変化するかを量的・質的に検討した。

第 9 章　総合考察　247

　その結果，食事場面では，他児の発話を模倣することで確認や叙述を行うことの多い時期から，他児の発話とは異なる表現で確認や叙述を行うことの多い時期へと変化していた。一方，散歩場面では逆に，模倣以外の応答で確認や叙述を行うことの多い時期から，他児の発話を模倣することで確認や叙述を行うことの多い時期へと変化していた。すなわち，対話が生じる場によって，模倣の多く見られる時期が異なっていた（Figure 6）。

　また，具体的な事例分析から，食事場面では媒介物との関係で，散歩場面では身体との関係で，模倣に異なる特徴が見られた。すなわち，食事場面では，食具や食材等を全員がはじめから共有していることで，早い時期から模倣が見られたと考えられる。一方，散歩場面では，歩調を合わせたり，距離を超えて（近付いたり遠くから大声を出したりして）対話できるようになってはじめて模倣することができるために，遅い時期に模倣が見られたと考えられる。また，食事場面ではフォークの持ち方等を"確認する"事例で模倣が多く見られたことから，確認の際に用いられる〈質問―応答〉等の隣接対が，模倣を行いやすくしていると推察された。

　以上のように，対話が生じる場によって，また，対話の目的によって，模倣が多く見られる時期や模倣の規定要因が異なることが明らかになった。これらの結果は，後述するように，従来の先行研究で指摘されていた模倣の機能に，新たな知見を加えるものである。

2）第 6 章のまとめ

　第 6 章では，"確認する"事例における「対話の維持発展」の仕方を捉えるため，第 1 章第 3 節で述べた①宛先の広がり，②話題の共有，③話題への評価の共有の 3 点に着目し，場面別・時期別の特徴を検討した。

　①宛先の広がりについては，以下の結果が得られた。食事場面の"確認する"事例では，抽象的な事柄に関する話題（他児からの承認等）と，具体的な物に関する話題（フォークの持ち方等）のいずれにおいても，前期もしくは中

期に二者間対話の連続が，後期に三者間対話の連続が観察された（Table 16 上）。すなわち，後期には，第三者への宛先の切替が見られ，三者以上で対話していた。一方，散歩場面では，抽象的な事柄に関する話題（他児の心情等）の後期の事例のみ，第三者への宛先の切替が見られ，三者以上で対話していたが，それ以外はすべて二者間対話であった（Table 16 下）。第5章の結果と合わせると，後期の抽象的な事柄に関する話題（他児の心情等）の事例では，模倣により複数名が対話へ参入することができ，それに対する宛先の広がりが見られたと考えられる。以上より，食事場面では，中期・後期に三者間対話や三者間対話の連続（すなわち，三者以上の集団での対話）が見られたが，散歩場面では，全期を通してほぼすべてが二者間対話で，後期の他児の心情を確認する事例でのみ，模倣に支えられて三者間対話が見られた。

②話題の共有と③話題への評価の共有については，以下の結果が得られた。食事場面では，話題は全期を通して共有が認められ，話題への評価は前期・中期には共有が認められず，後期に共有が認められた。一方，散歩場面では，前期には対話がすぐ終わるために必ずしも話題の共有が認められなかったが，中期以降は話題の共有が認められ，後期には，話題への評価の共有も認められた。両場面の共通点として，後期になると，話題だけでなく話題への評価も共有して，すなわち他児の述べた評価をそれとして受け止めた上で，自らの評価を述べて対話していたことが明らかになった。

3）第7章のまとめ

第7章では，"伝える"事例における「対話の維持発展」の仕方を捉えるため，第1章第3節で述べた①応答連鎖の維持の仕方（「他児の応答を引き出しやすい応答」の使用と終助詞・間投助詞の使用），②宛先の広がり，③話題の展開の3点に着目し，場面別・時期別の特徴を検討した。

①応答連鎖の維持の仕方については，以下の結果が得られた。「他児の応答を引き出しやすい応答」の使用に関しては，食事場面・散歩場面ともに

「自他の同異以外の情報を追加する応答」が全期を通して見られたが,徐々に比率が増え,食事場面では後期に,散歩場面では中期・後期に,全「他児の応答を引き出しやすい応答」のうち5割以上を占めていた。このことから,2-3歳児同士の集団での対話では,夏から秋以降に,様々に情報を追加しながら対話していたことが示された。終助詞の使用に関しては,食事場面・散歩場面ともに,全期を通して終助詞「よ」の使用が多かったが,徐々に比率が減っていった。また,終助詞「ね」の使用が,食事場面では中期・後期に増え,散歩場面では(中期に最多で)中期・後期に見られた。このことから,自分の主張に重きを置くだけでなく,他児に受け入れられ,つながりたいという思いが見られるようになることが示唆された。"伝える"事例は,自分に属する情報を相手に伝えたいという志向性をもつが,一方向的に伝える(例えば,終助詞「よ」「の」を用いる)だけでなく,他児の意思を気にしながら伝える(例えば,終助詞「ね」を用いる)ようになるというように,伝える際の他児への考慮の仕方が変化していることが推察された。

②宛先の広がりと③話題の展開については,以下の結果が得られた。前期には,食事場面・散歩場面ともに,三者以上への宛先の広がり(すなわち第三者への宛先の切替)も,話題の展開も見られなかった。中期になると,食事場面では第三者への宛先の切替が見られ,三者間の対話が観察され,また,ひとりが話題を次々と展開する様子が見られた(Table 22上)。一方,散歩場面では,中期は二者間対話のみで,話題も展開する様子が見られたが,食事場面ほどさかんではなかった。さらに後期になると,食事場面では三者間対話もしくは三者間対話の連続が観察され,複数名が話題を次々と展開する様子が見られた。一方,散歩場面では,同一方向の三者以上の対話や一方向に連なる三者以上の対話というように,三者以上が対話へ参入するものの,第三者への宛先の切替は見られなかった。また,話題も展開する様子が見られたが,食事場面ほどさかんではなかった(Table 22下)。このことから,"伝える"事例では,食事場面・散歩場面ともに,中期・後期になると話題を展

開することが示された。また，"確認する"事例と同様，食事場面では中期・後期には三者以上への宛先の広がりが見られたが，散歩場面では，後期に三者以上が参入する対話が見られたものの，宛先が一方向であり，第三者への宛先の切替は見られなかった。

4）第Ⅲ部の意義

以上のように，第Ⅲ部では，食事場面および散歩場面における2-3歳児同士の対話の特徴について，「対話への参入」と「対話の維持発展」という視点から，深層構造別・時期別の特徴を明らかにした。先行研究や予想されたこととの比較において，以下の3点の意義があったと考えられる。

第一に，2-3歳児同士の対話における模倣の機能について，新たな知見を得たことである。従来の2-3歳児同士の対話研究（江口，1974；遠藤，1985；内田・無藤，1982；山本，2003；山本，2007；瀬野，2010等）では，模倣の多い時期から，模倣以外の仕方で他児の発話に適切に応答する時期へと移行することが示されてきた。たしかに，本研究の食事場面においても同様の特徴が見られ，食事場面では模倣が「対話へ参入し対話を維持する」ことを可能にする機能をもち，模倣により対話へ参入し対話を維持する経験を重ねることで，自分なりの発話の仕方を身につけ，その後，他児とは異なる表現で対話へ参加するようになると考察した。一方，散歩場面では，前期・中期に模倣以外の仕方で応答する場面が多く見られ，後期に模倣が多く見られた。すなわち，本研究の半年間という限られた期間での観察では，散歩場面において模倣は，思い思いに散歩を楽しむことの多い前期や中期には少なく，他児とともに散歩しながら対話を楽しむことができるようになる後期に多く見られた。このことから，散歩場面における模倣は，他児とともに散歩しながら対話を楽しむことができるようになったことの現れであり，楽しい雰囲気を共有しながら散歩することを支える機能があると考えられる。このように，対話が生じる場によって，模倣の機能が異なることが示唆された。

第9章　総合考察　251

　第二に，宛先の広がりに着目したことで，保育集団での2-3歳児同士の対話において，食事場面では本研究の中期以降にあたる夏から秋以降に，三者以上の集団での対話も行うこと，また，散歩場面でも後期に，模倣することで三者以上での対話を行うことが示された。特に食事場面で観察された三者間対話の連続は，10名ほどの集団でテーブルを囲んでいた食事場面だからこそ観察されたと言えよう。第1章第2節で指摘したように，従来の先行研究は二者間対話を対象としたものがほとんどで，三者以上の集団での対話について検討したものは少なかった。また，集団での対話を対象とした研究でも，限られた場面のみを対象としており（例えば，外山（1998）では食事場面，瀬野（2010）では遊び場面），異なる場面における集団への宛先の広がり方について比較検討したものはなかった。本研究は，食事場面と散歩場面という異なる特徴をもつ場面での対話を分析対象としたことで，食事場面では集団での対話へと広がっていった過程を，散歩場面では（模倣することで）三者間の対話へと広がったということを明らかにした。このような集団の対話におけるダイナミックな構造変化は，宛先に着目したことではじめて描き出すことができたと考える。

　第三に，話題の共有と話題への評価の共有に着目したことで，2-3歳児同士の応答関係を支える要因の変化について明らかにしたことである。先行研究では，2歳半頃になると，幼児同士の応答関係が成り立ち，3歳頃になると他児の発話を受け止めた適切な応答を返すようになることが指摘されている（Hay, 2006；山本，2003；山本，2007）。しかし，応答の適切さをどのように判断しているかの根拠が不十分であった。それに対し，本研究で話題と話題への評価を分けて，それぞれの共有の有無について分析したことで，ただ話題を共有するだけでなく，他児が述べた話題への評価をそれとして受け止めた上で自らの評価を述べることが，いわゆる適切な応答のために必要であること，また，そうした応答が食事場面の秋頃になると見られることを明らかにした。

3. 第Ⅳ部のまとめと考察

　第Ⅳ部では，第Ⅱ部および第Ⅲ部で明らかになった，2-3歳児同士の集団での対話の特徴を踏まえ，個人の集団での対話への参加の仕方について検討した（第8章）。

1）第8章のまとめ

　第8章では，個人の集団での対話への参加の仕方の特徴と変化を検討するため，各場面で，他児への応答の特徴が異なる2名を選出し，①「話題を共有・展開する応答」の使用，②「他児の応答を引き出しやすい応答」の使用に着目し，時期別に分析した。

　食事場面の2名の分析では，すすむは前期・中期は対話への参加が少なかったが，後期には対話へ積極的に参加していた。中期・後期になると話題を展開する様子も見られた。また，すすむは全期を通して「質問」をする様子が多く見られた。一方ひろしは，前期から対話へ積極的に参加しており，後期になると話題を展開する様子が見られた。また，ひろしは全期を通して「情報追加」をする様子が多く見られた。両者の共通点として，後期には話題を展開するようになったこと，また，全期を通して，「他児の応答を引き出しやすい応答」のうち一種類を他と比べて多く使用していたが，後期になると，複数種類の使用が観察されたことである。このように，対話へ積極的に参加する時期や，多く用いる「他児の応答を引き出しやすい応答」の種類等，2名それぞれに特有の対話への参加の仕方がある一方で，後期に話題を展開する，三種類以上の「他児の応答を引き出しやすい応答」を使用する，なかでも同一の話題について新たな情報を次々と加える等，両者に共通の変化の特徴があることも示された。また，具体的な事例解釈から，すすむは前期・中期に他児同士の対話を聴いている様子が多く観察され，ひろしも中期に応答数が減り，他児同士の対話を聴いている様子が観察された。この他児

同士の対話を聴くという経験についての考察は，本章の研究の意義として記述した。また，ひろしは食事場面の前期・中期に自他の同異への関心やこだわりが観察され，後期になると，自他の意見の違いを踏まえて対話を円滑するようになっていた。

　一方，散歩場面の2名の分析では，ひろしは食事場面と同様，全期を通して他児と積極的に対話する様子が観察された。中期に話題を展開する応答が1応答観察された。また，前期に「反論・否定」が多く，中期・後期は「自他の同異以外の情報追加」を多く使用していた。一方たつやは，ひろしよりは少ないが全期を通して他児と対話する様子が観察された。中期に話題を展開する応答が1応答観察された。また，全期を通して「自他の同異以外の情報追加」を多く使用していた。両者の共通点として，全期を通して，話題を展開する応答は1応答のみ観察されたこと，同時期に三種類以上の「他児の応答を引き出しやすい応答」の使用が見られなかったことが挙げられる。さらに，具体的な事例解釈から，ひろしは自分が関心を持った物について他児に話しかけて対話する様子が多く見られ，たつやは他児にまつわる事物に関心を寄せて，話しかけて対話する様子が見られた。すなわち，先述の2つの志向性に照らし合わせると，ひろしは自分に属する情報を相手に伝えたいという志向性が強く，たつやは相手に属する情報を確認したいという志向性が強いと考えることができる。このように，他児との対話の仕方を見ることで，他児との関係性の中での幼児の個性を捉えることができることも示された。

2）第Ⅳ部の意義

　以上のように，第Ⅳ部では，食事場面および散歩場面における2-3歳児個人の集団での対話への参加の仕方について，各場面2名ずつを選出し分析した。上記の分析結果を踏まえ，第8章の研究には，以下の2点の意義があったと考えられる。

　第一に，食事場面における前期・中期の対話経験が，食事場面だけでなく

散歩場面においても，後期の対話経験に活かされていることが示唆された点である。このことは，食事場面と散歩場面の両方における対話への参加の仕方を比較検討した，ひろしに関する分析結果から見えてきた。ひろしは，食事場面では，早くから自他の同異への関心やこだわりを持ち，対話へ参加しており，後期になると，食事場面だけでなく散歩場面においても，自他の意見の違いを踏まえて，互いの意見を統合する等の様子が見られた。散歩場面の前期には，そのような特徴は見られなかった（Table 28 の「自他の同異の情報追加」欄参照）ことを考えると，他児との集団での対話を行いやすい食事場面だからこそ，自他の同異について様々に対話することができ，感覚だけでなく言葉を用いて自分と他児が同じであったり違ったりするということを習得していたと推察される。そうした自他の同異に関する対話経験を食事場面で積み重ねたことが，他の心的発達と相まって，後期での対話の特徴へとつながったと推察される。このように，食事場面で早い時期から他児との対話を経験することの意義が，ひとつのかたちとして示されたといえよう。

　第二に，他児同士の対話を聴くという経験が，その後の対話への参加の仕方に影響を与えている可能性を示した点である。第8章第5節でも述べたように，食事場面において，すすむは前期と中期に，ひろしは中期に，他児同士の対話を聴き，自らは対話へあまり積極的には参加しない様子が観察された。そして，すすむは後期になると，対話へ積極的に参加する様子が見られ，ひろしも後期には，対話へ積極的に参加し，自分とは異なる他児の意見も取り入れる様子が見られた。このように，直接他者と言葉を交わして対話に参加する経験だけでなく，他者間の対話を傍らで聴く経験を重ねることで，言葉の用い方や他者との対話の仕方を学んでいることが，本研究でも示唆された。2-3歳期は，まさに言語の爆発的増加期を経て，実際に言葉を使用して，様々に他者とコミュニケーションをとるようになる時期である。特に保育所のように日常的に複数名の2-3歳児と過ごす環境では，他児同士の対話を聴くことで学ぶことが多くあると考えられる。二名という少ない数では

あるが，このことを示唆した点に意義があると考える．

4．保育集団での2-3歳児同士の対話のあり方の変化

以上の総括を踏まえ，本項では，第3章から第7章で明らかになった，本研究で観察された2歳児クラスの幼児同士の対話のあり方の変化を図示した（Figure 20）．この図は，第1章で挙げた分析視点のうち，身体の位置・媒介物の有無・話題の特徴，表層構造としての模倣/非模倣の使用，宛先の広がり，話題の共有・展開，話題への評価の共有について，場面別・深層構造別・時期別の特徴の変化を示したものである．図はいずれも正確な比率を表したものではなく，イメージ図である．

なお，この図は，本研究で対象とした2歳児クラス10名における個別具体的な事例の変化の特徴をまとめたものであり，本章第3節で述べるように，一般化可能か否かについては，今後事例数を増やす等さらに検討する必要がある．

第2節　本研究の理論的意義と限界

本研究は，発達研究，言語学，保育学という複数の学問領域の知見から示唆を得た分析視点を用いて，保育所2歳児クラスの幼児同士の対話の特徴を分析し，対話のあり方の変化を捉えることを通して保育集団における子どもたちの育ちについて検討した．

発達研究の領域では，認知，言語，社会性，自我等，各領域を個別に扱う研究が多い．本研究は主に言語の発達を分析対象としたが，言語以外にも，日常の保育場面での対話を取り巻く複数の要素（例えば身体の位置，媒介物，話題，対象児らの思い，場の雰囲気等）を分析に加えることで，言語の検討だけでは捉えることのできない2-3歳児集団における発話行為の変化，対話のあり方の変化を明らかにした．また，個人の発達あるいは二者間の関係の発

256　第Ⅴ部　総合考察

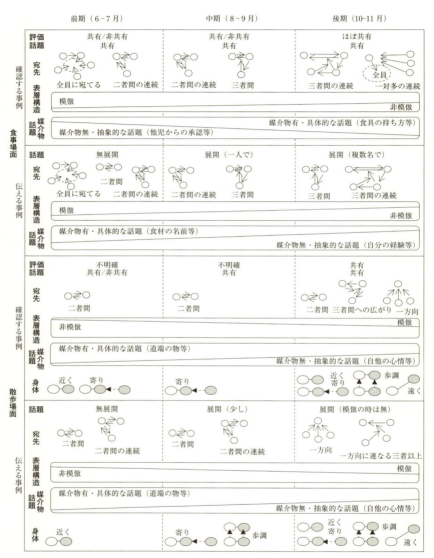

Figure 20　本研究で観察された食事場面（上）および散歩場面（下）における分析視点ごとの保育集団での2-3歳児同士の対話のあり方の変化

達を追うだけでは捉えることのできない保育集団としてのダイナミックな変化と，集団における（集団での対話に影響を与え，自らも影響を受ける存在としての）個人の変化の特徴も描き出した。こうした本研究の試みは，第1章で述べたように，Hay et al. (2009) で指摘されていた三者以上の幼児集団の対話研究の少なさという課題にひとつの道筋を示すものとなったと考える。一方で，上記のように言語以外の要素も含めた多岐にわたる理論に依拠して分析を行ったことは，同時に発達研究としては脆弱さを抱えている。すなわち，本研究は対話にまつわる複数の視点から「2-3歳児同士の対話の特徴を描き出す」ことを目的としたために，個々の領域について掘り下げて検討することができなかった。例えば，本研究で明らかにした対話のあり方の変化は，おそらく個々人の言語や認知，社会性等の発達だけでなく，幼児間の関係性の変化等にも支えられていると考えられるが，何の要因がどの変化に影響したか等の検討はできていない。よって，これら個々の領域の発達と対話のあり方の変化との関係についての検討は，今後の課題として残されている。また，本研究では足場かけのひとつとされる「フォーマット」概念を用いたが，実際に幼児同士がどのように互いに足場かけを行いながら対話し，発話行為や言葉の使用が変化したかについては検討できていない。必ずしも保育者の主導しない幼児同士の対話経験を重ねる中で，どのようにして幼児同士が互いに足場かけを行い，発話行為や言葉の使用が変化したかを明らかにすることは，乳幼児が保育所や幼稚園等の集団保育で他児とともに過ごすことの意義を考えるひとつの契機となるだろう。そのためには，例えば対象児を絞り，より長期にわたる観察を行う等して，変化の詳細を検討する必要がある。

　また，言語学の領域との関連においては，本研究で参照した語用論やバフチンの言語論（発話論）は，主に大人（や大人とほぼ同様に言葉を用いて対話することのできる幼児以上の子ども）を想定して研究がなされてきた。それに対し本研究では，「ことばの生活期」（岡本，2005）ともいわれ，言葉を用いて他児と対話するようになる初期の2-3歳児を対象とし，二者に限らない複

数名での対話を分析対象とした。そして，大人であればほぼ円滑に行うことができると想定される話者交代という概念について，バフチンの「宛名」の概念を加えて検討した。それにより集団での対話では話者交代の際，発話意図の切替に伴う宛先の切替という複雑な情報処理が必要であり，2-3歳頃にそうした情報処理に徐々に対応できるようになり，集団での対話を多く行うようになることを示した。その際，話題の共有や話題への評価の共有といった要素が重要となることも示唆した。このように，主に大人や幼児期後期以上の子どもを対象としてきた従来の語用論研究に対し，2-3歳児における集団での対話での発話行為の変化について，新たな知見を提示した。また，2-3歳頃の対話研究において，従来の語用論の概念に加えてバフチンの言語論（発話論）が示唆を与えうることを示した。一方で，本研究では，社会文化的アプローチの基礎的概念であるバフチンの言語論（発話論）を参照したものの，社会文化的アプローチの鍵となる「媒介」や「多声性」，「専有」等の概念については踏み込んで検討していない。より社会文化的観点から検討するならば，2-3歳児がどのようにして他児の言葉を取り込み，自らの言葉としているかという「専有（appropriation）」の検討や，発話を「媒介された行為（mediated action）」（ワーチ，2004）として捉え，2-3歳児同士の対話で何がどのように対話を媒介しているかのミクロな検討，あるいはそもそも保育所で観察された発話行為が社会的，文化的，あるいは歴史的にどのように状況づけられているかというよりマクロな状況分析も含めた検討等ができるであろう。本研究で描き出した2-3歳児同士の対話の特徴を踏まえ，今後，このようなより社会文化的アプローチに根ざした検討をすることも課題として残されている。

さらに，保育学の領域との関連においては，保育場面を対象とした対話研究は主に3歳児クラス以上を対象になされてきたが，本研究ではまさに言語習得期にあり，大人の足場かけのない幼児同士の対話を行うことができるようになる2-3歳を対象に分析を行った。そして，この時期の保育集団での

模倣の機能や，対話の特徴から見えてきた食事場面・散歩場面という場の固有性，集団の育ちと個の育ちという両軸における対話の変化等を明らかにした。これらは，先述のように発達研究や言語学等，保育学以外の学問領域から得た示唆をもとに分析を行ったことで得られた知見であり，従来の保育学研究に新たな知見をもたらしたと考える。一方で，保育という営みは，6月から11月という限られた期間や散歩・食事という限られた場面でなく，一年を通して日々織りなされるものである。本研究はその一部を明らかにしたものであり，分析対象を他の場面での幼児同士の対話，保育者と幼児の対話，他の時期や他の年齢における対話等に広げ，さらに研究を進めることで，集団保育で過ごす子どもたちの対話を通した育ちについて明らかにできると考える。

第3節　本研究の方法論的意義

　第1節でまとめた本研究の結果と第2節で述べた本研究の理論的意義と限界を踏まえた上で，本節では，本研究の方法論的意義を総括する。
　第一に，本研究では，バフチンの言語論（発話論）に依拠し，観察方法や分析方法を決定したことで，日常の保育場面の複雑さ・多様性・時間の積み重なりの中での，2-3歳児同士の対話のあり方を描き出したことである。すなわち，日常の保育場面に入り，複数の視点から保育集団での2-3歳児同士の対話を分析し，特徴と変化を描き出したことで，従来の個人主義的な言語研究や実験・実験的観察による対話研究では十分に描ききれなかった，日常の生活（保育）場面における対話の複雑さ，多様さ，その中での対話のあり方の変化を捉えることができた。例えば，本研究では，「対話への参入」や「対話の維持発展」の仕方を検討するために，ブルーナー（1988）の「フォーマット」概念，語用論，そしてバフチン（1988, 1989, 2002）の言語論（発話論）を参照し，対話の特徴を分析した。その際，応答連鎖の特徴や宛先

の広がり，話題の共有や展開，話題への評価の共有といった，集団で対話する際に必要な複数の要因について時期別に検討したことで，対話の複層的な変化を描き出した。また，事例中に子どもたちの生き生きとした表情や息遣い，場の雰囲気等も含めて記し解釈の際に参照したことで，保育所で日々過ごす2-3歳児の姿をあざやかに描き出すことができたのではないかと考える。以上のように，幼児同士の対話研究の方法論についても，新たな視座を示した。

　第二に，一点目の意義と関連して，集団としての対話のあり方だけでなく，集団での対話へ参加する個人へも焦点をあてたことで，集団を見る際には埋もれがちな個人の特徴を描き出すことができた。また，逆に個人だけを見ていては見えてこない集団の特徴も描き出した。第1章でも検討したように，従来の発達研究においては，個人の能力のみを研究したものや，他者との一対一の関係における2-3歳児の発達を研究したものが多く，（他者との相互交渉を対象としていたとしても）個人の発達というミクロな視点から検討しているものが多かった。それに対して，本研究では，集団での対話というマクロな視点と，個人の対話への参加というミクロな視点の両方の視点から，対話の特徴を検討した。両方の視点から対話分析を行ったことで，保育所における2-3歳児の育ちについて，集団としての育ちと，集団に参加する個人としての育ちの双方の視点から描き出すことができた。なお，保育の営みにおいて保育者は，個の育ちと集団の育ちの両方の視点から，日々子どもたちの育ちを考えている。そうした保育者の実践における経験知に即し，2-3歳児の育ちについて学術的な知見を示した。

　第三に，本研究では，6月から11月の半年間の事例を2ヶ月ごとの3期（前期・中期・後期）に分類し，分析を行った。第1章で検討したように，従来の2-3歳児同士の対話研究では，2歳前半児・2歳後半児・3歳前半児というように，対象児の月齢によって大きく半年ごとに分類し，その特徴が語られることが多かった。しかし，保育所で過ごす2-3歳児は，4月から

3月までの一年間，前年度の1歳児クラスでの育ちを踏まえ，次年度の3歳児クラスでの育ちを見通して，日々保育が営まれる中で過ごしている。保育者は，一人ひとりの月齢に応じた育ちを捉えるとともに，年度の流れを踏まえた2歳児クラス園児としての育ちも考慮している。この点を踏まえると，本研究では，保育所で過ごす2-3歳児ならではの，一年間の流れを踏まえた育ちの姿の一部を，対話の特徴を分析することで描き出した。

第4節　今後の課題

　最後に，本研究で残された課題を整理する。

　第一に，第2節でも述べたように，本研究で十分に検討することのできなかった発達研究の個々の領域と対話の変化の関係に関する検討や，幼児同士の足場かけのあり方の検討，社会文化的観点からの幼児同士の対話に見られる発話行為や言葉の使用の「専有」や対話の「媒介」に関するより詳細な検討等が課題として残されている。本研究で検討した事例には，上記の諸課題について検討するためのアイディアが散りばめられている。よって，本研究による知見と事例の詳細を検討し直すことで，次なる研究の手がかりを得られると考える。

　第二に，本研究で観察対象とした保育所やクラス，場面とは異なる文脈における対話の特徴を検討することである。本研究では，2歳児クラス10名の間で見られた半年間の対話場面について，複数の視点から分析し，多面的複層的な対話の特徴を描き出した。しかし，この特徴が必ずしも他の子どもたちにおいて同様に見られるとは限らない。例えば，本研究の協力園の食事場面は，子どもたちがひとつの机を囲み，皆で向かい合って食事し，保育者はその近くにいて見守るという特徴を持っていた。しかし，他の園では，園児を複数のグループに分け，各々の机に保育者が一名ずつ座り，食事をともにするという場合もある。よって，食事を支える物理的環境の差異に着目し，

今後も検討する必要がある。同様に，本研究の協力園の散歩場面は，安全性がきわめて高く（乗用車が通過することの少ない広大な敷地を歩けるという状況下で），一人ひとりが自由に歩き回って散歩を楽しむことができた。しかし，そうした環境がない場合に，例えば二人一組で手を繋いで歩く場合や，散歩用のロープを持って歩く場合等，散歩の仕方も様々である。そこでは，本研究で明らかにされた身体の位置の変化が同様に見られるとは限らず，新たに検討する必要がある。

　第三に，意義の二点目と関連するが，本研究では一年間の保育のうち，6月から11月の半年間のみを分析対象とした。その理由は，時期を限定し変化の特徴を細やかに描き出すためであった。しかし，実際の保育は，前年度から引き継がれて4月に開始し，次年度へ進級する直前の3月末まで年間を通して行われている。特に進級した直後の4月から5月頃は，保育者も子どもたちも新しい環境に慣れるまでに時間を要するし，次年度への進級を控えた2月から3月頃は，次年度への期待と不安とが入り混じった時間を過ごす。そうした"落ち着かない"時期に，どのような対話がなされているかを検討することで，子どもたちのその時期特有の育ちを描き出すことができると考えられる。しかし，本研究では，それらの時期については検討できなかった。よって，例えば年度の変わり目である2月3月から4月5月頃にかけてというように，他の時期についても検討することで，年度単位あるいは年度をまたがった子どもたちの育ちについて検討していく必要がある。

　第四に，観察する場面の問題である。本研究では，保育の主な活動として，散歩を重視している保育所で観察を行った。そのため，室内での遊び場面はほとんど観察することができず，ほぼ毎回の観察で見ることのできる食事場面と散歩場面について分析を行った。しかし，保育の主な活動として，室内での遊びを重視している園も多く，室内で一日のほとんどを過ごす幼児も少なくない。よって，本研究で対象とした食事場面と散歩場面だけでなく，室内での遊び場面や，園庭での遊び場面についても検討する必要がある。また，

第 9 章　総合考察　263

本研究では，自然豊かな敷地を自由に動き回れる中での散歩場面を観察することができた。しかし，都会を中心に，そのような散歩をすることのできない園や，散歩することができても，手をつないだりロープを持ったりして，身体の位置を固定した状態で歩くという園もある。そこで，同じ散歩場面でも，どのような形態で散歩しているかによって，対話の特徴を検討する必要がある。それにより，散歩の中でどのような経験を子どもたちに保障することが，幼児同士の豊かな対話をもたらすかを検討することができると考える。

　第五に，性差や生まれた月，きょうだいの有無等の個人の属性や，幼児間の関係性に関する問題である。本研究では，第 3 章から第 7 章は集団，すなわちクラス全員を対象に，第 8 章では食事場面・散歩場面ともに男児のみを対象に，分析を行った。また，生まれた月やきょうだいの有無等について特別に考慮に入れた分析は行わなかった。しかし，保育現場では，つねに一人ひとりの生育環境や家族構成等を考慮しながら，目の前の子どもの日々の育ちを考えて保育を行っている。よって，子どもの発達を捉えるためには，研究においても，そうした個人の属性に関する情報を踏まえることで，よりその子に寄り添った分析ができると考えられる。性差に関しても，例えば，性別により好む遊びが異なること（Rubin, 1977）や，相手が同性か異性かによって関わり方が異なること（Hay *et al*., 1999; Howes & Phillipsen, 1992），また，他児との対立場面での攻撃的行動に見られる性差が，2 歳から 4 歳頃に二者間の場面よりも集団（group）の場面で見られること（NICHD, 2001）等が指摘されている。保育集団での 2-3 歳児同士の対話においても，性別によって参加する話題が異なったり，応答する相手が異なったりする可能性がある。そこには，幼児間の親密性（高櫻，2013）も影響していると考えられる。このように，より細やかに幼児自身のことや幼児同士の関係を捉えて，対話分析を行う必要がある。

　第六に，保育集団での 2-3 歳児同士の対話における保育者の役割について検討することである。幼児と保育者との二者間対話においては，保育者が

幼児への「成り込み」や乳幼児の「巻き込み」(鯨岡, 1997)を行い, 対話の不足部分を補うことがよくある。また, 大人（保育者）と1, 2歳児二名との三者間のやりとりを分析した鹿嶌（1996）によれば, 大人が子どもの活動への参加や大人との関係形成のために動く中で, 子ども同士の関係ややりとりを作り出したり, 利用したりすること, また, 大人—子どもの関係に他の大人—子ども関係や, 他の子ども—子ども関係が意図的・偶発的に絡まり合う中で, 三者間の関係が展開すること等を指摘している。すなわち, 保育者が介在することで, 幼児のみの対話では生じない対話の展開等が見られると考えられる。実際に, 本研究の散歩場面の観察時には, 保育者が2-3歳児の集団での対話を主導している様子が多く観察されたが, 本研究の目的にそぐわなかったため分析対象から外し, その結果, 散歩場面の対話事例が少なくなるということがあった。すなわち, 2-3歳児の場合, 特に移動の自由がある散歩等の場面では, 2-3歳児同士の対話を支える保育者の役割が大きいことが推察される。また, 食事場面においても, 観察を行った保育所では, 担任保育者2名が, 子どもたちとともに食事をするのではなく傍らで見守ることを中心に, 子どもたちとおしゃべりしたり, 必要に応じて食事の介助をしたりするという関わり方をしていた。そのため食事場面では, 2-3歳児同士の対話を多く観察することができたと考える。しかし, 園によっては, ひとつのテーブルに一人の保育者が付くというように, 食事の輪の中に保育者も入っておしゃべりしている場合もある。このように, 保育者の関わり方によって, 2-3歳児同士の対話の生じ方や, 展開の仕方にも違いが現れると予想される。よって, 今後, 2-3歳児同士の対話における保育者の役割について検討する必要がある。

注

1）2歳から3歳へと年齢が変化する2歳児クラスの園児を対象としたため（観察期間中の平均月齢2歳6ヶ月～3歳0ヶ月），クラス表記の「2歳児」でなく「2-3歳児」と記した．

2）本研究では，バフチンの言語論を参考に「対話」という語を用いる．バフチン（2002）によれば，「ことばを用いたあらゆる交通，ことばによる相互作用は，発話の交換という形態のうちに進む．つまり，対話〔ダイアローグ〕という形態をとる」．なお，バフチンは，「ダイアローグ〔対話〕とは，相互的な談話であって，モノローグ〔独話〕，つまり一者の長いことばとは異なり，二者でおこなうもの．対話の参加者たちによって交換される発話は，応答（レプリカ）とよばれる」と説明している．なお，言葉を用いた対話について，他にも「談話」，「会話」等の用語が使われ，使用者の立場からそれぞれに定義されている．同様に，（身振り・表情等も含めた）対話について，「相互交渉」や「相互作用」，「やりとり」の用語も使われている．いずれも引用箇所では，そのままの用語で記した．

3）同様の意味で他の研究で使用されている「ことば」「言葉」「言語」等の用語は，引用箇所でそのまま記した．

4）ブルーナー（1988）によれば，言語習得について考える際，言語には三つの局面がある．それらは，「適格性，すなわち子どもが文法規則に沿って発話できるようになるということ」であり統語法（syntax）の側面，「言語の指示機能と意味機能」，すなわち「発話が行われる際の文脈と条件」において「発話が何を指示し，意味しているのか」を学ぶということであり意味論（semantics）の側面，そして「効果性」，すなわち「コミュニケーションの意図」あるいは「どのように「物事をことばで進めるか」を学ぶということであり語用論（pragmatics）の側面である．ブルーナーは，この三つの局面は子どもが「母国語の話し手」（native speaker）となるために習熟するべきものであり，「それらが相互に独立したかたちで学習されるはずもないし，また論理的にみて学習されることもありえまい」とし，「現実の実生活でも見られるように，相互依存的に学習されるものと考えられる」と述べている．そして，上記の三つの局面が，言語獲得の過程で"必然的に"不可分なものであるという見解に立っていた．

　　ただし，ブルーナー（1988）自身が著書の冒頭で「いわば語用論，オースティンのことばを借りれば「ことばを用いて物ごとを行なう方法（how to do things with words)」，とりわけ言語を用いて他人との共同注意（joint attention）と共同動作（joint action）をいかに達成するか，ということの学習—これが本書の問題とするテーマである。」(p. i) と記し，また，訳者である寺田・本郷のあとがきに，「ブルーナー教授にとっては，言語とは，本来"使用する"ことによって学習されるものである（語用論的見地）」と書かれているように，語用論に重きを置いて，乳幼児の母親との相互作用における言語習得について研究したようである。本研究においても，同様に統語法・意味論・語用論がいずれも不可分なものとして獲得されるという立場から，複合的なものとして対話（およびそこでの言語獲得）を考える。

5) 「言語習得援助システム（Language Acquisition Support System）」とは，チョムスキー（1970）の「言語習得装置（Language Acquisition Device）」の概念をもとに，大人の援助的かかわりにより組織化されるシステムとして，ブルーナー（1988；1993）が提唱した概念である。言語の獲得は，チョムスキーが述べた生得的能力に基づくだけでなく，社会文化的な文脈の中でこそ可能になるという概念である（岩田，2008）。

6) なお，ブルーナーの「フォーマット」概念については，Nelson（1981，1986）の「スクリプト」概念との類似が指摘されている。例えば，コール（2002，p. 283）は，「結局，フォーマットまたはスクリプトは，出来事レベルの文化的人工物であり，大人の語彙と習慣的な行為のなかに具体化され，そして，それは構造化された媒体として機能し，そのなかで子どもは，文化的に組織化された形式の行動と一般的なかたちで協応を保ちつつ，言語と行為の共変関係を経験することができる。文化化された養育者とそのような出来事について交渉する過程で，子どもは，自分自身の意図を実行する新しいやり方を見出すと同時に，彼らの言語にコード化されている広範囲の意味を発見するのである。」と述べている。

7) フォーマットの二層構造について考えるにあたり，ブルーナーはピアジェら（1970，pp. 13-25）が明らかにした，構造の「全体性」，「変換性」，「自己制御」という三つの特性から，示唆を得ている。詳しくは，ブルーナー（1988，pp. 16-20）。

8) ブルーナー（1988, p. 147）は，表層構造について「深層構造を実現するのに必要で，制約はあるもののかなり可変的な類の手段」と述べ，「表層構造」として言葉だけでなく身振りや物の使用も想定している（例えば，イナイイナイバーのフォーマットであれば，布や手などの使用や言葉の使用）。本研究では，対話の特徴の変化を描き出すことを目的としているため，操作的に「表層構造」を「具

体的な応答連鎖の仕方」と定義する。
9）高原（2001）によれば，近年の学際的なことばの研究の進展にともない，語用論の領域も多岐にわたり，様々なアプローチが取られている。その中で，談話分析や会話分析がなされており，両者の違いを重視し区別する立場もある（レビンソン，1990）。しかし，「どのような発話も本質的には「対話」（dialogue）の一部」であり，「談話分析と会話分析は研究の目的と方法を異にしているが，ともに補完すべきものである」と高原は指摘する。本研究においても，いずれかの系統に片寄るのではなく，それぞれの分析視点や知見を参照し，さらにブルーナーやバフチンの理論を参照して，対話の特徴を描き出す。
10）ヴィゴツキーとバフチンの理論を基礎に社会文化的アプローチを展開してきたワーチ（1995，2002）によれば，バフチンの主張が今日，「語用論（pragmatics）」あるいは「談話（discourse）」研究といわれている研究と重なっていることがわかる（ワーチ，2004，p.74）。よって，本研究でも，語用論を補完するものとしてバフチンの概念を援用することに問題はないと考える。
11）バフチン（2002）の訳語解説によれば，「発話」とは，英語の utterance と同様，「発話行為」でもあるが「発話内容」でもある。ソシュールの「パロール」にもこの語が当てられているが，バフチン自身のいう「発話」とは，基本的には言語学の領域をはみ出す対話的交通の単位を示す術語である。別の言い方をすれば，「文は，語とおなじく，誰のものでもない。それは全一な発話として機能することによって初めて，言語コミュニケーションの具体的状況のなかで語る個人の立場を表すものとなる」（バフチン，1988，p.159）。
12）従来の言語学が考えていたように，「個々の発話（パロール）は，社会学的分析を受け入れないような個人的事実」なのではないとバフチン（2002，p.92）は考えた。このことについて，ホルクイスト（1994）はソシュールとバフチンの類似点として，両者ともに言葉を，実際に言語を使用している人々，言い換えれば，個々の話し手の視点から研究されるべきであると論じた点を挙げている。一方で，相違点として，ソシュールは発話と言語を二項対立的なものとして捉え，発話はひとりの話者にのみ現在し，言語はある特定の言語の話者全員にとって存在している一般規則を指すものとした（ホルクイスト，1994，p.66）のに対し，バフチンはそうした個人の外にある客観的抽象的な言語体系と個人の主観的なものとを対立させるという西欧の言語研究の伝統を批判し，「ことば行為，あるいはもっと正確にはその所産—発話—は，正確な意味での個人的現象であるとはけっして認められないし，また話し手個人の個人的な心理的もしくは精神生理学的条件

からは説明できない。発話とは社会学的現象なのである」と述べる（バフチン，1989，p.123）。このように，発話をそれが発せられた社会文化的な状況の中で考察した点は，前述の統語法・意味論・語用論を不可分としながら，語用論に重きをおいたブルーナー（1988，1993）も同様であったと言えよう。

13) 桑野は訳書（『バフチン言語論入門』，2002）で「話題の対象」と訳した部分を，自身の著書（『バフチン新版―〈対話〉そして〈解放の笑い〉―』，2002）では「話す対象となっている人物や事象」と訳し変えている。ここでは両方を記載し，以下「話題」と表記する。

14) この点について，無藤（2009，p.97）は，「一次的言葉（岡本夏木による）というものがすべての状況において文脈的だという想定は違っているのではないか。言葉というのは状況的な部分と自立的脱文脈的な部分を最初から持っていると考えるべきではないか」と疑問を呈しているが，本研究で対象とする2-3歳児は，大人やより年長の子どもたちと比べ，言葉の理解が具体的な文脈に支えられている部分が大きいと考え，このまま引用する。

15) なお，バフチンが述べるように，単一の語が発話となる場合は，「実際にはほとんど意味をもっていない，全体がテーマの語」であり，「その意味は，それを実現する具体的な状況から切り離せない」。

16) 「話題への評価を共有している」状態とは，対話相手と同じ評価を持つことではなく，相手が示した評価に対し，同意するにせよ反論するにせよ，一度は理解し共有していることを示した状態とする。

17) この2名は「無共有・無展開」が0だったが，他児には見られたため，2-3歳児が「無共有・無展開」の応答をしないということではない。

引 用 文 献

秋田喜代美・市川伸一（2001）第6章教育・発達における実践研究，南風原朝和・市川伸一・下山晴彦（編）心理学研究法入門，東京大学出版会．

Akhtar, N. (2005a) The robustness of learning through overhearing. *Developmental Science*, 8, 199-209.

Akhtar, N. (2005b) Is Joint Attention Necessary for Early Language Learning? In Homer, B.D., Tamis-LeMonda, C.S. (Eds.), *The Development of Social Cognition and Communication*. (pp. 165-179). New Jersey: Lawrence Erlbaum Associates, Inc.

Akhtar, N., Jipson, J., & Callanan, M. (2001) Learning words through overhearing. *Child Development*, 72, 416-430.

オースティン，J.L. 坂本百大（訳）(1978) 言語と行為，大修館書店（Austin, J.L. 1962 *How to Do Things with Words*. Clarendon Press.）

バフチン，M.M. 新谷敬三郎・伊藤一郎・佐々木寛（訳）(1988) ことば対話テキスト，新時代社．

バフチン，M.M. 桑野隆（訳）(1989) マルクス主義と言語哲学―言語学における社会学的方法の基本的問題―，未來社．

バフチン，M.M. 桑野隆・小林潔（編訳）(2002) バフチン言語論入門，せりか書房

Benenson, J.F., Apostoleris, N.H., & Parnass, J. (1997) Age and sex differences in dyadic and group interaction. *Developmental Psychology*, 33, 538-543.

Borgetti, S.P., Everett, M.G., & Feeman, L.C. (2002) Unicet for Windows: Software for Social Network Analysis, Harvard, MA: Analytic Technologies.

Bruner, J.S. (1982) The Formats of Language Acquisition, *American Journal of Semiotics*, 1, 1-16.

ブルーナー，J.S. 寺田晃・本郷一夫訳（1988）乳幼児の話しことば―コミュニケーションの学習，新曜社．(J.S. Bruner, *Child's Talk — Learning to Use Language*, Oxford University Press, 1983.)

ブルーナー，J.S. 田中一彦訳（1993）心を探して―ブルーナー自伝，みすず書房．(J.S. Bruner, *In Search of Mind: Essay in Autobiography*, Harper & Row Ltd., 1983.)

Caplan, M., & Hay, D.F. (1989) Preschooler's responses to peers' distress and beliefs about bystander intervention. *Journal of Child Psychology and Psychiatry and Allied Disciplines*, 30, 231-242.

チョムスキー, N. 安井稔 (訳) (1970) 文法理論の諸相, 研究社. (N. Chomsky, *Aspects of the Theory of Syntax*. The Massachusetts Institute of Technology Press, 1965.)

コール, M. (2002) 文化心理学――発達・認知・活動への文化‐歴史的アプローチ――, 新曜社. (M. Cole, *Cultural Psychology: A Once and Future Discipline*. The Belknap Press of Harvard University Press. 1996)

Coplan, R.J., Rubin, K.H., & Findlay, L.C. (2006) Social and nonsocial play. In D.P. Fromberg, & D. Bergen (Eds.), *Play from Birth to Twelve: Contexts, Perspectives, and Meanings* (2nd ed. Pp, 75-86). New York: Garland Press.

Eckerman, C.O., Whatley, J., & Kutz, S.L. (1975) Growth of social play with peers during the second year of life, *Developmental Psychology*, 11, 42-49.

Eckerman, C.O. & Didow, S.M. (1988) Lessons drawn from observing young peers together, *Acta Paediatrica*, 77, 55-70.

江口純代 (1974) 幼児のコミュニケーション行動の発達――遊び場面における2幼児間の相互的言語伝達の分析――, 人文論究, 34, 15-37.

遠藤純代 (1985) 2歳児の遊びにおけるコミュニケーション行動の分析, 人文論究, 45, 41-64.

遠藤純代 (1995) 第8章遊びと仲間関係, 麻生武・内田伸子 (編) 人生への旅立ち――胎児・乳児・幼児期前期, 講座生涯発達心理学, 金子書房.

Ensor, R. & Hughes, C. (2005) More than talk: Relations between emotion understanding and positive behavior in toddlers. *British Journal of Developmental Psychology*, 23, 343-363.

Fabes, R.A., Martin, C.L., & Hanish, L.D. (2009) Children's Behaviors and Interactions with Peers, In K.H. Rubin, W.M. Bukowski, & B. Laursen (Eds.), *Handbook of Peer Interactions, Relationships, and Groups*. (pp. 121-142). New York: The Guilford Press.

藤崎春代 (2003) 第8章ことばとコミュニケーションの発達, 内田伸子・臼井博・藤崎春代 (著) 乳幼児の心理学, 有斐閣.

深澤のぞみ (1999) 日本語の会話における割り込み発話に関する研究――日本語母語話者と日本語学習者の言語行動と被言語行動の観察から――, 金沢大学大学院学位論

文.

深田昭三・倉盛美穂子・小坂圭子・横山順一（1999）幼児における会話の維持：コミュニケーション連鎖の分析．発達心理学研究，10(3)，220-229.

福田佳織（2007）幼児の発話に対する家族成員の応答と幼児のポジティブ情動との関連―食事場面に着目して―．家族心理学研究，21(2)，118-130.

福﨑淳子（2006）園生活における幼児の「みてて」発話―自他間の気持ちを繋ぐ機能―．相川書房．

秦野悦子（1997）会話の成立における語用論知識の発達．日本保育学会大会研究論文集，50，55.

秦野悦子（2001）幼児における会話の順番取りとトピックの維持．川村学園女子大学研究紀要，12(1)，155-170.

Hay, D.F. (2006) Yours and mine: Toddler's talk about possession with familiar peers. *British Journal of Developmental Psychology*, 24, 39-52.

Hay, D.F., Caplan, M., Castle, J., & Stimson, C.A. (1991) Does sharing become increasingly "rational" in the second year of life?, *Developmental Psychology*, 27, 987-994.

Hay, D.F., Castle, J., Davies, L., Demetriou, H., & Stimson, C.A. (1999) Prosocial action in very early childhood. *Journal of Child Psychology and Psychiatry and Allied Disciplines*, 40, 905-916.

Hay, D.F., Caplan, M., & Nash, A. (2009) The Beginnings of Peer Relations, In K.H. Rubin, W.M. Bukowski, & B. Laursen (Eds.), *Handbook of Peer Interactions, Relationships, and Groups.* (pp. 121-142). New York: The Guilford Press.

Hay, D.F., & Cook, K.V. (2007) The transformation of prosocial behavior from ingancy to childhood. In C.A. Brownell & C.B. Kopp (Eds.), *Socioemotional Development in the Toddler Years*, New York: The Guildford Press.

廣瀬聡弥（2007）幼稚園の屋内と屋外における様々な遊び場所が仲間との関わりに及ぼす影響．保育学研究，45(1)，54-63.

廣瀬聡弥・日野林俊彦・南徹弘（2007）屋内・屋外の自由遊び場面における3歳児と5歳児の遊び行動の比較．大阪大学大学院人間科学研究科紀要，33，181-199.

廣瀬聡弥・志澤康弘・日野林俊彦・南徹弘（2006）幼稚園の屋内と屋外の遊び場面における幼児の仲間関係．心理学研究，77(1)，40-47.

ホルクイスト，M. 伊藤誓（訳）（1994）ダイアローグの思想―ミハイル・バフチンの可能性―．法政大学出版局．（M. Holquist, *DIALOGISM-Bakhtin and his world*, Routledge, 1990.)

本郷一夫（1996）2歳児集団における「異議」に関する研究—子どもの年齢と年齢差の影響について—，教育心理学研究，**44**(4)，435-444.

Howes, C., & Phillipsen, L. (1992) Gender and friendship: Relationships within peer groups of young children, *Social Development*, **1**, 230-242.

飯島典子（2005）2歳児の母子ごっこ遊び場面における会話の発達的変化，東北大学大学院教育学研究科研究年報，**53**(2)，227-238.

Ishikawa, F., & Hay, D.F. (2006) Triadic interaction among newly acquainted 2-year-olds, *Social Development*, **15**, 1, 145-168.

石崎理恵（1996）絵本場面における母親と子どもの対話分析：フォーマットの獲得と個人差，発達心理学研究，**7**(1)，1-11.

岩田純一（2008）6. 文化的認知論—ブルーナー派のアプローチ—，田島信元（編）浅倉心理学講座11　文化心理学（pp.114-130），朝倉書店.

伊豆原英子（1992）感動詞・間投助詞・終助詞「ね・ねえ」のイントネーション—談話進行とのかかわりから—，日本語教育，**83**，96-107.

鹿嶌達哉（1996）1，2歳児の仲間関係の発達の文脈としての大人—子ども—子どもの三者間のやりとり，広島大学教育学部紀要第一部（心理学），**45**，111-119.

Kajikawa, S., Amano, S., & Kondo, T. (2004) Speech overlap in Japanese mother-child conversations., *Journal of Child Language*, **31**, 215-230.

Karmiloff, K. & Karmiloff-Smith, A. (2001) *Pathways to language: From getus to adolescent.* Cambridge, MA: Harvard University Press.

加藤重広（2004）日本語語用論のしくみ（シリーズ日本語のしくみを探る6），研究社.

菊地達夫（2010）幼稚園・保育所における散歩活動の実践例とその特色，北翔大学短期大学部研究紀要，**48**，1-13.

木下孝司（1995）第6章他者の心，自分の心——心の理解の始まり，麻生武・内田伸子（編）人生への旅立ち—胎児・乳児・幼児期前期，講座生涯発達心理学，金子書房.

鯨岡峻（1998）原初的コミュニケーションの諸相，ミネルヴァ書房．

鯨岡峻（2005）エピソード記述入門—実践と質的研究のために，東京大学出版会．

鯨岡峻（2008）1主体として「育てられ—育つ」—質的発達研究によせて，無藤隆・麻生武（編）質的心理学講座①育ちと学びの生成，東京大学出版会．

桑野隆（2002）バフチン新版—〈対話〉そして〈解放の笑い〉—，岩波書店.

小泉保（2001）第1章序説，小泉保（編）入門語用論研究―理論と応用―，研究社．

レビンソン，S.C. 安井稔・奥田夏子（訳）（1990）英語語用論，研究社出版．

Lightfoot, C., Cole, M., & Cole, S.R.（2013）Chapter 7 Language Acquisition, in *The Development of Children*, New York: Worth Publishers.

Little, H. & Eager, D.（2010）Risk, challenge and safety: implications for play quality and playground design, *European Early Childhood Education Research Journal*, 18(4), 497-513.

松井愛奈・無藤隆・門山睦（2001）「入れて」「貸して」へどう応じるか：一時的遊び集団における集団外からのかかわりへの対処の方法，保育学研究，29，132-144．

牟田悦子（1984）1-2歳児における社会的相互交渉――研究Ⅰ：交代的パターンの交渉のタイプと交渉における意図の理解について，研究Ⅱ：ケースを通してのsocial skill の分析，武蔵野女子大学紀要，19，127-136．

無藤隆（1997）協同するからだとことば―幼児の相互交渉の質的分析―，金子書房．

無藤隆（2009）幼児教育の原則―保育内容を徹底的に考える―，ミネルヴァ書房．

無藤隆・堀越紀香（2008）2 保育を質的にとらえる，無藤隆・麻生武（編）質的心理学講座①育ちと学びの生成，東京大学出版会．

Nadel, J. & Fontaine, A.M.（1989）Communication by imitation: A developmental and comparative approach to transitory social competence. In J. Nadel, R.P. Wrissberg, B.H. Schneider, & G. Attili（Eds.）*NATO advanced science institutes series. series D: Behavioural and social sciences, vol. 51*（pp. 131-144）. New York: Kluwer Academic/Plenum Publishers.

Nadel, J., Guerini, C., Peze, A., & Rivet, C.（1999）The evolving nature of imitation as a format for communication, In J. Nadel, & G. Butterworth（Eds.）*Imitation in Infancy.*（pp. 209-234）. New York: Cambridge University Press.

Nadel, J.（2011）Imitation and imitation recognition: Functional use in preverbal infants and nonverbal children with autism. In A.N. Meltzoff & W. Prinz（Eds.）*The imitative mind: Development, evolution and brain bases*（*Cambridge studies in cognitive and perceptual development*）（pp. 42-62）. New York: Cambridge University Press.

永野賢（1959）幼児の言語発達について―主として助詞の学習過程を中心に―，ことばの研究，1，383-396．

仲野真史・長崎勤（2012）幼児におけるナラティブの結束性の発達：ケーキ作り経験に関する報告の分析を通して，発達心理学研究，23(1)，66-74．

Nelson, K. (1981) Social cognition in a script framework. In J.H. Flavell and L. Ross (Eds.) *Social Cognitive Development: Frontiers and Possible Futures.* (pp. 97-118) Cambridge University Press.

Nelson, K. (1986) *Event Knowledge: Structure and Function in Development.* Hillsdale, N.J.: Erlbaum.

NICHD Early Child Care Research Network (2001) Child care and children's peer interaction at 24 and 36 months, *Child Development*, 72, 1478-1500.

Niklasson, L. & Sandberg, A (2010) Children and the outdoor environment, *European Early Childhood Education Research Journal*, 18(4), 485-496.

Ninio, A., & Bruner, J.S. (1978) The achievement and antecedents of labeling. *Journal of Child Language*, 5, 1-15.

野田淳子・坂田知津江 (2004) 会話のやりとりが気になる幼児についての一考察：コミュニケーション・パタンが伝えるメタ・メッセージの検討　お茶の水女子大学子ども発達教育研究センター紀要, 2, 9-16.

Ochs, E. & Schieffelin, B. (1995) The impact of language socialization or grammatical development. In P. Fletcher & B. MacWhinney (Eds.) *The handbook of child language.* Cambridge, MA: Blackwell Publishing.

岡本夏木 (2005) 幼児期―子どもは世界をどうつかむか―，岩波書店．

奥玲子・長崎勤 (1996) おやつ場面における選択質問フォーマットの成立過程―健常児とダウン症児の比較検討―，日本発達心理学会第7回大会発表論文集，93.

Parten, M.B. (1932) Social participation among preschool children. *Journal of Abnormal and Social Psychology*, 27, 243-269.

ピアジェ, J, 滝沢武久・佐々木明 (訳) (1970) 構造主義，白水社．(J. Piaget, *Le Structuralism*, Universitaires de France, 1968.)

Rogoff, B., Paradise, R., Mejia Arauz, R., Correa-Chavez, M., & Angelillo, C. (2003) Firsthand learning through intent participation. *Annual Review of Psychology*, 54, 175-203.

Rubin, K.H. (1977) The social and cognitive value of preschool toys and activities. *Canadian Journal of Behavioural Science*, 9, 382-385.

齊藤多江子 (2012) 1～2歳児の仲間と物とのかかわり―「仲間と同じ物に関心をもつ」行為に着目して―，保育学研究, 50(2), 6-17.

佐竹真次・小林重雄 (1987) 自閉症児における語用論的伝達機能の研究―終助詞文表現の訓練について―，特殊教育学研究, 25, 19-30.

佐藤公治（1999）対話の中の学びと成長，金子書房．
澤田英三・南博文（2001）第2章　質的調査―観察・面接・フィールドワーク―，南風原朝和・市川伸一・下山晴彦（編）心理学研究法入門，東京大学出版会．
サール，J.R. 坂本百大・土屋俊（訳）（1986）言語行為―言語哲学への試論，勁草書房．（Searle, J.R. 1969 *Speech Acts: An Essay in the Philosophy of Language*. Cambridge University Press.）
瀬野由衣（2010）2～3歳児は仲間同士の遊びでいかに共有テーマを生みだすか―相互模倣とその変化に着目した縦断的観察―，保育学研究，**48**(2)，51-62．
芝祐順・武井澄江・荻野美佐子（1985）幼児の語彙理解尺度作成の試み，東京大学教育学部紀要，**24**，47-60．
柴山真琴（2006）子どもエスノグラフィー入門―技法の基礎から活用まで―，新曜社．
Storli, R. & Hagen, T.L. (2010) Affordances in outdoor environments and children's physically active play in pre-school, *European Early Childhood Education Research Journal*, **18**(4), 445-456.
砂上史子（2000）ごっこ遊びにおける身体とイメージ―イメージの共有としての他者と同じ動きをすること―，保育学研究，**38**(2)，41-48．
砂上史子・無藤隆（1999）子どもの仲間関係と身体性―仲間意識の共有としての他者と同じ動きをすること―，乳幼児教育学研究，**8**，75-84．
砂上史子・無藤隆（2002）幼児の遊びにおける場の共有と身体の動き，保育学研究，**40**(1)，64-74．
鈴木裕子（2009）幼児の身体的コミュニケーションにおける模倣の機能，教育実践学集，**10**，57-67．
鈴木裕子（2012）模倣された子どもにもたらされる身体による模倣の機能と役割，保育学研究，**50**(2)，141-153．
高濱裕子（1996）幼児のプラン共有に保育者はどのようにかかわっているか，発達心理学研究，**4**(1)，51-59．
高原脩（2001）第6章談話分析，小泉保（編）入門語用論研究―理論と応用―研究社．
高櫻綾子（2008）遊びのなかで交わされる「ね」発話にみる3歳児の関係性，保育学研究，**46**(2)，78-88．
高櫻綾子（2013）幼児間の親密性―関係性と相互作用の共発達に関する質的考察―，風間書房．
Tanaka, H. (2000) The particle ne as a turn-management device in Japanese conversation., *Journal of Pragmatics*, **32**, 1135-1176.

富岡麻由子（2011）幼稚園の食事場面における幼児の会話の発達，有明教育芸術短期大学紀要，2，65-72．

外山紀子・無藤隆（1990）食事場面における幼児と母親の相互交渉，教育心理学研究，38，395-404．

外山紀子（1998）保育園の食事場面における幼児の席取り行動：ヨコに座ると何かいいことあるの？，発達心理学研究，9(3)，209-220．

外山紀子（2000）幼稚園の食事場面における子どもたちのやりとり―社会的意味の検討―，教育心理学研究，48，192-202．

内田伸子・無藤隆（1982）幼児初期の遊びにおける会話の構造，お茶の水女子大学人文科学紀要，35，81-122．

氏家達夫（1996）子どもは気まぐれ―ものがたる発達心理学への序章―，ミネルヴァ書房．

宇佐美まゆみ（1999）「ね」のコミュニケーション機能とディスコース・ポライトネス，現代日本語教育会（編）　女性のことば・職場編．（総276頁）

Uzgiris, I.C. (1981) Two functions of imitation during infancy, *International Journal of Behavioral Development*, 4, 1-12.

Waller, T. (2010) 'Let's throw that big stick in the river: and exploration of gender in the construction of shared narratives around outdoor spaces, *European Early Childhood Education Research Journal*, 18(4), 527-542.

Waters, J. & Maynard, T. (2010) What's so interesting outside? A study of child-initiated interaction with teachers in the natural outdoor environment, *European Early Childhood Education Research Journal*, 18(4), 473-483.

Wood, D., Bruner, J.S., & Ross, G. (1976) The role of tutoring in problem solving. *Journal of Psychology and Psychiatry*, 17(2), 89-100.

山本弥栄子（2002）幼児間の会話の発達過程―遊びの分類・会話の集団的形態・伝達特徴による検討―，龍谷大学教育学会紀要，1，35-57．

山本弥栄子（2003）同輩幼児間の言語的コミュニケーション（会話）に関する研究―2歳から6歳までの各年齢群の比較分析から―．佛教大学教育学部学会紀要，2，201-220．

山本弥栄子（2007）子ども同士の言語的コミュニケーションにおける一考察―会話の自然発生的過程の検討―，創発大阪健康福祉短期大学紀要，5，51-60．

淀川裕美（2009）2-3歳児における言葉を用いた三者間対話の成立要因の検討―第三者の発話と被参加者の応答に着目して―，乳幼児教育学研究，18，63-74．

本書に収録した成果の一部は，下記の論文において発表した。

第1章
淀川裕美（2009）2-3歳児における言葉を用いた三者間対話の成立要因の検討―第三者の発話と被参加者の応答に着目して―，乳幼児教育学研究，18，63-74.

第3章・第5章
淀川裕美（2010）2-3歳児における保育集団での対話の発達的変化―「フォーマット」の二層構造と模倣/非模倣の変化に着目して―，乳幼児教育学研究，19，95-107.

第4章・第5章
淀川裕美（2013）2-3歳児の保育集団での散歩場面の対話のあり方の変化―身体の位置，媒介物と話題，模倣/非模倣の変化に着目して―，乳幼児教育学研究，22，63-76.

第4章・第6章
淀川裕美（2011）2-3歳児の保育集団での食事場面における対話のあり方の変化―確認し合う事例における宛先・話題・話題への評価に着目して―，保育学研究，49(2)，61-72.

第7章
淀川裕美（2013）2-3歳児の保育集団での食事場面における対話のあり方の変化―伝え合う事例における応答性・話題の展開に着目して―，保育学研究，51(1)，36-49.

謝　辞

　本書は，2013（平成25）年10月東京大学大学院教育学研究科に受理されました学位論文に，若干の加筆修正を行ったものです。本書を執筆，刊行するにあたり，多くの方々のお力添えをいただきました。

　研究へのご協力を快くお引き受けくださいました保育所の園長先生はじめ，すべての先生方，スタッフの皆様に心より感謝申し上げます。卒業論文執筆以前より，長期にわたり受け入れて頂きました。観察者として大変未熟で，多々ご迷惑をおかけしたことと思いますが，つねに寛大に接して下さいました。たくさんのことを学ばせて頂き，誠にありがとうございました。
　いつもとびっきりの笑顔で迎えてくれた子どもたち，全身で感情を表現し，飛びついてきてくれた子どもたちにも，心からの感謝の気持ちを捧げます。人が人と言葉を交わし，思いを交わし合うということの原型を見させて頂いたように思います。そして，人がたくさんの人の中で，豊かに関係を築きながら育っていくことの意義を学ばせて頂きました。ありがとうございました。お世話になった子どもたちをはじめ，すべての子どもが生き生きと，豊かな人間関係の中で育っていくことを願っています。少しずつでも恩返ししていけたらと思っております。

　指導教員の秋田喜代美先生に，厚く御礼申し上げます。博士論文執筆までの長い道のり，ご心配をおかけしたことも多々あったかと思いますが，いつでも的確で丁寧なご指導を下さり，つねに先を見通して背中を押して下さいました。また，研究者として，大変なご多忙にもかかわらず，ひとつひとつの仕事に全力で取り組まれる姿勢に，社会人としての生き方を示して頂きま

した。そして何よりも，先生の子どもへのまなざし，保育者へのまなざし，保育の営みへのまなざしは，深く，あたたかく，かつ真摯で，たくさんのことを学ばせて頂きました。先生のもとで学ぶことができ，心から感謝しております。財産とし，これからも研究や教育等に取り組んでまいります。

修士課程から論文検討会でコメントを下さいました東京大学大学院教育学研究科教育心理学コース（旧教育創発学コース）の先生方，博士論文の査読委員を引き受けて下さいました東京大学大学院教育学研究科の遠藤利彦先生，針生悦子先生，佐々木正人先生，浅井幸子先生に厚く御礼申し上げます。お忙しい中，研究の根幹にかかわる部分から論文の書き方等にかかわる細かな部分まで，大変丁寧にコメントをして頂きました。本研究の理論的な立ち位置について，つねに問いかけて下さり，考え続けることを促して頂きました。また，つねにあたたかな励ましの言葉をかけて下さいました。誠にありがとうございました。

秋田研究室の皆様ならびに研究科にいらした院生の皆様に，心より感謝申し上げます。学年の上下にかかわらず，研究に真摯に取り組み，悩み，前に進んでいかれる皆様の姿に，私自身大変励まされました。私の研究に対しても，たくさんのご助言や励ましを頂き，ひとりでは見えなかった気付きをたくさんもたらして頂きました。特に，修士課程の頃から何度も相談に乗って下さった一柳智紀さんと，一致率評定にもご協力下さり相談に乗って下さった司城紀代美さんには，大変お世話になりました。皆様との出会いに感謝し，皆様とともに学べたことを誇りに思います。ありがとうございました。

研究活動の遂行にあたっては，日本学術振興会科学研究費補助金（特別研究員奨励費）を頂戴しました。本書の刊行にあたっては，平成26年度東京大学学術成果刊行助成制度より補助を頂戴しました。心より感謝申し上げます。また，風間書房の風間敬子社長には，刊行に至るまでの過程で細かな要望にも応えて頂き，大変お世話になりました。誠にありがとうございました。

最後に，これまでの道のりを一番近くで支え，応援し続けてくれた家族に感謝します。私の研究への思いを理解し，余裕がない時には協力を惜しまず，つねに励ましてくれたおかげで，ここまで続けることができました。皆の支えがなければ，博士論文を書き上げることも，本書を刊行することもできなかったかも知れません。そして何よりも，博士論文執筆中に2歳の誕生日を迎えた長男と，口述試験をおなかの中でともに乗り切ってくれた次男には，人が生命を授かりこの世に生まれてくることの奇跡，子育ての奥深さ，子どもが育つことの面白さ，この先に何が待っているのだろうというわくわく感など，言葉では表し尽くせないほどの豊かな世界を見させてもらっています。二人が生まれてきてくれたこと，私たちとともにいてくれることに，感謝してもしきれません。ほかにも友人，親戚の皆さんをはじめ，たくさんの方々に支え励ましていただきました。ここに心からの感謝を表します。

2014（平成26）年10月

淀川　裕美

著者略歴

淀川裕美（よどがわ　ゆみ）

2006年　東京大学教育学部（教育行政学）卒業
2008年　東京大学教育学部（教育心理学）卒業
2010年　東京大学大学院教育学研究科　修士課程修了
2014年　東京大学大学院教育学研究科　博士課程修了，博士（教育学）
現　在　東京大学大学院教育学研究員

保育所2歳児クラスにおける集団での対話のあり方の変化

2015年3月31日　初版第1刷発行

著　者　　淀　川　裕　美
発行者　　風　間　敬　子

発行所　　株式会社　風　間　書　房
〒101-0051　東京都千代田区神田神保町1-34
電話 03(3291)5729　FAX 03(3291)5757
振替 00110-5-1853

印刷　太平印刷社　　製本　井上製本所

©2015　Yumi Yodogawa　　　　　　　NDC分類：376.1
ISBN978-4-7599-2077-2　　Printed in Japan

JCOPY〈(社)出版者著作権管理機構　委託出版物〉
本書の無断複写は，著作権法上での例外を除き禁じられています。複写される場合はそのつど事前に(社)出版者著作権管理機構（電話 03-3513-6969，FAX 03-3513-6979，e-mail: info@jcopy.or.jp）の許諾を得て下さい。